东北财经大学财政学系列教材

U0656966

SUB–NATIONAL PUBLIC FINANCE

地方财政学

彭健 编著

东北财经大学出版社
Dongbei University of Finance & Economics Press
大连

图书在版编目（CIP）数据

地方财政学 / 彭健编著. —大连：东北财经大学出版社，2019.4
（东北财经大学财政学系列教材）
ISBN 978-7-5654-3484-6

Ⅰ．地… Ⅱ．彭… Ⅲ．地方财政–高等学校–教材 Ⅳ．810.7

中国版本图书馆 CIP 数据核字（2019）第 042116 号

东北财经大学出版社出版
（大连市黑石礁尖山街 217 号 邮政编码 116025）
网 址：http：//www.dufep.cn
读者信箱：dufep@dufe.edu.cn
大连雪莲彩印有限公司印刷 东北财经大学出版社发行
幅面尺寸：170mm×240mm 字数：326 千字 印张：15.75 插页：1
2019 年 4 月第 1 版 2019 年 4 月第 1 次印刷
责任编辑：时 博 责任校对：合 力
封面设计：潘 凯 版式设计：钟福建

定价：36.00 元

高等学校一流学科（财政学）专项资金资助出版

东北财经大学财政学系列教材
编审委员会

前　言

　　与多级行政体制相对应，各国的财政管理组织形式也都表现为分级财政体制，呈现出明显的层次性。每一级政府均拥有自身的财政活动。各级政府要实现自己的职能，就必须要掌握一定的财政分配权利，以取得相应的财力保证。现实中的政府财政实际上包含着多个级次，不仅有中央财政，而且还有地方财政。中央财政是中央政府的收支及其管理活动，而地方财政是地方政府的收支及其管理活动。地方财政是一国整体财政活动的重要组成部分。

　　在计划经济时期，虽然我国的政府体系被划分为中央政府与地方政府，财政体系相应地也有中央财政与地方财政的区分，但在计划经济条件下，地方政府只是中央政府在地方上的代理机构或派出机构，没有相对独立的财政权力，也不能真正代表本地方的利益，因而地方财政并不是真正意义上的地方财政，也没有深入研究地方财政问题的必要性。改革开放后，随着地区间生产要素流动性的增强，以及地方相对独立利益主体地位的确定和地方政府权利的增强，地方政府逐步成为一级独立的理财主体，地方财政问题在财政实践和理论研究的重要性也日渐突出。许多高校纷纷开设了"地方财政学"课程。在上述背景下，作者于2006年为东北财经大学本科生开设了"地方财政学"课程，2008年为东北财经大学硕士研究生开设了"地方财政研究"课程，本书就是作者总结多年教授上述课程的实践经验编写而成的。

　　在本书的编写过程中，作者从适应教学需要出发，立足于我国地方财政改革的现实基础，本着理论联系实践的原则，力求全面、系统地阐述地方财政的基本理论、制度基础以及现实运行状况，并努力反映我国地方财政改革的最新进展和地方财政运行中的热点问题。

　　本书共八章，分为三个部分：第一部分为地方财政的基本理论，包括：第一章导论、第二章政府间财政职能划分与地方公共产品；第二部分为地方财政的制度基础，包括：第三章分级财政体制的基本框架、第四章我国财政体制的演变与改革和第五章政府预算管理制度；第三部分为我国地方财政的现实运行状况，包括：第六章地方财政支出、第七章地方财政收入和第八章财政转移支付制度。

　　本书适用于高等院校财经类专业本科生教学，也可以作为地方财政实践工作者的参考书。本书是东北财经大学财政税务学院组织编写的"东北财经大学财政学系列教材"中的一本，秉承了系列教材知识准确、结构科学、态度严谨的理念。

　　感谢东北财经大学财政税务学院的各位老师以及东北财经大学出版社对本书的编写和出版所给予的支持和帮助。本书在编写过程中参考和借鉴了国内外专家、学者相关的教材、专著和论文等研究成果，在此对这些专家、学者表示衷心的感谢。

　　由于作者的理论水平和实践经验有限，书中难免有疏漏和错误之处，恳请批评指正。

编　者

2019 年 4 月

目 录

第一章

导　论

除了建立在城市基础之上的新加坡、摩纳哥、安道尔只有一级政府外，绝大多数国家的政府都是由多级政府组成。与多级行政体制相对应，财政体制也呈现出明显的层次性。每一级政府均拥有自身的财政活动。这就意味着，现实中的政府财政实际上包含着多个级次，不仅有中央财政，而且还有地方财政。在我国，地方财政的范围主要包括省级以下各级政府的财政收支活动及其管理。在分级财政体制下，地方财政发挥着向本辖区内居民提供地方公共产品和组织地方财政收支的重要作用。

第一节　多级政府与地方财政

政府组织表现出清晰的、内在的层次性。根据行政级次，可以将政府分为中央政府和地方政府。地方政府是为治理国家部分地域的社会事务而设置的政府单位。多级政府是地方财政产生和存在的基本前提。

一、多级政府的形成

社会成员的自发行为在某些方面无法实现自己的利益，如防止外来侵略，保护个人利益、不使社会中任何人受其他人的欺侮或压迫，建立对全社会成员均有利的不可缺少的公共设施，如公路、桥梁、码头、机场等，协调各社会成员之间的利益关系等，都非分散的单个人能力所及，因此需要创建政府这样一种组织机构来为全体社会成员履行这些公共职责，提供由全体成员共同消费的公共产品和服务，以更好地满足社会公共需要，提高整个社会的福利水平。

当一个国家的国民越来越多、地域越来越广阔、公共事务越来越复杂，靠单一的中央政府难以有效地处理全部公共事务时，一些受益范围具有区域性的公共事务，如水利建设、道路修筑、治安防护等事务，就必须由地方政府处理。尤其是在现代社会，由于政府公共事务范围的扩大、内容的复杂化，靠单一的集权政府难以有效地处理全部公共事务，为此，有必要构建一个由多级政府组成的政府有机体，将社会公共事务分为中央事务和地方性事务，并由不同级次的政府来处理，这样有利于提高政府效率，降低决策成本，从而有效地促进和提高全体社会成员的福利水平。

世界上的绝大多数国家都是由多级政府组成的。政府级次的多少视各国的具体情况而定，并没有固定的模式。例如，我国实行的是中央、省、市（地区）、县和乡五个级次的政府体制，美国实行的是联邦、州、地方三级政府体制，日本实行的是中央、都道府县和市町村三级政府体制。

从政权组织形式来看，当今世界上多级次的政府体制主要有两种形式：一是单一制；二是联邦制。在两种不同的政体形式下，中央与地方政府产生的先后顺序有所不同。在单一制国家，是先有中央政府，后有地方政府。当一个中央政府无法有效管理所有的政府事务时，就需要在全国范围内划定多个范围相对不大的地方疆域，设立多个地方政府，帮助中央政府履行管理职责。与单一制国家不同，联邦制国家一般是先有地方政府和州政府，后有中央政府。美国就是一个典型的联邦制国家，地方政府在美国整个联邦制的政治体系中历史最为悠久。在联邦中央政府产生以前，各州在本州的管辖领域内，都是相互独立的一级类似"中央政府"的政府，独立行使政府权力，同时下辖了为数众多的地方基层政府。后来，由于各州管辖区域、人口、经济规模实在太小，仅凭各州实力参与国际事务显得势单力薄，也无法抵御外来侵略和战争，各州强烈要求州际间的合作，要求加强各州的联合统一。这样，经过不断地协商和谈判，各州政府决定将原在各州行使的、具有宏观性的一部分权力，让渡给联邦中央政府行使，其余的政府权力和政府职能仍由各州行使。因此，从联邦制各个级次政府的产生顺序来看，它是以州政府为中心，诞生了联邦中央政府。

二、多级政府体系中的地方政府

随着国家的产生，相应地组成了中央政府、联邦政府和在不同区域内设置的地方政府。但是，由于各国的历史文化传统和国家结构形式不同，对地方政府含义的理解不一致，地方政府的行政构成、权力配置以及与中央政府的关系等方面也都存在着较大的差异。

（一）对于地方政府的不同理解

根据《美国百科全书》的解释，"地方政府是全国性政府的一个政治分治机构；在联邦制国家，则是区域性政府的一个分治机构"。因此，联邦国家的成员政府（如美国的州）不属于地方政府的范围。在美国，地方政府特指联邦政府和州政府以外的其他政府，包括：县、乡镇、自治市、学区、特别区等。可以看出，美国是典型的联邦制国家，因此美国人对地方政府的理解，较多体现联邦制的特点。

《国际社会科学百科全书》认为，"地方政府一般可以说是一种公共组织，它有权决定和管理一个较小地域内的有限公共政治，这一地域是某个区域性政府或全国性政府的分治区。地方政府在政府机构体系中位于底层，全国政府位于最高层，中间部分则为中间政府（州、地区、省）"。

中国的历史源远流长，其间地方政府经历了复杂的发展变化，对地方政府的理解也与英美差异较大。根据《辞海》的解释，地方政府是中央政府的对称。这一定义将除中央政府以外的所有政府都归于地方政府。

《中外政治制度大辞典》对于地方政府给出了广义和狭义两种解释。广义的地方政府是中央政府的对称。从这个意义上讲，除中央政府以外的各级政府都称为地方政府。狭义的地方政府则是直接治理一个地域及其居民的一级政府，即基层政府。与之相对应的则是在中央政府与地方政府之间的中间政府，也称之为区域政府。

遵循我国的历史习惯，本书将地方政府界定为：除中央政府以外的其他级别的政府的统称，不仅包括最低一级的基层政府，也包括中间政府。但在涉及美国、德国等联邦制国家时，使用的"地方政府"概念，有时同时指州和基层地方政府，有时仅指基层地方政府，大家根据具体的情况，可以做出准确的判断。

各国的地方政府体系有差异。在众多的影响因素中，国家结构形式对地方政府体系设置的影响及中央与地方政府间的关系最为关键。从国家结构形式来看，绝大部分国家可以归并到单一制国家和联邦制国家这两种类型中。在不同的国家结构形式下，地方政府在行政构成、权力配置以及与中央政府的关系等方面都存在着较大的差异。

（二）联邦制国家政府体系中的地方政府

联邦制是若干个享有相对主权的政治实体，如州、邦或共和国等，作为组成单位通过协议联合组成一个统一国家的一种国家结构形式。美国、德国、瑞士、加拿大、澳大利亚是典型的经济发达的联邦制国家，在发展中国家里，印度、阿根廷、巴西、墨西哥、马来西亚、巴基斯坦等实行联邦制（见表1-1）。

表1-1　　　　　　　　　**部分联邦制国家的政府层级设置**

国家	经济发展水平	国土面积 （万平方公里）	人口规模 （人）	人口密度 （人/平方公里）	地方政府 层级数
美　国	发达国家	937	3.28亿	35	2
德　国	发达国家	35.7376	8 217万	229.9	2
瑞　士	发达国家	4.1284	850.89万	206.1	2
印　度	发展中国家	298	13.24亿	444.3	2
阿根廷	发展中国家	278.04	4 011万	14.4	2

资料来源：根据中华人民共和国外交部网站和百度百科的相关资料整理。

联邦制国家的政府级次一般只有三级，即中央政府、州政府（邦、共和国）、地方政府。联邦制国家对地方政府的理解是狭义角度的。在联邦制体制下，州政府和地方政府拥有相对独立的主权，拥有独立的立法、行政和司法系统，州政府和地方政府高度自治。

美国是当今世界经济最发达的国家，也是最典型的联邦制国家。所以下面着重介绍一下美国的地方政府制度。与美国的建国历史密切相关，美国地方政府的特点是形式多样、差别巨大，但都高度自治。美国州以下地方政府的规模、结构、职能、权力以及相互关系，在不同的州存在很大差异，没有全国统一的建制与模式。从总体上看，州以下地方政府具体包括"一般目的型政府"和"特殊目的型政府"两种类型。其中，市、镇、县属于一般目的型政府；学区和特别区属于特殊目的型政府。

1. 一般目的型政府

一般目的型政府或者说是综合职能的地方政府，在本行政区域内行使一般性的管理职能，如社会治安、公共安全、土地规划和公用事业等。一般目的型政府包括：

（1）市。市政府向聚居在一起的城市地区居民提供公共服务。市是根据居民自愿申请、经州特许而成立的，市政府与州政府之间没有行政隶属关系，是一个自治程度较高的组织。

（2）镇。镇政府为广大农村地区提供公共服务。美国的乡镇农村占据着很广阔的土地，但农村人口相比城市人口要少很多。

（3）县。每一个州被分为更小的行政区域。除康涅狄格、罗得岛和哥伦比亚特区以外，所有州都设有县或类似县的单位（路易斯安那州设郡）。县是美国州以下最普遍、最稳定的地方行政区划。与其他地方单位相比，县的数目变化最小，第二次世界大战后基本没有变化。县的规模、人口各不相同，有的相差甚远，如得克萨斯州的拉温县，居民还不到 200 人；而美国最大的县——加利福尼亚州的洛杉矶县的居民却多达 1 000 万人。县政府承担双重角色，一方面是州政府的分支管理机构，充当州政府的代理机构，对境内的市、镇行使州委托的职责和权力。县的辖区与市镇重叠。一般是一个县包含若干个市和镇。但也有特殊，比如纽约，一个市横跨了几个县。另一方面又是独立的地方政府单位，为辖区公民提供公共服务。县政府的传统职能均涉及有关全州范围的事务，大体上包括以下几个方面：治安维护、司法功能、选举管理；税收征管，财政管理；管理部分公共事业，如：建设和维修公路、桥梁，车辆管理，办理结婚证、出售酒类饮料许可证、出生和死亡证书，举办地方慈善事业等。

2. 特殊目的型政府

特殊目的型政府通常是为了某种特定的目的，如环境治理、废物处理等而建立的单一职能地方政府，这些问题往往跨越县、市、镇，无法依靠一般目的型政府来解决。特殊目的型政府主要包括：

（1）学区。美国对教育按学区进行独立的管理。学区是各州内为管理、监督、检查学校教育工作的需要而划分的特别专区，州政府授权学区委员会管理学区内的学校教育。学区不仅在行政上，而且在财政上都是独立于地方政府的。学区的设置涵盖若干市、镇。

（2）特别区。特别区是指发挥有限功能的地方政府单位，主要包括灌溉区、公园区、消费区、水管理区、土壤保护区、公墓管理区和卫生区等，其区划往往与普通行政区域不一致，有时甚至会切割普通行政区域的管辖区域。

学区和特别区享有独立的征税权，这是它们在美国被归类于政府范畴的主要依据。

（三）单一制国家政府体系中的地方政府

单一制国家通常只有一部宪法和一套政府体系，国家的一切权力属于中央政府。世界上的大部分国家采取了单一制的组织形式，如英国、法国、意大利、西班牙、葡萄牙、瑞典、土耳其、埃及、日本、韩国、印度尼西亚、新西兰，还有中国等。

在单一制体制下，对地方政府的理解是广义角度的。在单一制国家，政府的级次相对来说较多，如中国、法国（分为大区、省和市镇），但实际上形成两级地方政府体制的也为数不少，如英国、日本（分为都道府县、市町村两级），还有挪威、新西兰等，地方政府级次也为两级（见表1-2）。

表1-2 部分单一制国家的政府层级设置

国家	经济发展水平	国土面积（万平方公里）	人口规模	人口密度（人/平方公里）	地方政府层级数
中 国	发展中国家	960.00	13.9亿	144.8	4
法 国	发达国家	55	6 502万	118.2	3
英 国	发达国家	24.41	6 605万	270.6	2
日 本	发达国家	37.8	1.2672亿	335.2	2
乌拉圭	发展中国家	17.62	346.7万	19.7	1

资料来源：根据中华人民共和国外交部网站和百度百科的相关资料整理。

单一制体制下的政府间关系，往往以中央政府为核心，各级地方政府对中央政府有着较多的依存关系，由中央政府对各级地方政府进行调控，较为强调国家权力和决策的集中。但在实行中央集权的同时，某些单一制国家也实行某种程度的地方自治。按照地方政府权力的大小，单一制国家又可以划分为地方分权型单一制国家和中央集权型单一制国家两种类型。

1.地方分权型单一制国家

在地方分权型单一制国家，中央政府与地方政府实行一定程度的分权，地方政府在处理本地区公共事务时具有一定自治权；尽管中央政府有权监督地方政府，但一般不直接干预地方性事务。英国和丹麦、挪威、瑞典等北欧国家是地方分权型单一一制国家的典型代表。

（1）英国

英国地方政府是一种以地方议会为中心的分权型地方制度模式。英国学者多认为，"地方政府"即"地方自治"（local self-government）。地方政府与地方自治的含义是相互通用的：地方政府即以地方自治为目的。《不列颠百科全书》认为，"地方政府乃是一种机关，以决定和执行国内较小地区的事务，所谓地方，系指一个特定的区域。其变体的文字则为地方自治，其命意所在，乃着重于地方团体决策与行动的自由。"

从实践来看，英国虽是单一制国家，但地方政府的自主权较大。除了外交、国防、总体经济和货币政策、就业政策以及社会保障等由中央政府控制外，地方政府全面负责地方事务。

英国地方政府制度的特点具体表现为：

①地方政府具有法律人格和独立地位，它能以自己的名义享受权利、承担义务，在法律范围内负责广泛的地方事务。这种法人资格，过去或由英王特许，或由议会立法授予，现在都由法律授予。

②地方政府以地方议会为核心代表机关，地方议会由民选的议员组成，但地方议会中的各种委员会是实际处理议会事务的机构，并由议会任命各种常任官员如警官、消防员、执行主管、社会事务官、财务员等组成执行部门，处理日常行政事务。

③在中央，没有单独设立统一主管的负责地方政府事务的部门，而是按地区分别设立苏格兰事务部、威尔士事务部和北爱尔兰事务部；对英格兰地区事务，则主要由副首相府主管。在地方，政府间的职责范围大多相互分立，各级政府无隶属关系。

英国的地方自治观念和地方制度对其他国家产生了广泛影响，尤其是英国早期殖民地或占领区的地方政府，很多就承袭了英国地方制度的特点。类似于英国地方制度的国家包括英联邦国家、美国等。特别是美国地方政府一直受英国的很大影响：和英国人一样，美国人也十分崇尚地方自治，美国一些地方政府体制甚至名称都带有英国地方政府的某些特征。

（2）北欧国家

丹麦、挪威和瑞典是单一制国家，但由于历史传统，地方政府高度自治。15世纪时，丹麦、挪威和瑞典被丹麦国王所统治。这些国家的居民需要向丹麦国王纳税，但却拥有很大的自治权利，地方自治的观念也深入人心。从而，中央政府主要负责外交事务，只是发挥礼仪性的作用，而大部分的政府职能都是由地方政府负责。

在现代，北欧的中央政府在制定法规和监督方面发挥更大的作用，但地方自治的传统仍然保留着。居民普遍认为地方政府效率更高。北欧模式下的地方政府规模都比较小，辖区的居民平均而言都在1万人以下。北欧是高福利国家，北欧的地方政府为他们的居民提供"从摇篮到坟墓"的社会保障服务。

2.中央集权型单一制国家

大多数单一制国家为中央集权型单一制国家。在中央集权型单一制国家，中央政府对地方政府实行统一领导，地方政府在中央政府的严格控制下行使权力，由中央政府委派官员或由地方选举的官员代表中央政府管理地方公共事务，地方没有自治权，或地方虽设有自治机关，却要受中央政府的严格控制。法国是中央集权型单一制国家的典型代表。

法国地方政府是古代政治制度遗留的产物。最初，法国中央政府为适应统治的需要，在各地设立分治区，并安排一名中央代表，对地方事务的处理进行监督。如果必要，中央代表可撤销地方政府的命令，中止或代替地方政府的工作。法国统治者们试图以此把国内存在的封建割据、小城市和教会领地统一起来，建立一个中央集权的国家。1800年，拿破仑改革地方制度，实行省长制，即在每省设置一个省议会和一名省长；在每一市镇，设置一个市镇议会和一名市镇长。省长、市镇长由中央任命，后来市镇议会和市镇长改为选举产生。

法国地方政府制度的特点是：

（1）地方政府行政区划整齐划一。法国的地方政府分为大区、省和市镇。作为单一制国家，法国的地方政府体系大致相同，除少数区域外，大多数地方政府的法律地位一致、性质相同，不像美国那样纷繁复杂。

（2）与英国类似，法国的地方政府制度也体现出地方自治的特点。20世纪80年代初，法国中央政府进行权力下放和地方分权的改革，扩大了地方自治的范围，实施"民选民治"，使地方议会从单纯的议事机构成为"议政合一"的地方政府机构。如：省议会既是权力机构，又是政府组织。省议会选举产生的省长既是省议会主席，又是省政府最高行政长官。

（3）和英国的地方政府制度有所区别，法国的地方政府制度还具有较强的中央监督的特点。中央政府设立内政部，负责省长的提请任命以及省长主要助理官员的直接任命，负责各地方当局的选举、公民保护等事项。中央政府在各级地方政府都设有国家代表，中央各部门在大区、省、市镇都设有派驻地方的机构，负责维护国家利益、监督地方行政，并使国家法律得到遵守。中央政府在地方的代表，对地方政府具有很强的监督或控制职能；中央各部门的派驻机构，对地方政府也有较大的影响。可以看到，虽然法国实施了地方分权改革，但法国的地方行政实际上仍处于中央政府的监督之下。

（四）我国政府体系中的地方政府

1.地方政府级次的历史演进

在我国古代，秦始皇统一六国后，建立了一个强大的集权制的封建王朝，并设郡、县两级地方政府。随后，随着朝代的更替，地方政府的级次也略有变化。总的来说，在中国古代，地方政府级次有两级、三级、四级不等。其中，两级制时间不长，只有秦和汉前期为郡县二级制，共计不过两百年的历史。到了汉武帝时期，随着疆域的扩大，为了进一步加强中央的管理权，加强对地方的控制，在全国设 13 个监察区，由中央委派刺史监察郡国。监察区是虚一级地方政府，但后来由虚变实，在郡县之上，多了"州"这一级政府。地方行政区划由两级制变成了三级制。自此以后，三国、两晋、南北朝、唐、宋、明各朝均为三级制，总计时间在 1 500 年以上。实实在在的四级制则只有百余年的时间。元朝是中国历史上疆域最大的朝代，中央政权为了有效地统治地方，在原来宋代一级行政区划——"路"之上设立行省，简称为省，形成四级制，即省-路-府（州）-县。清朝的地方政府级次是虚四级、实三级制，即省-道-府（州、厅）-县四级，但"道"是省级政府的派出机构。

2. 现行地方政府体系

目前，我国《宪法》上规定的是省、县、乡三级，而实际上，则是实行省、市（地区）、县和乡四级的地方政府体制。

专栏 1-1

市管县的来历

1954 年《宪法》规定，我国地方政府为省、县、乡三级。设"专区"，20 世纪六七十年代改为"地区"，作为省政府和自治区政府的派出机构，管理县一级行政单位。后来，为了建立以城市为中心的行政区，密切城乡关系、加强城乡合作，我国逐步推广市管县体制。市管县是时代的需要，具有历史必然性。

我国市管县体制的形成，最早可溯至 1958 年。当时北京、上海、天津、无锡、常州等一些大中城市为了保证城市的蔬菜、副食品供应，主动自发地领导起周围的一些县。1959 年，全国人大常委会决定，直辖市和较大的市可以领导县，市管县得以迅速推广。到 1962 年全国已有 58 个市领导 171 个县，约占全国县建制总数的 1/8。

改革开放以后，市管县体制再次兴起。1982 年，中央充分肯定了辽宁省实行市管县体制的经验，认为有利于发挥城市对农村的经济带动作用，值得在全国推广，1982 年发出《关于改革地区体制，实行市管县的通知》，并批准江苏全省实行市管县体制。全国各省、自治区都扩大了试点。1999 年，中央发文（〔1999〕2 号文件）进一步明确"市管县（市）"体制并要求加大改革力度，市管县的行政体制得以全面确立。

截至 2017 年年底，全国共有地级行政建制 334 个，其中，地级市 294 个，占地级行政建制的 88.02%。目前，市管县体制已成为各省市区最基本的区划模式，构成了最基本的纵向权力结构体系。全国多数地方的行政区划层级，实际上已成为省-市-县-乡四级地方政府。

（1）省级政府

目前我国的省级行政单位共 34 个，包括台湾地区和香港、澳门两个特别行政区，我国大陆地区省级政府（包括自治区和直辖市）31 个，包括：4 个直辖市（北京、上海、天津和重庆），5 个自治区（西藏、新疆、内蒙古、宁夏和广西），22

个省。

省级政府是地方最高一级政府。在我国，由于省级政府与中央政府最为接近，所以中央颁布的政策和规定通常是以省界为限来执行的。省级政府往往具有在中央宏观调控基础上进行"二次调控"或"中观调控"的功能。除了维持省级政府部门正常运转及省内一些地区性、大规模的公共工程外，省级政府一般不直接向社会公众提供公共产品和服务。

（2）市（地区）级政府

省、自治区下面管辖的有地级市、地区和自治州等。2016 年年底，地级区划数为 334 个。其中包括 293 个地级市，41 个地区（在西藏、新疆和青海）、州、盟。地市级政府的设置，主要是为了发挥中心城市的功能，带动农村经济的发展，并直接为城市居民提供公共产品，如城市居民用水、城市排水、道路修建维护、城市绿化、教育等公共服务等。

此外，在省级以下，地市级政府以上，我国还设立了大连、青岛、宁波、厦门、深圳等 5 个副省级的计划单列市。计划单列市在行政管理上受省政府的领导，但经济权限上享受省级待遇，财政上直接与中央政府打交道。

（3）县级政府

地级市所辖的城市地区可以进一步细分为市区或市辖区，大多数市都管辖很多县。

县是最古老的行政建制，萌芽于西周，产生于春秋，发展于战国，秦统一六国以后，在全国设了 300 多个建制县，到今天，县已有 2 600 多年的历史了。由于县是政治、行政、经济等种种因素结合而成的社区，因而在中国历史上，都是不可轻易分解的行政实体。可以说，不论朝代如何兴替，政府体系如何变化，县级政府始终是最稳定的一个级次。

截至 2017 年年底，我国县级区划数为 2 851 个。其中：市辖区 962 个（2008 年 856 个，2015 年 921 个），县级市 363 个（县级市既不划分市区，也不管辖县），县 1 355 个（2008 年 1 463 个），自治县 117 个。市辖区直接为城市居民提供公共服务，县政府为县城居民和农村地区的农村居民提供服务，如道路修建、水利工程、义务教育等。

（4）乡级政府

乡几乎与县一样古老，但在历史长河中，大多数时期乡并不以一级政权的形式存在。农业社会可集中的财政资源有限，无法维持乡一级政权。从隋朝到民国的漫长时期内，乡只是县管辖下的一个职能机构，由县政府派员管理乡村事务。在中国传统中，皇权不下乡。到了乡村这一级，主要是由传统的乡绅和宗族长老，依靠传统的道德和伦理观念维持秩序。

中华人民共和国成立后，1954 年《宪法》明确规定了乡是国家政权体系的有机组成部分，乡在全国普遍建立起来，国家将政权体系最大限度地延伸到了广大的农村区域。1958 年，在农村地区，"政社合一"的人民公社体制替代了乡政府，乡政府在形式上消失了。1979 年后，随着家庭联产承包制的广泛推行，人民公社逐渐失去了存在的基础，1983 年重新恢复乡政权。

2017 年年底，乡级区划数为 39 888 个。其中：镇 21 116 个，乡 10 529 个，街道办事处 8 241 个。街道办事处下设有社区居民委员会，在乡以下还有村民委员会。社区和村民委员会通常也执行一些政府职能，如社会服务和公共安全，但它们不是政府机构，而是自治组织。

3. 我国地方政府体系的特点

（1）在单一制国家中建立民族区域自治地方和特别行政区。我国是统一的多民族国家，在国家结构上采取在单一制国家中建立民族区域自治地方和特别行政区的形式。其不同于联邦制国家，没有联邦制国家中的邦、州、共和国等组成部分，也不同于一般单一制国家（在这些国家大多没有实行民族区域自治的地方）。我国在中央政府领导下既有一般地方行政区域，又有民族自治地方和特别行政区。为解决民族问题，在少数民族聚居区，建立民族自治地方，设立人民代表大会和人民政府作为自治机关，民族自治地方自治机关行使宪法和法律规定的地方国家机关的职权，同时依照宪法、民族区域自治法和其他法律规定的权限行使自治权。此外，设立香港、澳门特别行政区，直辖于中央政府，但享有高度自治权。这些都体现了我国地方制度的灵活多样性。

（2）在一般地方行政区域和民族自治地方设立各级人民代表大会和各级人民政府。地方各级人民代表大会由选民或选举单位选举产生，是地方国家权力机关，享有制定地方性法规（限于省级和较大的市）、决定重大事项、监督同级"一府两院"和任免有关人员等权限。全国人民代表大会与地方各级人民代表大会之间，没有领导和被领导的关系，但有法律上的监督关系和工作上的指导关系。地方各级人民政府由同级人民代表大会产生，是地方国家行政机关，同时又是地方各级国家权力机关的执行机关，实行首长负责制。我国地方政府职能比较广泛，涉及政治、经济、教育、科技、文化、卫生、财政、民族、民政等方面。上下级行政机关之间承担职能基本一致，在职能上分工不明显，但权限上有差异。

（3）我国的地方政府制度从两个方面体现出"双重从属性"的特点。一方面，地方各级人民政府对本级人民代表大会及其常务委员会负责并报告工作，同时，对上一级国家行政机关负责并报告工作，并服从国务院统一领导。另一方面，地方各级人民政府的工作部门受本级人民政府领导，同时受上级人民政府主管部门的领导或业务指导，并服从国务院主管部门的统一领导。此外，还有海关、烟草、盐业、交通、税务等一些垂直管理的部门。总体上，我国的政府体系较为强调中央集权。

（4）在城市和农村按居民居住地区设立社区居民委员会和村民委员会，作为居民和村民自我管理、自我教育和自我服务的基层群众性自治组织，体现直接民主的特点。

三、地方政府的特征

作为治理一个国家部分区域社会公共事务的政府单位，地方政府在很多方面与中央政府存在不同：

1. 地方政府职责具有双重性

地方政府职责的双重性主要体现在地方政府既要行使管理性职能，也要行使执行性职能。地方政府的管理性职能，指的是地方政府对其管辖区域内的社会公共事务所进行的组织、协调、指挥和控制活动。管理性职能是地方政府最基本的职能，也是地方政府产生和存在的根本原因。地方政府的执行性职能，指的是地方政府在部分社会公共事务的管理中也要执行中央政府或联邦政府的政策、指令，或受制于国家的法律。事实上，任何国家的地方政府都要不同程度地接受中央政府或联邦政府的领导、监督或调控，在相对集权的单一制国家更是如此，分权程度较高的联邦制国家也不例外。但在联邦制国家，地方政府的执行性职能一般要比单一制国家弱一些。

2. 地方政府权责具有有限性

地方政府权责的有限性主要表现在两个方面：第一，地方政府权责发挥作用的地域范围是有限的。在地理空间上，地方政府行使其职责权限仅限于其所管辖的地域。在一些国家，地方政府拥有立法权，可以制定地方性的法律法规，但这一法律法规只在本辖区有效，对其他地区不产生效力。第二，地方政府权责所涉及的社会公共事务也是有限的。在需要政府管理的社会公共事务中，有一部分必须因地制宜地分区域由地方政府进行管理，但还有一部分超越了地域范围，需要中央政府进行统一的管理。所以，从权责的内容上看，地方政府所负责的事务只是全部社会公共事务的一部分，如公共安全、基础教育、医疗卫生、地区性的基础设施等方面，基本不涉及外交和国防等领域。

3. 地方政府具有多层级性

虽然不同国家地方政府的设置状况各不相同，但绝大多数国家的地方政府都是多层级的。如法国、西班牙等国设立了三级地方政府；美国、英国、日本、澳大利亚等国设立了两级地方政府；乌拉圭、科威特和纳米比亚只有一级地方政府。地方政府的多层级性意味着在地方政府体系内部，不同级次的地方政府之间也要就其承担的社会公共事务进行一定程度的分工与协作。

4. 地区间具有差异性与流动性

一个国家只有一个中央政府，而地方政府不仅层级不同，数量在不同国家也各不相同（见表1-2）。一般而言，一个国家面积越大，人口越多，地方政府的数量也就越多。数量如此之多的地方政府，既是多样性的体现，同时其中又必然包含了地区间的差异性。在一个国家内部，地区间不仅有自然地理条件方面的差异，而且有经济发展水平、社会文化、历史传统以及制度等方面的不同。有的地区地理位置优越、自然资源丰富、历史文化悠久、社会经济发达，而有的地区则地理位置偏僻、资源匮乏、经济和社会发展滞后，也没有太多的历史文化积淀。在市场经济条件下，地区间在政治、经济和社会等许多方面的差异性，带来了地区间的流动性。地区间的流动性包括人的跨地区流动和其他生产要素的跨地区流动。

地区间的差异性和流动性相互作用、相互影响。如果没有地区间的差异性，那么人和其他生产要素就失去了在不同地区之间进行流动的动力；而地区间的流动性又反过来使得地区间的差异性更为复杂，因为地区间人和其他生产要素的跨地区流动既有可能缩小地区间的差距，也有可能拉大地区间的差距。

地区间的差异性和流动性会改变原有的财政资源配置格局，从而对地方政府的财政行为和财政政策产生非常大的影响。比如：各种生产要素在不同地区间的流动，意味着税基在各地区的流动，这会引起财政利益或是财政收入在各地区之间的再分配，从而可能会引发各地区间的财政竞争。再如，地区间的流动性会降低地方财政在收入分配和宏观经济稳定方面的有效性。因此，由地区间的差异性产生的地区间的流动性，以及二者的相互结合和相互影响，就成为影响地方财政活动的一个重要因素，而且是贯穿地方财政问题研究的一条主线。

四、多级政府体系中的地方财政

与多级行政体制相对应，各国的财政管理组织形式也都表现为分级财政体制，呈现出明显的层次性。每一级政府均拥有自身的财政活动。各级政府要实现自己的职能，就必须要掌握一定的财政分配权力，以取得相应的财力保证。现实中的政府财政实际上包含着多个级次，不仅有中央财政，而且还有地方财政。与政权结构相适应，我国财政体系由中央财政与地方财政两个环节组成。地方财政体系由省（自治区、直辖市）、市、县、乡四级组成。地方财政的范围主要包括省级以下各级政府的财政收支活动及其管理。

（一）地方财政的构成要素

财政是以政府为主体的经济活动，因而只要有"一级政府"，就必然会有"一级财政"与之相对应。一级完备的地方财政是由"一级事权""一级财权""一级财力""一级预算"等基本要素构成的。

1. 一级事权

政府事权指的是一级政府所拥有或承担的管理社会公共事务的权力。由于事权实际上是政府职能的外在化，因而从某种意义上可以说，"一级政府、一级事权"解决的就是政府职能在不同级次政府间的配置问题。一级政府在行使其事权的过程中，必然要有相应的财政支出活动，所以事权在不同级次政府间的划分，在规定了一级政府所承担社会公共事务的性质和范围的同时，也大体上确定了一级政府的财政支出责任。

2. 一级财权

政府财权是政府为了履行其职能，支配和管理财政收入的权力。根据财政收入形式的不同，财权具体可以区分为税权、费权、债权和产权等多项内容，每一项权力又可以作进一步的细分，如税权就可以分为税收立法权、税收行政权和税收司法权等。由于税收是市场经济条件下最基本的财政收入形式，因此税权是一级政府财权的核心。对地方政府而言，财权主要指的是与地方政府自有财力相关的立法权、行政权和司法权。

需要指出的是，在分级财政条件下，各国的政府事权趋于分散，但税收划分的结果又往往将财权集中于中央，从现象上看，出现了财权相对集中与事权相对分散的矛盾。实际上，分级财政体制的实施还要有中央对地方的转移支付制度相配合。从各国的财政体制运行实践来看，中央与地方分配关系的形成要经历两个环节：第一次分配——分税和第二次分配——转移支付。尽管在第一个环节中，财权与事权并不相对称，但在第二个环节，通过转移支付机制将中央集中的部分财力转移给地方，最终使地方政府的事权与财力达到统一。

3. 一级财力

政府财力指的是各级政府在一定时期内实际支配的、主要以货币形式存在的社会资源。拥有一定的财力，是一级政府有效行使其事权的基本保障。地方政府可支配的财力主要包括地方政府的自有财力和来自上级政府的转移性财政收入两个方面。地方政府的自有财力是由现行财政体制所确定的归属地方政府的财政收入，具体包括地方税收收入、地方政府收费收入、地方债务收入和地方政府财产性收入等。其中，地方税收收入是地方政府自有财力的主要来源。转移性财政收入也是地方政府财力的重要来源。在分级财政体制中，基于宏观调控方面的考虑，中央政府往往会集中较大规模的财力，然后再将部分财政资源以政府间财政转移支付的形式移交给地方政府。在很多国家，转移性财政收入在地方财政实际可支配财力或地方财政支出中所占的比重都不低。在发展中国家和转型国家中，政府间财政转移支付大约占地方财政支出的 60%，而在经济合作与发展组织的成员中，这一比例大约为 1/3[1]。

4. 一级预算

政府预算是一级政府从事财政活动的具体反映。虽然说，有一级政府就必然会有一级财政的存在，但并不是每一级财政都会在预算管理体制中获得相对独立的地位。有无独立的一级预算，是衡量一级地方政府财政在整个财政体系中是否具有独立性的重要标志。

（二）地方财政的作用

地方财政是国家财政的基础环节，是国家财政不可或缺的一个重要部分，在地方政府所辖区域内的经济社会发展中发挥着重要作用。

---

[1] 鲍德威，沙安文. 政府间财政转移支付：理论与实践 [M]. 北京：中国财政经济出版社，2011.

1.地方财政是地方政府供给公共产品的物质基础

在市场经济条件下，政府的主要职责就是提供市场不能有效提供的公共产品，保障和促进社会和经济的发展。地方政府承担了提供大量地方公共产品的职责，包括地方公共管理、地方安全、消防、道路建设、环境保护、公共卫生、社会保障等。随着我国地方社会和经济的迅速发展，人们对公共产品和公共服务的需求逐步扩大。而地方政府提供公共产品和服务的数量和质量如何，在很大程度上依赖于地方的财政状况。

2.地方财政是保障区域经济稳定与发展的重要政策工具

地方财政是地方政府对地方经济发展进行调控的重要经济手段。在经济发展的不同阶段，地方财政根据中央和地方政府制定的政策目标，通过财政收入政策、财政支出总量和结构的调整，对地方经济进行调节，促进地方经济的平稳和谐发展。此外，地方财政在调整地区经济结构、培养和建立稳定的财源等方面也发挥着不可替代的作用。地方财政部门要从社会发展、经济繁荣以及财政收入增长的角度，对财源建设项目提供规划上的参考、资金上的支持、政策上的倾斜以及环境上的保证等等。

3.地方财政是地方政府促进地区社会公平的重要政策手段

社会公平关系到社会的稳定和发展大局，为保证市场经济的顺利发展，就必须强调社会公平。地方财政对地区社会公平的实现也起着非常重要的作用：一方面，通过均衡地区间的财力水平，促进地区间的经济社会均衡发展，实现地区间基本公共服务的均等化；另一方面，在社会保障方面，不断完善社会保障制度，保证区域内居民享有均等化的基本生存权利。

第二节 我国地方财政的发展历程与现实特点

在计划经济时代，我国的地方政府只是中央政府在地方上的代理机构或派出机构，没有相对独立的财政权力，也不能真正代表本地方的利益，只是按照中央命令办事，因而不存在中央财政或地方财政的说法，也就没有研究地方财政的必要性和可能性。但是，随着我国市场化改革和国家财政体制改革的推进，地方政府在社会经济、社会生活中的地位和作用日益显现，地方政府已经成为一级相对独立的政权机构，其财政权力也越来越大，因而，研究地方财政也就越来越具有重要的现实意义。从实践来看，地方财政作为财政体系中的基础环节，其良好运转不仅有助于地方本身的发展，而且对于国家财政经济的稳定和壮大，也具有重要的支撑作用。

一、我国计划经济体制下的地方财政

在计划经济时期，虽然我国的政府体系被划分为中央政府与地方政府，财政体系相应地也有中央财政与地方财政的区分，但在计划经济体制下，地方财政并不是真正意义上的地方财政，也没有深入研究地方财政问题的必要性。原因在于：

第一，各种生产要素的跨地区流动受到严格限制，由此而引发的财政利益方面的矛盾和冲突较少。在计划经济体制下，中央政府像一个总企业家或是总家长，运用计划手段，对整个社会经济生活的方方面面都实行着严格的管理和控制，大到整个国民经济计划的制订，小到一个工厂所要生产的产品的种类和数量，都被涵盖其中。在这样一种体制下，各种生产要素的跨地区流动都要服从或受制于国家的计划。以人的流动为例，计划经济时期实行的户籍制度、指令性的就业制度和严格的人事管理制度等措施，都在不同方面起到了限制人口自由流动的作用。除了升学、招工和提干等原因产生的少量人口迁移外，绝大部分人口都被限制在户籍所在地。其他生产要素的流动也是如此。跨地区的贸易和投资都是在国家指令性计划的安排下进行的。尽管在计划经济时期我国各个地区之间存在着较为显著的差异，但由于各种生产要素的跨地区流动受到严格的限制，由生产要素跨地区流动而引发的财政利益跨地区转移就很少，因此而产生的地区间的财政矛盾和冲突也很少。所以，这一时期的地方财政问题就没有进行深入研究的必要。

第二，地方政府只是中央政府在地方上的代理机构或派出机构，没有相对独立的财政权力。计划经济体制下，强调"全国一盘棋"，否定了地方政府具有区别于由中央政府所代表的整体利益之外的特殊利益。地方政府不仅功能单一，而且在结构上也与中央政府具有高度的同质性。此时的地方政府只不过是中央政府为了便于地方公共事务的管理而设置的一个机构，实际上只是中央政府的行政附属物和中央政府权力的延伸。作为中央政府在地方的代表，地方政府只能充当中央政策的传声筒和被动执行者，根本不具备"自主行为"的能力，只能被动地服从中央政府的指令。这一背景下的地方政府只是中央政府在地方上的代理机构或派出机构，没有相对独立的财政权力，也不能真正代表本地方的利益，因而也就没有研究地方财政的必要性和可能性。

二、我国市场化改革对地方财政的影响

改革开放后，随着市场化程度的不断提升，我国的经济社会生活发生了较大变化，也对地方财政产生了深入而广泛的影响。

（一）市场化改革并没有消除原先就存在的地区间的差异性

在计划经济时期，我国各地区之间的社会经济发展本来就存在着较大的差异。改革开放之后，中国采取出口导向发展战略，沿海地区由于优越的地理位置率先得到发展，工业化与城镇化远超中西部地区，居民个人与政府收入相对充裕，但西部地区经济发展水平相对落后，导致东西部地区居民及地方政府财政收入存在较大差距（见表1-3）。各地区经济差距的存在，为我国地方财政问题凸显提供了一个基本的前提条件。

表 1-3　　　　　　　　　　1980—2017 年我国各地区的相对经济差距

年份	各地区人均GDP 最大值/最小值	各地区人均财政收入 最大值/最小值	各地区人均财政支出 最大值/最小值
1980	14.2	70.8	6.1
1985	12.3	31.4	6.0
1990	11.9	13.7	4.8
1995	10.2	17.5	8.3
2000	13.0	14.8	8.1
2005	9.99	18.28	7.94
2010	5.63	10.24	5.04
2015	4.08	7.99	5.95
2016	4.28	8.78	6.14
2017	4.46	8.84	5.81

资料来源：根据《新中国 50 年财政统计》、《中国统计年鉴 2018》和《中国财政年鉴 2018》相关数据计算得出。

（二）市场化改革使得各地区间的流动性逐步增强

改革开放后，我国推行了市场化导向的经济体制改革，资源配置方式从以计划为主，转变为由市场机制发挥决定性作用，再加上我国不断对户籍制度、就业制度和人事管理制度等进行了幅度不同的改革，使得制约人和各种生产要素跨地区流动的障碍越来越少，各地区间的流动性逐步增强。

首先表现为地区间的流动人口规模持续扩大。根据测算，改革开放之初，我国人口迁移的总规模不足 1 000 万人，1987 年我国人口迁移的总规模为 3 000 万人，1999 年为 5 000 万人，到 2000 年接近 6 300 万人。进入 21 世纪，我国流动人口的规模更是进一步扩大，2005 年已达到 1.47 亿人，占总人口的 11.3%；2012 年我国流动人口为 2.36 亿人，占总人口的 17.4%；2017 年我国流动人口为 2.44 亿人，占总人口（13.9 亿）的 17.6%。

除了人口流动性增强之外，我国各种生产要素的流动性也得到了极大提升，这主要体现在各地区间活跃的国内贸易和投资上。在过去的计划经济体制下，跨地区的贸易和投资都必须在国家指令性计划的安排下进行，但现在区域间的贸易和投资更多的是由各经济主体依据比较利益原则进行的。虽然我国目前限制地区间各种生产要素自由流动的因素还存在，其中最为典型的就是地方保护主义，但随着体制改革的深入，这些限制性的因素将会逐步减弱乃至消除。人口和各种生产要素在各地区间流动性的不断增强，为地方财政问题的凸显提供了另一个基础性的前提条件。

（三）市场化改革使得地方政府逐步成为相对独立的利益主体

市场化改革既是对个人利益的一种肯定，也是对由各地方政府代表的各个地区相对独立利益的一种承认和肯定。在市场经济条件下，尽管从根本上看，地方的局部利益和国家的整体利益是一致的，但各地区确实存在着相对独立的利益，不仅各地区的利益各不相同，而且地方利益也区别于由中央政府所代表的整体利益。此外，在市场化改革过程中，社会经济形势的变化也促使中央政府不得不在政治、经济和文化等方面赋予各级地方政府更多的权力，这样地方政府就能够根据本地区的特殊利益以及本地区的社会经济发展目标，自主地采取相应的行动，而不再像计划经济体制时一味地服从中央政府的指令。因此，地方政府的自主行为就不会必然与中央政府的意图保持一致，地方财政活动与中央财政活动在行为方式、目标取向和具体效应等方面自然而然就会出现差异。

（四）市场化改革使得地方财政活动与每个社会成员的关系越来越密切

在高度集权的计划经济时期，大大小小的社会事务均由中央政府控制或由地方政府按照中央政府的指令行事。这一时期，地方政府和地方财政与每个社会成员之间的关系并不是很紧密。市场化改革后，这种状况发生了很大的变化。

改革开放后，越来越多的公共产品和服务都交由地方政府根据本地区的具体情况来提供。由地方政府和地方财政负责提供的社会治安、公共交通、公共卫生、基础教育、供水供电、街道照明以及垃圾处理等事务，都是对每一个社会成员日常生活影响最大、关系最为密切的事务。随着财政民主化进程的进一步推进，如参与式预算的推行，地方财政活动与社会成员之间的关系还会变得更为密切。

三、我国地方财政的现实特点

改革开放后，地区间生产要素流动性的增强，以及地方相对独立利益主体地位的确定和地方政府权力的增强，导致我国地方财政的以下现实特点逐步凸显。

（一）地方财政支出规模不断增加

各国地方政府财政支出规模在最近几十年一直在稳步增长。美国联邦政府的支出大约占整个政府支出的 1/3，州和地方政府占 2/3。日本的情况也大致相同，中央政府财政支出占 1/3，地方政府占 2/3。有学者对巴西、哥伦比亚、肯尼亚、韩国、菲律宾、锡兰、坦桑尼亚和土耳其等国家（或地区）的资料进行了分析，发现这些国家（或地区）的地方财政支出占全国（或地区）财政支出的比重，除土耳其和肯尼亚以外，都有长期增加的趋势。从我国的情况来看，2017 年，地方财政支出总量达到 173 228.34 亿元，地方财政支出在全国财政支出当中所占的比重也在不断提高，从 1978 年的 52.58% 上升到 2017 年的 85.30%（见表 1-4）。

表 1-4　　　　　　　　我国地方财政支出占 GDP 和全国财政支出比重

年份	地方财政支出（亿元）	GDP（亿元）	地方财政支出占GDP 比重	全国财政支出（亿元）	地方财政支出占全国财政支出的比重
1978	589.97	3 678.7	16.04	1 122.09	52.58
1980	562.02	4 587.6	12.25	1 228.83	45.74
1985	1 209	9 098.9	13.29	2 004.25	60.32
1989	1 935.01	17 197.7	11.25	2 823.78	68.53
1990	2 079.12	18 872.9	11.02	3 083.59	67.43
1991	2 295.81	22 005.6	10.43	3 386.62	67.79
1992	2 571.76	27 194.5	9.46	3 742.20	68.72
1993	3 330.24	35 673.2	9.34	4 642.30	71.74
1994	4 038.19	48 637.5	8.30	5 792.62	69.71
1995	4 828.33	61 339.9	7.87	6 823.72	70.76
1996	5 786.28	71 813.6	8.06	7 937.55	72.90
1997	6 701.06	79 715.0	8.41	9 233.56	72.57
1998	7 672.58	85 195.5	9.01	10 798.18	71.05
1999	9 035.34	90 564.4	9.98	13 187.67	68.51
2000	10 366.65	100 280.1	10.34	15 886.5	65.25
2001	13 134.56	110 863.1	11.85	18 902.58	69.49
2002	15 281.45	121 717.4	12.55	22 053.15	69.29
2003	17 229.85	137 422.0	12.54	24 649.95	69.90
2004	20 592.81	161 840.2	12.72	28 486.89	72.29
2005	25 154.31	187 318.9	13.43	33 930.28	74.14
2006	30 431.33	219 438.5	13.87	40 422.73	75.28
2007	38 970.86	270 232.3	14.42	49 565.4	78.63
2008	49 248.49	319 515.5	15.41	62 592.66	78.68
2009	61 044.14	349 081.4	17.49	76 299.93	80.01
2010	73 884.43	413 030.3	17.89	89 874.16	82.21
2011	92 415.48	489 300.6	18.89	108 929.67	84.84
2012	107 188.34	540 367.4	19.84	125 952.97	85.10
2013	119 740.34	595 244.4	20.12	140 212.1	85.40
2014	129 215.49	643 974.0	20.07	151 785.56	85.13
2015	150 335.62	689 052.0	21.82	175 877.77	85.48
2016	160 351.36	744 127.0	21.55	187 755.21	85.40
2017	173 228.34	827 122	20.94	203 085.49	85.30

资料来源：国家统计局. 中国统计年鉴 2018［M］. 北京：中国统计出版社，2018.

近几十年来，地方财政支出不断上升的一个基本背景是城市化的进展与人口的不断增长。随着城市化进程的发展，地方政府需要为本地居民提供一系列提高生活质量和促进社会发展的公共服务，包括供水、供电、街道照明、排水、排污、垃圾回收、交通运输网络建设、教育、医疗卫生、社会保障、文化体育服务等。总之，随着社会经济的发展、收入水平和生活水平的提高，人们的需求结构、消费结构在发生着变化，对由地方政府提供的地方性公共产品的需求也在不断提高。

在我国，这一发展趋势的原因还可以从经济体制和财政体制改革等方面解释：随着我国市场化改革的不断深入，地方政府自主权不断增强，地方政府对经济效率的重视程度不断提高，为推进社会经济的发展，地方财政支出不断增加。1994 年分税制改革后，中央政府把更多的事权下放给了地方政府，地方政府承担了更多的支出责任。中央政府主要承担国防、外交、中央国家机关运转所需经费，调整国民经济结构、协调地区发展、实施宏观调控所必需的支出，由中央直接管理的科教文卫等事业发展支出；而地方政府则要负责本地的行政管理、公共安全、基本建设、城市维护和建设、文化教育卫生、环境保护、社区事务等全部的地方性公共事务。这样，地方政府必然要承担更多的责任，与此相适应，地方财政支出的规模与比重也就不断攀升。

（二）各地区间的财政能力存在较大差距

我国国土广袤，在东部沿海地区、中部地区和西部地区之间，由于自然条件、地理条件、资源禀赋、历史因素等诸多原因，在经济社会发展程度上存在着较大的差异。

2017 年，人均地区生产总值最高的是北京，达到 12.90 万元，而最低的甘肃省仅为 2.84 万元。各地方之间财力状况的差距基本上反映了各地方在经济发展程度上的差距（见表 1-5）。

从财政收入来看，2017 年，人均财政收入最高的上海（27 470.1 元）是最低的甘肃（3 106.4 元）的 8.84 倍，各地的差距非常大。从总体上看，财政收入的地区差距很大，无论是收入总数还是人均收入，东部地区都要远远高于中部、西部地区。

为了消除横向的财政失衡，中央政府进行了一定规模的转移支付。经过转移支付的调节之后，人均财政支出的差距相对要小些，2017 年，最高的西藏（49 909.2 元）是最低的河南（8 594.5 元）的 5.81 倍。

除上海、北京、天津三个直辖市外，一些发达省的人均财政支出的排名明显要比其人均财政收入的排名靠后，如浙江（人均财政收入排名 4、人均财政支出排名 13）、江苏（人均财政收入排名 5、人均财政支出排名 14）、广东（人均财政收入排名 6、人均财政支出排名 12）、福建（人均财政收入排名 9、人均财政支出排名 19）、山东（人均财政收入排名 12、人均财政支出排名 29）等。而一些经济欠发达地区的人均财政支出的排名反而靠前，如西藏（人均财政收入排名 14、人均财政支出排名 1）、青海（人均财政收入排名 25、人均财政支出排名 4）、宁夏（人均财政收入排名 11、人均财政支出排名 6）、新疆（人均财政收入排名 13、人均财政支出排名 7）、甘肃（人均财政收入排名 31、人均财政支出排名 17）等。这说明通过财政转移支付降低了各地财政收入的差距，但各地区的财政状况仍然存在着较大的差距。

表 1-5　　　　　　　　　2017 年我国各地区财政收支及排序情况[①]

地区	财政收入总额（亿元）	按总收入排序	人均财政收入（元）	按人均排序	财政支出总额（亿元）	按总支出排序	人均财政支出（元）	按人均排序
北　京	5 430.79	6	25 015.2	2	6 824.53	9	31 435.0	2
天　津	2 310.36	15	14 838.5	3	3 282.54	27	21 082.5	5
河　北	3 233.83	10	4 300.3	24	6 639.18	11	8 828.7	30
山　西	1 867.00	20	5 043.2	18	3 756.42	24	10 147.0	25
内蒙古	1 703.21	21	6 734.7	10	4 529.93	22	17 911.9	8
辽　宁	2 392.77	14	5 476.7	16	4 879.42	16	11 168.3	22
吉　林	1 210.91	26	4 456.8	22	3 725.72	25	13 712.6	11
黑龙江	1 243.31	25	3 281.4	30	4 641.08	19	12 248.8	18
上　海	6 642.26	3	27 470.1	1	7 547.62	6	31 214.3	3
江　苏	8 171.53	2	10 177.5	5	10 621.03	2	13 228.3	14
浙　江	5 804.38	5	10 260.5	4	7 530.32	7	13 311.5	13
安　徽	2 812.45	11	4 496.3	21	6 203.81	12	9 918.2	28
福　建	2 809.03	12	7 182.4	9	4 684.15	18	11 976.9	19
江　西	2 247.06	17	4 861.7	19	5 111.47	14	11 059.0	23
山　东	6 098.63	4	6 095.0	12	9 258.40	3	9 252.8	29
河　南	3 407.22	8	3 564.4	28	8 215.52	5	8 594.5	31
湖　北	3 248.32	9	5 503.8	15	6 801.26	10	11 523.7	21
湖　南	2 757.82	13	4 020.1	26	6 869.39	8	10 013.7	27
广　东	11 320.35	1	10 135.5	6	15 037.48	1	13 463.6	12
广　西	1 615.13	22	3 306.3	29	4 908.55	15	10 048.2	26
海　南	674.11	28	7 279.8	8	1 443.97	30	15 593.6	9
重　庆	2 252.38	16	7 324.8	7	4 336.28	23	14 101.7	10
四　川	3 577.99	7	4 309.8	23	8 694.76	4	10 473.1	24
贵　州	1 613.84	23	4 507.9	20	4 612.52	21	12 884.1	15
云　南	1 886.17	19	3 928.7	27	5 712.97	13	11 899.5	20
西　藏	185.83	31	5 514.2	14	1 681.94	28	49 909.2	1
陕　西	2 006.69	18	5 232.6	17	4 833.19	17	12 602.8	16
甘　肃	815.73	27	3 106.4	31	3 304.44	26	12 583.5	17
青　海	246.20	30	4 117.1	25	1 530.44	29	25 592.6	4
宁　夏	417.59	29	6 123.0	11	1 372.78	31	20 128.7	6
新　疆	1 466.52	24	5 998.0	13	4 637.24	20	18 966.2	7

① 根据《中国统计年鉴（2017）》相关数据整理。

（三）地方政府间存在着日益激烈的财政竞争

我国地区间不仅存在着巨大的差别，而且在市场经济条件下，各地区间还存在着流动性。在计划经济时期，经济体制限制了各种生产要素在地区之间的自由流动。改革开放之后，我国推行了市场导向的经济体制改革。在经济体制从计划经济向市场经济逐步转轨的过程中，随着住房制度、户籍制度、人事管理制度等方面的改革不断深化，制约各种生产要素跨地区流动的障碍越来越少，从而不断提高了各种生产要素在各地区之间的流动性。社会成员能够独立地选择居住、工作、消费的场所，企业也可以对投资区位进行选择。这种流动性对地方财政职能的发挥也产生了巨大影响。资金和人员的流动、企业的迁移都意味着税基的流动，这势必会强化地区间的财政竞争：一方面各地竞相采用税收等政策工具来吸引人才、资金和企业；另一方面，力图通过提供优质的公共产品和公共服务来吸引外来资源，这主要体现在一个地区的环境建设、教育质量、社会安全、城市公共设施、公共卫生、投资环境、法制环境等方面。总之，地区间要素的流动对地方财政在其资源配置、收入分配和发展本地区经济等方面会产生重要影响。

（四）城市财政高度依赖土地收入，县乡财政一度面临困境

20世纪90年代以来，随着我国以"地方政府主导、城市外延扩张"为特点的城镇化进程加速推进，地方政府的土地财政模式渐趋形成。土地财政是指地方政府可支配财力高度倚重于土地及相关产业租税费收入的一种财政模式。其中，以国有土地使用权出让收入为主。[①]地方政府将农用土地转为城市土地，或在城市中实施旧城拆迁改造，通过招、拍、挂，获得大量国有土地使用权出让收入。现有以国有土地使用权出让收入为支柱财源的土地财政模式有力地推动了各地的经济发展和财政收入高速增长，但同时也引发了地价房价高企、土地流失严重、财政金融风险、社会矛盾激化等问题。尤其是，由于土地的稀缺性和不可再生性，再加上目前除了一线城市和一部分二线城市之外，大部分地方的房地产行业面临着去库存的压力，因此，从土地出让中获得的收入也是有限和不可持续的，过度依赖国有土地使用权出让收入的土地财政模式潜伏着财政收入结构失衡的危机。为保障下一阶段城镇化发展过程中的巨额资金需求，需要尽快调整现有土地财政模式，实现土地财政模式的及时转型。土地财政模式的形成和发展与现行地方财政体制运行中存在的问题密切相关。因此，土地财政模式转型的关键在于优化地方财政体制，切实提高地方财政保障能力。

1994年分税制财政体制改革以来，随着社会经济稳步发展，我国财政收入增长迅速，中央宏观调控能力进一步加强。但在进入21世纪后的一段时期内，县乡公共财政的收支矛盾愈发突出，难以履行公共财政基本职责。"中央财政喜气洋洋，省市财政满满当当，县级财政紧紧张张，乡镇财政哭爹喊娘"，就比较生

---

① 我国目前的城市土地属于国家所有。根据土地用途安排使用：公益用地是无偿划拨；工业用地采取协议转让的形式；商用和住宅用地采取招标、拍卖、挂牌的转让形式，价高者得。国有土地使用权出让收入主要来自于商用和住宅地的招、拍、挂。

动地描述了我国分税制改革后一段时间内财政体制的现实状况。县乡财政困境使得大部分地区的县乡财政是典型的"吃饭财政"，用来提供农村公共产品与服务的能力有限，县乡社会事业发展欠账严重，影响到农村社会经济的发展以及农民收入水平的提高，加大了我国的城乡差距。2005年后，中央政府采取了各种措施缓解县乡财政困境，开始建立健全县级基本财力保障机制，县乡财政困境有所缓解，但总体支出水平仍然偏低，公共服务保障能力依然较弱，离真正保障县乡政府具备充足的财力还有距离。我国是一个农业大国，为促进农村经济社会的发展，顺利实施党的十九大提出的"乡村振兴战略"，应加大对农村、农业的财政投入，为农村居民提供更多更好的公共产品和服务，这都需要县乡财政有充足的财力。

（五）地方政府债务风险日益显现

在2014年《中华人民共和国预算法》（以下简称《预算法》）修订之前，地方政府基本上不存在自由举债的空间。修订前的《预算法》第28条明确规定："地方各级预算按照量入为出、收支平衡的原则编制，不列赤字。除法律和国务院另有规定外，地方政府不得发行地方政府债券。"但是由于种种原因，地方政府客观上存在着超越法律和法规规定范围举借债务的实际情况。在现实中，地方各级政府为实现经济社会发展目标，举借了大量债务。尤其是2008年金融危机以来，积极财政政策的实施更使得地方债务规模持续膨胀。除国债转贷、外国政府贷款、国际金融组织贷款、处置各种金融机构风险的中央专项借款、农业综合开发借款和粮食企业亏损挂账等合法合规的债务之外，地方政府及其所属职能部门还以各种名目直接或间接、公开或隐蔽地举借了大量地方政府债务。审计署审计结果显示，到2013年6月底，全国各级政府负有偿还责任的债务为206 988.65亿元，其中：地方政府负有偿还责任的债务为108 859.17亿元；地方政府负有担保责任的债务为26 655.77亿元；地方政府可能承担一定救助责任的债务为43 393.72亿元。

自2014年，中央政府采取了一系列强化地方政府债务管理的措施，取得了一定的成效，但在财政经济新常态下，地方政府的债务负担仍然较重[①]，与还本付息和偿还债务有关的地方债务的风险隐患也正在逐渐显露。这一问题如果处理得不好，则会制约地方经济社会的可持续发展。庞大的地方政府债务将会为地方时政稳定、经济安全运行带来严重隐患。我国地方政府债务风险一旦形成并引发地方财政支付危机，将会大大限制地方政府对基础设施、教育、科技等地方公共产品的投入，从而延缓地方的经济发展，影响社会稳定。如果更为严重的话，向中央政府转嫁，将会严重威胁整个国家的经济安全和社会稳定。

---

　　① 根据财政部网站数据，2017年末地方政府一般债务余额为103 322亿元，专项债务余额为61 384亿元。

第三节　本书的基本框架

所谓"财政"，指的是以政府为主体的收支活动。因此，财政学是专门研究政府的收支活动及其对经济运行所产生影响的经济学分支学科，而地方财政学，是财政学中专门研究地方政府收支与管理及其经济效应的一门分支学科。依据对于地方财政学研究对象的基本认识，本书的基本框架主要由三部分组成：地方财政的基本理论、地方财政的制度基础和我国地方财政的现实运行状况。本书的具体编写思路如下：

第一、二章阐述地方财政的相关基本理论。第一章"导论"介绍地方政府的界定、联邦制和单一制国家体系中地方政府的不同特点，分析地方财政构成要素与地方财政的作用以及我国地方财政的现实特点。第二章"政府间财政职能划分与地方公共产品"主要研究财政职能在中央与地方政府间的划分、公共产品及其受益范围、地方公共产品的特点与类型、蒂布特模型与地方公共产品供给等问题。

第三章至第五章分析地方财政的相关制度基础。财政体制和政府预算管理制度是研究地方财政相关问题的两大制度基础。一个国家的地方政府的收支活动，要受到这个国家政治、经济、社会等诸多因素的影响，但从财政学的角度来看，对地方政府经济行为的影响最大而且也是最为直接的因素，是财政体制及由此决定的中央政府与地方政府间财政分配格局。此外，政府预算管理制度也是研究地方财政相关问题的重要制度基础。要全面了解分析地方财政收支，必须熟悉政府预算的行政组织形式，政府预算体系构成与政府预算程序等内容。第三章"分级财政体制的基本框架"从政府间的事权与支出划分、政府间的税收划分、政府间的转移支付和省以下财政体制等方面阐释财政体制的总体框架。第四章"我国财政体制的演变与改革"分析我国财政体制的演变进程、现行分税制财政体制的形成与完善以及我国财政体制的演变特征。第五章"政府预算管理制度"分析政府预算功能与级次、现行政府预算体系和政府预算程序。

第六章至第八章研究我国地方财政的现实运行状况。第六章"地方财政支出"依据支出功能分类，从一般政府服务支出、社会服务支出和经济服务支出三个方面介绍各类地方财政支出，分析我国地方财政支出的规模与结构。第七章"地方财政收入"介绍我国地方财政收入的构成、规模与结构。第八章"财政转移支付制度"分析我国财政转移支付制度的政策目标，现行转移支付的形式、规模及结构。

□ 本章小结

多级政府的存在是地方财政产生和存在的基本前提。根据行政级次，可以将政府分为中央政府和地方政府。地方政府是为治理国家部分地域的社会事务而设置的政府单位。

各国对地方政府的界定不尽一致。遵循我国的历史习惯，本书将地方政府界定为：除中央政府以外的其他级别的政府的统称，不仅包括最低一级的基层政府，而且也包括中间政府。

在不同的国家结构形式下，地方政府在行政构成、权力配置以及与中央政府的关系等方面都存在着较大的差异。联邦制国家的政府级次一般只有三级。联邦制国家对地方政府的理解是从狭义角度理解。在联邦制体制下，州政府和地方政府拥有相对独立的主权，拥有独立的立法、行政和司法系统，州政府和地方政府高度自治。在单一制体制下，对地方政府的理解是从广义的角度理解。在单一制国家，政府的级次相对来说较多。按照地方政府权力的大小，单一制国家又可以划分为地方分权型单一制国家和中央集权型单一制国家两种类型。

我国地方政府体系的特点主要表现为：在单一制国家中建立民族区域自治地方和特别行政区；在一般地方行政区域和民族自治地方设立各级人民代表大会和各级人民政府；地方政府制度从两个方面体现出"双重从属性"的特点，强调中央集权；在城市和农村按居民居住地区设立社区居民委员会和村民委员会，体现直接民主的特点。

与多级行政体制相对应，各国的财政管理组织形式也都表现为分级财政体制，呈现出明显的层次性。现实中的政府财政实际上包含着多个级次，不仅有中央财政，而且还有地方财政。一级完备的地方财政是由"一级事权"、"一级财权"、"一级财力"和"一级预算"等基本要素构成的。地方财政是地方政府提供地方公共产品的物质基础，是地方政府保障区域经济稳定与发展的重要政策工具，也是地方政府促进地区社会公平的重要政策手段。

随着我国市场化改革和国家财政体制改革的不断推进，地方政府已经成为一级相对独立的政权机构，地方财政显现出以下现实特点：地方财政支出规模不断增加；我国各地区间的财政能力存在较大差异；地方政府间存在着激烈的财政竞争；城市财政高度依赖土地收入，县乡财政一度面临困境；地方政府债务规模逐步增加。

地方财政学，是财政学中专门研究地方政府收支与管理及其经济效应的一门分支学科。地方财政学的研究对象为：在既定中央政府与地方政府间财政分配关系和分配格局下的地方财政收支以及与之相关的财政管理活动。本课程讲授的内容主要包括：地方财政的理论基础、地方财政的制度基础和我国地方财政的现实运行状况。

☐ 关键概念

地方政府   地方分权型单一制国家   中央集权型单一制国家   中央财政   地方财政

☐ 复习思考题

1. 简述各国对地方政府的不同界定。

2. 简述联邦制与单一制国家体系中地方政府的不同特点。

3. 简述地方分权型单一制国家与中央集权型单一制国家的特点与典型代表。

4. 简述我国地方政府体系的特点。

5. 简述地方财政的构成要素与作用。

6. 简述我国地方财政的现实特点。

第二章

政府间财政职能划分与地方公共产品

在处理政府间财政关系的过程中，社会分工原则上首先要求财政职能在各级政府之间做出一个明确的划分。由于地区间差异性和流动性的存在，中央政府和地方政府各自承担的财政职能也各有不同。总体而言，资源配置职能由中央政府与地方政府共同承担，收入分配职能和经济稳定职能则主要应由中央政府承担。公共产品按照受益范围可分为全国公共产品与地方公共产品，这在客观上决定了中央政府与地方政府应在公共产品供给上进行分工。地方公共产品受益范围具有明显的地域性，主要应由地方政府提供。

第一节　财政职能在中央与地方政府间的划分

现代市场经济条件下，从总体上可以把财政职能概括为资源配置、收入分配和稳定与增长等三大职能。财政三大职能（或称之为公共部门的三大职能）最先是由理查德·阿贝尔．马斯格雷夫在 1959 年出版的《财政学原理》一书中提出的。根据马斯格雷夫所提出的"最佳配置职能"分权理论，中央政府和地方政府在执行财政职能时的侧重点和范围也有所区别[①]。

专栏 2-1

理查德·阿贝尔．马斯格雷夫：现代财政学之父

理查德·阿贝尔．马斯格雷夫（Richard A.Musgrave）是一位德裔美国财政学家。理查德·阿贝尔．马斯格雷夫 1910 年出生在德国的柯尼希施泰因，于 2007 年 1 月 15 日在美国去世，享年 96 岁。马斯格雷夫被誉为现代财政学的开拓者之一，是现代财政学之父。

马斯格雷夫于 1930 年（20 岁）在慕尼黑大学开始了经济学研究。他于 1931

---

① MUSGRAVE, R.A. Public Finance in Theory and Practice: a Study in Public Economy [M]. New York: McGraw-Hill, 1959: 156-162.

年转到海德堡，获得经济学硕士学位。1933 年（23 岁），他被选为德国的交换学者到罗切斯特大学学习，并在此获得了他的第二个硕士学位。马斯格雷夫在 1937 年（27 岁）从哈佛大学获得了经济学博士学位。马斯格雷夫先后在美国最著名的几所大学，像密歇根大学、霍普金斯大学、普林斯顿大学、哈佛大学和加州大学伯克利分校担任教职。1965 年被哈佛大学的文理学院和法学院同时聘为教授，成为该所大学中被两个学院聘为教授的第一人，目前也是唯一的一名学者。他在这两个学院中为同学讲授财政学、税收政策与经济发展、税制改革，直到 1981 年退休，退休时 71 岁。马斯格雷夫还多次担任美国政府的顾问，他曾担任许多国家，如玻利维亚、波多黎各、韩国等的经济顾问。马斯格雷夫是政府积极干预主义的倡导者。他坚定地认为政府是实现社会正义的工具和有效的宏观经济政策的制定者与实施者。

作为西方现代财政学集大成者，马斯格雷夫在财政理论的诸多方面都进行了开拓性的研究。他首先提出按照消费上的非竞争性和非排他性来划分公共产品和私人产品，马斯格雷夫还首次将财政的职能概括为资源配置、收入分配和宏观经济稳定三个方面，并在此基础上进一步提出了政府间财政职能划分理论和政府间税收划分的原则等。另外，他还简化了凯恩斯模型，发展了代际公平和税收归宿等理论，为财政学的发展开辟了新途径。他的著作《财政学原理》（1959 年）被称为后凯恩斯时代的代表作，在现代财政学中具有里程碑意义。他和夫人佩吉·布莱沃·马斯格雷夫（Peggy Brewer Musgrave）所著的《财政理论与实践》（Public Finance in Theory and Practice），是财政学的经典著作。他还是《帕尔格雷夫经济大辞典》中"财政学（Public Finance）"词条的作者。他还创办并主编了《经济学季刊》杂志。

资料来源：根据 http://en.wikipedia.org/wiki/Richard_Musgrave 整理。

一、资源配置职能的划分

（一）资源配置职能

财政的资源配置职能就是政府通过财政收支活动，将社会资源在私人产品和公共产品之间进行合理配置，以供给市场机制无法有效供给的公共产品。

资源配置以及与此相关的问题是现代经济学研究的主要内容。在市场经济体制下，社会资源的配置有两种方式：市场机制和政府机制。市场机制是资源配置的有效方式，在资源配置中起决定性作用。市场像一只"看不见的手"，通过调节供给与需求，协调产量和价格，实现个人利益和社会利益的结合，人们从各自利益出发所做出的选择和决定，最终导致社会效益的最大化。但市场不是万能的，市场配置资源的作用范围仅限于与市场有关的领域，无法覆盖社会的所有领域。自发运行的市场经济在许多情况下，难以达到社会资源的有效配置。"看不见的手"会出现市场失灵的问题。市场失灵的一个主要表现就是市场无法供给公共产品，例如：国防、社会治安、道路和消防服务等。政府需要向居民提供这些无法通过市场机制供应的公共产品。但是，"天下没有免费的午餐"，政府提供这些公共产品和服务，需要办公大楼、办公设备、公务员等，这些支出都需要通过税收、公债、收费等形式筹集。这就是一个资源配置的过程。政府财政对资源配置的有效参与，无疑会使整个社会资源配置更加合理。

公共产品和服务与私人产品和服务之间的平衡关系见生产可能性曲线。如图2-1所示，假定生产性资源和技术不变，还假定资源充分使用，生产可能性曲线给出了某种经济可以提供的公共产品和服务与私人产品和服务之间的各种组合。私人产品和服务是指食品、服装等通常在市场上出售的物品。公共产品和服务，例如道路、学校和消防，通常不在市场上出售。在图 2-1 的 C 点上，个人放弃 AX_1 单位的私人产品和服务，因为政府可以提供 OG_1 单位的公共产品和服务。那些本可以用于生产私人产品和提供私人服务的资源现在由政府使用，用于提供公共产品和服务。政府提供公共产品和服务的实际成本，等于居民为获得公共产品，转交政府使用而牺牲的私人产品和服务的价值。居民在缴纳税费后，购买其他私人产品和服务，如食物、衣服、汽车、住房的能力相应降低。如果居民需要更多的公共产品，如图 2-1 中的 D 点，则需要放弃更多的私人产品和服务。因此，高福利往往对应着高税收，"又要马儿跑，又要马儿不吃草"是不现实的。

市场提供的私人产品和服务

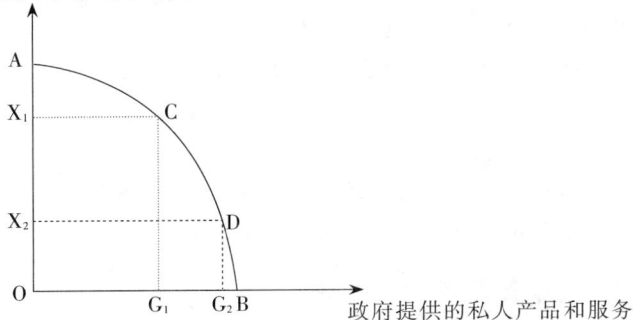

图 2-1　公共产品和服务与私人产品和服务的生产可能性曲线

（二）资源配置职能在中央与地方政府间的划分

不同公共产品的受益范围也有很大不同，一些公共产品的受益范围可以遍及全国，而大多数公共产品的受益范围则具有明显的地域性。在资源配置方面，按照公共产品的受益范围，中央政府和地方政府承担着不同的职责。受益范围遍及全国的公共产品，如国防、司法、大规模交通运输主干设施等，应由中央政府提供。与中央政府相比较，地方政府主要是在较小的范围内进行资源配置——提供地方公共产品，如社会治安、地区道路建设、教育、医疗等，因为地方政府更了解本地居民的需求与偏好。

一般认为，如果由中央政府统一提供地方公共产品，就不可能考虑到各地的需求差异，在全国范围内只可能有一个相同的公共产品和劳务的提供水平，由此会产生效率和福利的损失。而地方政府更接近当地居民，因而能更好地了解居民的不同偏好，并且能对当地的偏好及环境做出反应，提供满足居民需要的公共产品及劳务，提高资源的配置效率。

图 2-2 说明了由中央政府统一提供地方公共产品所产生的福利损失。为了简便起见，假设仅有两组居民，每组内部的居民对公共产品的需求是相同的，而两组之间的公共产品需求是不同的，D_1、D_2 分别表示第 1 组和第 2 组居民的需求曲线，其中第二组居民的需求大于第一组。再假定公共产品成本的人均负担额不变，即税价均为 OP，则第一组居民对公共产品的需求量为 Q_1，第二组为 Q_2。若由中央政府负责提供公共产品，则只可能存在一个统一的供给量 Q_3（Q_3 是 Q_1 与 Q_2 的折中）。

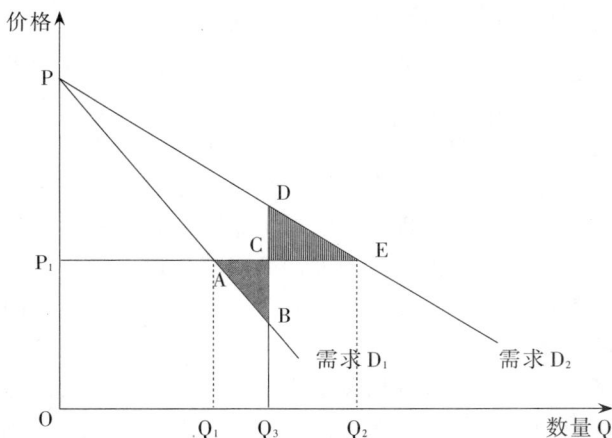

图 2-2　中央政府统一提供地方公共产品的效率损失图

这样，对第一组居民来说，公共产品的供给量大于其需求量，他们将承担的成本会超过从公共产品的消费中获得的效用，其福利的损失为阴影部分△ABC；对第二组居民来说，政府提供的公共产品数量小于需求量，因此造成的福利损失为△CDE。可见，在这部分公共产品的提供中，实行分权的公共产品提供方式比集权提供更加有效。从图 2-2 中还可以看出，△ABC 和△CDE 面积的大小与 Q_1Q_2 的距离及 D_1、D_2 的斜率有关，即福利损失的大小与两组居民的需求差异及各组需求的价格弹性大小有关。具体地说，Q_1Q_2 的距离越大，即需求的差异越大，福利损失越大；需求曲线 D_1、D_2 的斜率越大，即需求的价格弹性越小，则福利损失越大。因此，如果一国范围内各地的公共产品需求差异很大，并且需求的价格弹性较小，采取分权的提供方式，可以大大提高资源的配置效率，增进社会福利。

二、收入分配职能的划分

（一）收入分配职能

19 世纪末 20 世纪初，欧美资本主义国家正从自由竞争阶段发展到垄断资本主义阶段，出现了贫富两极分化、社会矛盾激化等问题。当时，特别是在德国，收入差距越来越大，劳资对立日趋激化。为了缓和阶级矛盾、稳定社会秩序，社会政策学派的代表人物、著名财政学家瓦格纳，主张政府要充分利用财政分配工具，矫正社会收入分配不公。俾斯麦政府建立了最早的社会保障制度，其他资本主义国家纷纷跟进，并建立起超额累进个人所得税制度，来调节社会的收入再分配。因此，在这一时期，在资源配置职能的基础上，财政职能又增加了收入分配这一职能。

所谓收入分配职能，就是通过财政手段调节收入与财富的分配，使之符合社会上认为的"公平"或"公正"的分配状态。公平是一个与利益分配紧密相连的概念。对公平有起点公平和结果公平等不同的理解。收入分配职能中所说的"公平"指的是"结果公平"，也就是社会分配所形成的收入差距被控制在社会所能接受的限度内。

1. 市场分配造成收入分配差距过大的原因

市场经济在有效运行的前提下仍会造成收入分配差距过大，主要原因在于：

（1）市场机制中按贡献分配的原则造成了收入分配中的巨大差距。在市场机制的作用下，收入的分配状况是由每个人提供的生产要素的数量以及这些生产要素在市场上所能获得的价格决定的。经济学家认为，劳动、资本、土地、企业家才能等生产要素共同创造了社会财富。收入分配就是将社会财富分给这些生产要素的所有者：劳动得到工资、资本得到利息、土地得到租金、企业家才能得到正常利润。在对社会财富进行分配时，市场机制给予人们的报酬是以人的生产能力和贡献为标准的，能力不同，贡献就不同，收入也就不同。这就是市场经济中的按贡献分配的原则。按贡献分配的原则，造成收入差距。

（2）市场经济下的财产私有制加深了市场机制下的贫富两极分化。在市场机制下，资本是一种非常重要的资源，资本所有者可以获得利息。于是，有财产的人，不管财产是自己积蓄得来的还是从继承遗产得来的，都可以享受一笔额外的收入来源，这是无财产的人得不到的。而这笔额外财源，转过来又提供了进一步积累财产的机会，从而得到更多的资本收入。财产越多则收入越多，还能进一步积累，进而造成贫富悬殊。

总之，由于上述两个原因，由市场所决定的收入分配状况肯定高低悬殊。适度的收入差距作为一种激励机制有利于经济发展，但收入差距过大，则会造成一系列消极的社会后果，不利于社会的稳定。

2. 如何衡量收入分配差距

为了对收入差距程度进行衡量，经济学家们经常采用洛伦兹曲线与基尼系数等指标。

（1）洛伦兹曲线

如图 2-3 所示，画一个正方形，纵轴衡量社会收入的百分比，将正方形的高分为 5 等份，每等份为 20% 的社会总收入；横轴是家庭百分比，将 100% 的家庭从最贫者到最富者从左到右排列，也分为 5 等份。第一个等份代表收入最低的 20% 的家庭，第五个等份则代表收入最高的 20% 的家庭。在这个正方形中，将每个百分比的家庭所拥有的收入的百分比累计起来，并将相应的点画在图中，联结成一条平滑曲线，便得到了著名的洛伦兹曲线，这条曲线能直观地表现出社会收入是如何在不同阶层的家庭中分配的。

如果总收入平均分配于所有家庭，则洛伦兹曲线就是对角线 OE，OE 被称为绝对平等线。另一极端则是完全不平等的洛伦兹曲线 OFE，因为这一折线意味着唯一的一个家庭拥有 100% 的收入，而其他的家庭都一无所有。当然，世界上任何一个国家的收入分配状况都处于两种极端之间，如图中的弧形曲线 OE，曲线越靠近对角线，则社会收入的分配越平等，越靠近边框 OFE 则越不平等。

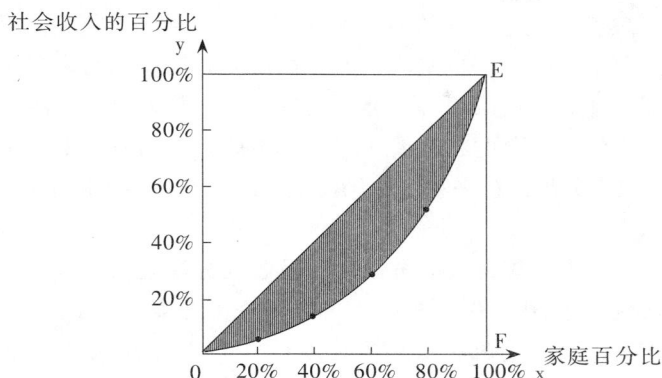

图 2-3　洛伦兹曲线

（2）基尼系数

为了使收入分配的平等程度更具可测性和可比性，可再引入一个指标——基尼系数，即图 2-3 中由绝对平等线和实际洛伦兹曲线所围成的阴影部分面积与由绝对平等线和绝对不平等线围成的三角形 OEF 的面积的比例。因此，基尼系数可以在 0（绝对平等）到 1（绝对不平等）之间变动。基尼系数是国际上通用的衡量收入差距程度的指标。国际上确定的反映个人收入差距的大致标准为：基尼系数在 0.2 以下表示绝对平均；0.2~0.3 表示比较平均；0.3~0.4 表示较为合理；0.4~0.6 表示差距较大；0.6 以上说明收入差距相当悬殊。

部分国家 2014 年的基尼系数见表 2-1。

表 2-1　　　　　　　　　　　　部分国家 2014 年的基尼系数

基尼系数	国　　　家
0.60~0.66	南非、纳米比亚、博茨瓦纳
0.55~0.60	哥伦比亚、玻利维亚、安哥拉、中非
0.50~0.55	巴西、智利、赞比亚、津巴布韦、巴布亚新几内亚
0.45~0.50	墨西哥、厄瓜多尔、秘鲁、委内瑞拉、乌拉圭、刚果（金）、肯尼亚
0.40~0.45	美国、中国、泰国、俄罗斯、阿根廷、尼日利亚、摩洛哥、毛里塔尼亚、马达加斯加
0.35~0.40	英国、意大利、葡萄牙、澳大利亚、新西兰、苏丹、阿尔及利亚、蒙古国、老挝、越南、土耳其、伊朗
0.30~0.35	加拿大、法国、西班牙、卢森堡、荷兰、比利时、爱尔兰、希腊、波兰、匈牙利、韩国、印度尼西亚、印度、巴基斯坦、乌兹别克斯坦、伊拉克、埃及、尼日尔、马里
0.25~0.30	挪威、瑞典、丹麦、芬兰、德国、瑞士、奥地利、捷克、白俄罗斯、乌克兰、保加利亚、日本、哈萨克斯坦、阿富汗、埃塞俄比亚

资料来源：2014 年世界银行基尼系数世界地图、世界银行网站。

从表 2-1 可以看出，相对而言，发达国家的收入差距小于发展中国家。原因在于：在一个国家的不同经济社会发展阶段，对于是着重于解决效率问题还是公平问题，是有所选择的。发展中国家比较注重经济的发展效率，而发达国家则比较注重促进社会公平。其实，发达国家在现代化的过程中也出现过收入差距过大的问题，欧洲历史上的工业革命时期，也是收入差距最大的时期，但后来通过发展经济、实施社会改良政策、壮大中产阶级等，终于实现了社会收入分配差距的相对缩小。今天的西方发达国家的收入分配状况要比当年资本原始积累时公平得多。所以，从横向和纵向来看，收入分配的公平程度和经济发展水平在一定程度呈正相关关系。

专栏 2-2

中国的收入分配现状及收入分配改革

改革开放之前，我国实施的是平均主义的分配体制，居民收入的基尼系数很小。20 世纪 80 年代初，我国的基尼系数为 0.275。但平均主义的分配体制带来的是普遍贫穷。改革开放后，我国打破平均主义的分配体制，在收入分配方面开始遵循"效率优先，兼顾公平"的原则，允许一部分地区、一部分人先富起来。改革开放后，中国发展的成功，在制度上，除了靠逐步引入"市场"这只看不见的手实现资源的有效配置之外，也靠打破平均主义的分配体制，建立起按劳分配为主体、多种分配方式并存的分配体制。这一方面提高了效率，推动了经济的增长；但另一方面，在经济持续增长，城乡居民收入普遍提高的同时，不同地区、不同行业、不同阶层居民之间的收入差距也逐步拉大。从我国的实际情况来看，当前收入差距已经较大。根据相关数据，2003 年基尼系数为 0.479，2008 年升至最高点 0.491，接着逐年回落，2016 年为 0.465。

为缩小收入分配差距，自 2011 年，我国开始了新一轮收入分配改革，"合理调整收入分配关系"首次独立成章写入"十二五"规划。2013 年，党的十八届三中全会报告强调，"改革收入分配制度，促进共同富裕"。

此后，中央深化改革领导小组接连出台改革方案，从初次分配、再分配、农民增收和分配秩序等 4 个方面，提出了 30 条政策措施，包括逐年提高最低工资标准、加强对高收入群体的规范等，通过"控高、扩中、补低"的框架，实现国民收入合理分配。

2016 年通过的"十三五规划纲要"第六十三章以"缩小收入差距"为标题，提出："正确处理公平和效率关系，坚持居民收入增长和经济增长同步、劳动报酬提高和劳动生产率提高同步，持续增加城乡居民收入，规范初次分配，加大再分配调节力度，调整优化国民收入分配格局，努力缩小全社会收入差距。"

2017 年，十九大报告提出："坚持按劳分配原则，完善按要素分配的体制机制，促进收入分配更合理、更有序。鼓励勤劳守法致富，扩大中等收入群体，增加低收入者收入，调节过高收入，取缔非法收入。坚持在经济增长的同时实现居民收入同步增长、在劳动生产率提高的同时实现劳动报酬同步提高。拓宽居民劳动收入和财产性收入渠道。履行好政府再分配调节职能，加快推进基本公共服务均等化，缩小收入分配差距。"十九大报告中也明确了我国实现全体人民共同富裕的时间表：到 2035 年，人民生活更为宽裕，中等收入群体比例明显提高，城乡区域发展差距和居民生活水平差距显著缩小，基本公共服务均等化基本实现，全体人民共同富裕迈出坚实步伐；到本世纪中叶，全体人民共同富裕基本实现，我国人民将享有更加幸福安康的生活。

需要指出的是，过去允许"一部分人先富起来"，是要在体制上解决推动经济增长的动力问题，而现在的收入分配改革是要使广大人民公平合理地分享增长的成果，从而解决大多数人富起来的问题。

3. 实施收入分配的财政手段

实施收入分配职能的财政手段主要是税收和社会保障支出。

（1）税收。税收是政府执行收入分配职能的主要工具之一，目的是减少高收入者的收入，缩小收入差距。用于这种目的的税收主要有：一是个人所得税。各国普遍通过超额累进的个人所得税制来缩小收入差距。超额累进税制是根据收入的多少确定税率，收入越高，边际税率也越高，这样可以对高收入者征收更多的税，而低于一定水平的收入则免征个人所得税。例如，我国现行工资、薪金所得个人所得税为 3%~45% 的七级税率。北欧国家丹麦、瑞典、芬兰的个人所得税税负很高，收入越高，课税越重，最高税率达 70% 以上，个人所得税一般占个人收入的 50% 左右，通过高额税收筹集社会保障资金。二是财产税。房地产税、车船税、遗产与赠与税等财产税也可以调节贫富差距。个人所得税是对社会财富增量进行课税，财产税是对社会财富的存量进行课税。而社会财富存量的贫富差距比每年社会财富增量的差距更大。瑞士信贷银行发布的"2015 年全球财富报告"指出，全球最富有的1% 的人口所拥有的财富比余下的 99% 的人口的财富总和还要多。换句话说，全球7 000 万名超级富豪的财富超过余下 70 亿人口财富的总和。2016 年发展援助组织乐施会发布的报告中指出，全球社会不平等现象激增。全球 62 名富豪拥有的财富与占全球人口一半的最贫穷人口拥有的财富相当。这 62 人当中，近一半人来自美国，17 人来自欧洲，其他人来自中国、巴西、墨西哥、日本和沙特阿拉伯。各国普遍通过财产税调节贫富差距。很多国家开征了遗产与赠与税，税率一般在 50%以上，有些国家甚至高达 80%~90%，目的在于减少由于财产继承所引起的收入不平等。三是消费税。通过对奢侈品，如贵重首饰和珠宝玉石、高档手表、高尔夫球及球具、豪华小汽车等征收较高的消费税，借以让高收入阶层交纳更多的税收。

（2）社会保障支出。政府用税收形式，包括个人所得税、财产税、遗产与赠与税等，将资金从高收入者那里集中起来，再用补助金或救济金的形式把资金转移给那些低收入阶层，从而缩小收入差距。具体来看，社会保障的形式各异：从接受补助的对象来看，有针对失业者的失业津贴，向老年人发放的养老金以及对收入低于贫困线者的收入补贴等；从补助的形式看，有的以货币支付为主，也有发放食品券等实物，还有向贫困者提供就业与培训机会，向低收入者提供廉租房等。

（二）收入分配职能在中央与地方政府间的划分

从理论上讲，收入再分配主要应由中央政府执行。这样的判断，是通过分析地方政府进行收入再分配的低效性甚至无效性而做出的。因为，在市场经济中，一国内部各地区之间的商品、资金和人员的流动应该是没有任何障碍的，在这些生产要素可以自由流动的情况下，如果由地方政府实施收入分配职能，会引起"福利移民"现象。具体地说，如果某一地方政府想要实行更多的收入再分配，即对高收入者制定更高的累进税率，对低收入者给予更多的补贴，则会发现大量高收入者迁出该地，以寻找一个只有较少社会福利方案的地区居住，而低收入者则为高福利计划所吸引，会大量涌入该地区。这种高收入者的迁出和低收入者的迁入违背了高福利计划的初衷，是任何一个政府管理者都不愿看到的结果，并且会使原来的再分配方案无法继续下去。由于害怕低收入者的迁入，各个地方政府都不愿进行大规模的再分配计划，地区间的竞争结果是在全国范围内形成了一个统一的较低的收入再分配标准，不利于公平目标的实现。例如，美国自 1996 年实行分散化的福利政策后，各州在制定帮助低收入者的福利政策方面拥有很大的自主权。但是，由于存在大量福利移民现象，各州出现了降低或者不再增加福利支出的趋势。因此，从实践来看，经济主体流动性的存在确实限制了地方政府收入再分配能力。

当然，地方政府并不是在收入分配方面，一点作用都发挥不了。例如：北欧的丹麦、挪威和瑞典等国是著名的高福利国家。虽然上述国家都是单一制国家，但由于历史传统，这些国家的地方政府高度自治，为其居民提供了广泛的"从摇篮到坟墓"的社会保障服务。此外，当一国劳动力的地区间流动受到一定限制，地区经济发展水平差距较大时，地方财政的再分配功能是很强的。如我国，目前市场经济的条件还没有完全具备，劳动力在地区间的自由流动还存在一定的障碍，如户籍制度的存在、有些地方设置的落户限制、对外来人员在打工就业等方面的歧视政策等，都不同程度地阻碍了劳动力的流动，再加上各地区间经济社会发展差距较大。因此，地方政府在收入再分配方面发挥着重要作用。我国的最低生活保障标准、基本养老金标准、医疗保险金标准，各地区还有着很大的差异。但可以预计，随着我国市场经济体系逐步完善，地区间经济的协调发展以及阻碍地区间要素流动的各种因素的消失，地方财政的收入再分配职能将逐步减弱，中央财政在收入分配方面所发挥的作用必将越来越大。

三、经济稳定职能的划分

（一）经济稳定职能

1.经济稳定职能的含义

经济稳定职能是针对宏观经济周期波动的不可避免性而言的。就像一年有春夏秋冬的轮回一样，经济周期也有"繁荣—衰退—萧条—复苏"的轮回。在经济萧条时，有大量的企业倒闭，大量的工人失业；而经济繁荣时，又存在着通货膨胀的威胁。宏观经济的不稳定性为政府干预经济，进行宏观调控提供了依据。财政的经济稳定职能就是通过税收和财政支出手段调节经济运行，实现物价水平的稳定、充分就业，最终实现经济稳定增长等宏观经济主要目标。

2. 经济稳定职能的产生

政府对宏观经济运行的干预是从 20 世纪 30 年代开始的。在 1929 年的经济危机之前，由亚当·斯密创立的自由经济思想在经济学界和政治生活中一直占据着统治地位。除了瓦格纳等德国历史学派学者外，自 18 世纪的亚当·斯密到后来 20 世纪的马歇尔，经济学家一直坚信市场上"看不见的手"的原则，主张采取放任自流的经济政策。实践中形成了"弱政府-强市场"的模式，市场的作用被充分发挥，资本主义经济显现出空前的繁荣。虽然从 19 世纪起，平均不到十年就发生一次经济危机，但这些危机很快就"自愈"了。

1929 年 10 月 28 日，以美国股市崩溃为导火线，西方资本主义世界在 1929—1933 年爆发了一场历史上从未有过的深刻、持久、广泛的经济危机。在这场大危机中，整个资本主义世界都陷入了同样的困境：商品积压、物价暴跌、工厂倒闭、工人失业。20 世纪 20 年代末 30 年代初的经济大萧条的深度、广度及时间上的长度，动摇了人们对古典经济理论观点的信心。单靠市场机制调节经济运行的局面终于维持不下去了。事实说明，市场不是万能的。"市场失灵"使得市场机制的局限性开始受到普遍的关注。在这种情况下，要求国家干预的呼声越来越高。学术界也开始为国家干预寻找理论依据。凯恩斯主义作为现代国家干预主义形成的标志应运而生。凯恩斯从宏观经济的角度，以整个国民经济活动作为考察对象，通过对有关国民经济的各种总量之间关系的分析，得出"有效需求不足"是产生危机的根本原因这一结论。在此基础上，凯恩斯提出了自己的政策主张，以解决有效需求不足问题。从财政学角度，如果要用一句话来最鲜明地描述凯恩斯的最有特色的政策主张，那就是：扩大财政支出。凯恩斯认为，政府应该通过扩大财政支出挽救经济。财政支出直接就可形成社会有效需求，它可以完全弥补私人部门的需求不足部分，使得经济达到充分就业均衡。而在经济危机时期，财政支出增加，财政收入减少，必定会出现财政赤字。凯恩斯主张通过发行公债弥补财政赤字。这样凯恩斯便突破了从亚当·斯密以来传统的平衡预算的政策观点。

3. 实施经济稳定职能的财政手段

（1）自动稳定器

财政制度本身存在一种内在的、不需要政府采取其他干预行为，就可以随着经济发展状况自动调节经济运行的机制。这种机制被称为财政自动稳定器。它的主要表现有：一是个人所得税。在经济萧条时，个人收入降低，符合纳税条件的个人数量减少，适用的累进税率也将相对下降，税收自动减少。因税收的减少幅度大于个人收入的下降幅度，税收便会产生一种推力，防止个人消费的过度下降，从而起到反经济衰退的作用。在经济过热时期，其作用机理正好相反。二是社会保障支出。如果经济出现衰退，符合领取失业救济和各种福利标准的人数增加，失业救济和各种福利的发放趋于自动增加，从而有利于抑制消费支出的持续下降，防止经济的进一步衰退。在经济繁荣时期，其作用机理正好相反。内在稳定器较好发挥作用的前提条件是个人所得税和社会保障支出所占比例较大。

（2）相机抉择的财政政策

如果经济波动过于剧烈的话，单靠自动稳定器就不行了。目前各国普遍实施逆对经济风向的相机抉择的财政政策。针对不同的经济情况，可以采取不同的财政政策。通过增加或减少政府财政收支总量，就可达到调节社会总需求水平之功效。具体而言，相机抉择的财政政策有以下三种：一是扩张性财政政策。如果社会上总需求小于总供给，即需求不足，则可以采取使财政收入小于财政支出的办法，即相对增加财政支出，减少财政收入。二是紧缩性财政政策。如果社会上总需求大于社会总供给，则可以采取使财政总收入大于财政总支出的办法，即相对减少财政支出，增加财政收入。三是中性财政政策。如果社会总需求与总供给大体平衡，政府则应实行预算收支平衡，即所谓中性财政政策。

从理论上讲，随着经济周期变化，可以交替使用扩张性和紧缩性财政政策。在萧条年份会有赤字，在繁荣年份会有盈余，因此在长期中仍可以实现财政预算平衡。但从现实情况来看，各国在运用财政政策时，往往是紧缩性财政政策少，扩张性财政政策多。这是因为一来政府更多的时候是希望刺激经济较快地发展，二来是提高税收和减少支出在政治上有困难，容易招致反对。

（二）经济稳定职能在中央与地方政府间的划分

由于在一国当中，各地区之间的经济是完全开放的，因此从理论和实践的角度来讲，经济稳定职能主要应由中央政府来执行。原因在于：

首先，地方政府缺乏或根本没有实施稳定宏观经济政策的动机，即使有的话，地方政府旨在稳定本地经济的财政措施会因"贸易漏损"的存在而变得无效。比如，如果某一地方政府想要单独地使用扩张性财政政策，通过减税或增加政府开支来刺激本地区经济的发展，在没有其他地区政策配合的情况下，最终它只会发现新增的购买力大量地用于对其他地区的商品和劳务的购买了，好处可能为其他地区获得，从而形成了大量的贸易漏损，这样，财政政策对本地区的收入和就业影响就要大打折扣。但若是由中央政府实行统一的财政政策，就会大大减少地区间贸易漏损，财政政策目标可以更好地实现。

其次，地方财政缺少可用于稳定经济的政策工具。经济稳定职能往往需要财政政策和货币政策等的相互配合才能起作用，但货币的发行、利率的调整、存款准备金率的调整、公开市场业务的操作都是由中央银行根据全国的经济形势来进行的，地方政府没有权力和能力来实施货币政策。相比之下，中央政府在同时运用财政政策和货币政策方面处于有利的地位。从上述意义上讲，调节宏观经济运行和促进经济稳定的职责应该由中央政府出面承担。

当然，经济稳定职能主要应由中央政府来执行，并不意味着地方财政与经济的稳定发展之间没有任何联系。首先，地方财政的收支是国家财政收支的一个重要组成部分，它也会对整个国家财政的收支规模、结构以及宏观经济运行产生影响。其次，地方政府对地区经济社会发展起着直接的推动作用。地方财政在发展本地经济中还是可以有所作为的。一方面，通过改善当地的投资环境和居住环境吸引外来投资和人才的进入。另一方面，通过地方财政收支活动以及区域性的相关财税政策，支持本地主导产业和特色产业的发展等，推动地方产业结构优化升级。

第二节　地方公共产品

个人的需要归根结底分为两类：私人个别需要和社会共同需要。所以，我们身边的产品和服务可以分为私人产品和公共产品，私人产品用以满足私人个别需要，而公共产品用以满足社会共同需要。所谓公共产品，是指具有社会共同需要性质的产品和服务。根据各类公共产品的受益范围不同，又可以将公共产品分为全国公共产品和地方公共产品。

一、公共产品与政府供给

（一）公共产品的特征

区分或辨别公共产品和私人产品的基本标准有以下两点：一是排他性和非排他性；二是竞争性和非竞争性。纯私人产品具有排他性和竞争性，纯公共产品具有非排他性和非竞争性。

1.受益上的非排他性

私人产品具有排他性，在市场上进行买卖（等价交换），人们必须为之付款，生产者才会通过市场来提供，如衣服、食物。公共产品在供给上具有非排他性，即在技术上没有办法或很难将拒绝为之付款的个人排除在公共产品的受益范围之外，如国防、灯塔。在这里需要注意的是：一种产品的非排他性不是绝对的。随着科学的进步、技术的变革，在过去非排他的产品，在今天或在未来某个时期是可排他的。例如，电视服务曾被认为是公共性程度很高的产品，但随着技术进步，电视服务不断走向个性化，其公共性程度不断降低。

2.消费上的非竞争性

私人产品在消费上具有竞争性，即某一个人对某种一定数量的私人产品的享用，实际上就排除了其他人同时享用。公共产品具有非竞争性，即某一个人对公共产品的享用，不排斥、妨碍其他人同时享用，也不会因此而减少其他人享用该种公共产品的数量和质量。以国防为例，尽管人口往往处于与日俱增状态，但没有任何人会因此而减少其所享受的国防所提供的国家安全保障。还有像天气预报也有类似的非竞争性。非竞争性意味着消费者的增加不会引起生产成本的增加，一定量的公共产品按零边际成本为消费者提供利益或服务。在理解公共产品非竞争性时，需要注意的是，不同的个人消费等量的公共产品并不一定获得等量的受益。不同的消费者虽然消费同一种公共产品，但是，由于各人的偏好不同，因而对同样的公共产品的评价可能会有所不同，甚至大相径庭。

（二）公共产品的分类

根据公共产品的定义，典型意义上的公共产品具有非排他性与非竞争性，而现实生活中还有诸多产品介于典型意义上的公共产品与私人产品之间，这些产品可以称之为准公共产品或混合产品。根据公共产品与私人产品的特征，大致可以区分出以下四种不同类型的产品（见表2-2）。

表 2-2　　　　　　　　　　　　　　　产品的分类

	排他性	非排他性
竞争性	纯私人产品	拥挤性公共产品 交通高峰时期的街道、公共渔场、公共牧场
非竞争性	价格排他的公共产品 收费公园、医院、学校、电影院、体育场、有线电视频道、收费网络、收费的高速公路	纯公共产品

1. 纯私人产品

第一类是同时具有排他性与竞争性的纯私人产品，如食物、衣服、个人住房、私家车等。

2. 纯公共产品

第二类是同时具有非排他性与非竞争性的纯公共产品，如国防、环境保护、天气预报等。

3. 拥挤性公共产品

第三类是具有非排他性与竞争性的拥挤性公共产品。所谓拥挤性公共产品是指那些随着消费者人数的增加而产生拥挤，产生拥挤后，每个消费者可以从中获得的利益随之减少的准公共产品。在消费者的人数达到拥挤点之后，消费者人数再增加，公共产品的边际成本不为零。例如，拥挤性的公路，当行驶的车辆达到一定数量之后，追加的车辆便会阻碍交通，甚至增加交通事故的风险，提高生活和生产成本。某些公共资源也有着拥挤性问题，比如公共渔场、公共牧场等。拥挤性公共产品的共同特点是具有较强的非排他性，同时，在消费上具有一定的竞争性。当然，其消费竞争性弱于私人产品。

4. 价格排他的公共产品

第四类是具有排他性与非竞争性的价格排他的公共产品。所谓价格排他的公共产品是指那些效益可以定价，可在技术上将拒绝为之付款的消费者排除在受益范围之外的准公共产品。例如，收费的公园、博物馆、图书馆、学校、医院、有线电视频道、不拥挤的收费高速公路、公共汽车等。这类准公共产品的共同特点是在供给上具有一定的排他性，即以较低的排他成本不让某些消费者消费这种产品，从技术上来说是完全可行的。同时，这类产品又具有消费上的非竞争性。但其非竞争性都有一个饱和界限，在产品还未达到饱和状态时，产品的消费具有非竞争性，增加一个消费者并不会减少其他消费者从该产品中获得的利益。当产品趋于饱和状态时，再增加消费者就会影响其他消费者对该产品的消费，因而，这类产品的非竞争性是局限在一定范围之内的。

（三）公共产品的供给

资源配置机制有两大类：政府与市场。一般地说，公共产品主要由政府供给，私人产品主要由市场供给。这是由市场运行机制和政府运行机制的不同决定的。

市场是通过买卖（等价交换）提供产品和服务的。在市场上，谁有钱就可以购买商品或享用服务，钱多多买，钱少少买，无钱就不能买。总之，市场买卖要求利益边界的精确性。而公共产品供给过程中，会产生"搭便车"现象。由于公共产品具有非排他性和非竞争性的特征，它的需要或消费是公共的或集合的，导致每个社会成员都不会自愿提供，而是等着别人提供，而自己顺便享用它所带来的利益，这在经济学中被称为"搭便车"现象。从一定意义上说，由于"免费搭车"问题的存在，因此需要政府来提供公共产品。

政府主要是通过无偿征税来提供公共产品。但是，征税是可以精确计量的，如按率征收或定额征收，而公共产品的享用一般是不可以分割的，无法量化，因而每个人的纳税额与他对公共产品的享用量是不对称的。不能说多纳税就可以多享用，少纳税就少享用，不纳税就不能享用。也就是说，相对于市场买卖中利益边界的精确性而言，纳税人负担与公共产品享用之间的关系缺乏精确的经济依据。

由以上分析可以得到结论：市场只适于提供私人产品和服务，对提供公共产品是失效的，而提供公共产品恰恰是政府活动的领域，是政府的首要职责。

由于公共产品可以分为纯公共产品和准公共产品，所以公共产品的提供方式也是有区别的。纯公共产品一般同时具备非排他性和非竞争性，其主要提供者应为政府；而准公共产品应该是部分地由政府提供，部分地由市场提供。价格排他的公共产品可在技术上实现排他，可以收费。这类产品既可以由政府提供，也可以由市场提供。这类物品或劳务，如果由私人部门通过市场提供，由此而带来的正的外部效应，必须由政府财政给予补贴，否则很可能会出现供给不足。如果由政府部门直接出资经营，往往也需通过市场上的销售渠道，利用市场价格机制。无偿（免费）供给的情况是不多见的。拥挤性公共产品只是在某一限度内具有消费的非竞争性。需要采取不同的办法解决拥挤问题，有时为解决拥挤问题，也可能使用某种收费的形式。因此，在某些情况下，拥挤性公共产品也是可以价格排他的公共产品。

二、全国公共产品与地方公共产品

绝大多数公共产品和服务受益区域都是有限的，社会成员对公共产品的享用程度，要受到来自地理和空间等因素所产生的影响。比如，城市 A 的公安消防系统十分健全和有效，它会使本地全体居民从中受益，这是毋庸置疑的。B 市位于距 A 市不远不近的地方，不难理解，A 市公安消防系统对 B 市居民所带来的利益要小得多。而 A 城的这一公共产品对于千里之外的 C 城居民来说，则几乎无任何受益可言。只有公共安全的中央控制系统，才能够使国内的全体公民受益。通过对这样的例子和其他类似的情形进行归纳和概括，可以引申出既密切联系又相互区别的范畴：全国公共产品和地方公共产品。在一国范围内，根据受益范围不同，公共产品可以分为全国公共产品和地方公共产品。

（一）全国公共产品

全国公共产品是指能够满足全国范围内居民公共消费需求的产品和服务。较为典型的全国公共产品包括：国防、全国性立法和司法、中央银行、中央税征管、宏观经济稳定等。

从纯理论的意义上讲，全国公共产品应该具有三个方面的突出特征：一是全国公共产品的受益范围被限定在整个国家的疆域之内，无论国土面积大小，都是如此。二是全国公共产品的受益在整个国家的疆域内散布得相当均匀（至少全国公共产品提供者的愿望是如此），无论何种内容的公共产品及国土面积的大小。三是全国公共产品的提供者为中央政府，而不可能是某一级地方政府。全国公共产品受益范围遍及全国，应由中央政府提供。

（二）地方公共产品

与全国公共产品相对应的，便是地方公共产品。地方公共产品是指由各级地方政府提供并只能满足某一特定区域（而非全国）范围内居民公共消费需求的公共产品和服务。地方公共产品的特征主要表现在三个方面：一是地方公共产品的提供者是各级地方政府，而不应该是中央政府；二是受益范围基本上被限定在某一个区域之内，并且这种受益在本区域内散布得相当均匀（至少作为提供者的地方政府的愿望是如此）；三是这类公共产品的受益者主要是本辖区内的居民。

具体而言，地方公共产品具有以下特征：

（1）受益上的地区性。这是指地方公共产品在消费上具有空间限制性。某些地方公共产品可能不具有空间的限制（例如从研究开发中获得的纯收益），但对于大多数地方公共产品而言，尽管新来的居民无需耗费更多的成本便可受益。然而这种受益却是局限在一个地区当中。例如：城市绿化、社会治安、道路交通、水利设施。上述地方公共产品受益范围都是受地域限制的，超过这一范围的居民就无法或很难获得相应的受益。正是由于地方公共产品存在着地域上的限制性，所以适宜由地方政府来提供。如果由中央政府统一提供，就不可能考虑到各地的需求差异，在全国范围内只可能有一个大致相同的公共产品提供水平，由此会产生效率和福利的损失。

（2）存在着溢出效应。溢出效应是指这一公共产品的受益范围与行政上的地理范围不一致，即其受益范围大于行政界限，从而向相邻的区域扩散的现象。例如：基础教育、医疗卫生、环境保护等公共产品所产生的受益不仅覆盖本辖区，也可能会向周边地区扩散。

（3）存在着拥挤效应。地方公共产品的拥挤效应是指由于大多数地方公共产品的受益只覆盖有限的地理范围，随着人口规模的扩大、使用者的增加，这些公共产品将变得拥挤。为此，对于后入者来说，会付出拥挤成本。例如，随着城市规模的扩大，公园会变得拥挤不堪，这就使人们付出相应的代价。甚至，随着城市的扩大，犯罪人员的绝对数量也会增加，监狱也会变得拥挤。地方公共产品的拥挤效应与这类公共产品具有或多或少的排他性有关。

（4）存在供给上的层次性。地方公共产品是一个大概念，它需要按不同的受益对象，由不同级次的政府提供。提供地方公共产品是地方政府的职责，也是地方政府存在的依据。不同的公共产品的受益范围是不同的。以河流为例，大的河流流经数省，因而其受益对象很大；中型的河流往往贯穿一个省，因而其受益涉及一个省；而小的河流可能只涉及一个县。因此，不同的河流需要由不同级次的政府来管理。在我国南方，河流是省与省之间分界的重要依据，这是与我国长期水患治理的历史分不开的。

总之，依据地方公共产品和全国公共产品的供求特点：中央政府原则上应当负责受益覆盖全国范围以及跨辖区的公共产品的供给，以城乡和区域基本公共服务均等化为重点，着力于实现基本公共服务均等化。而各级地方政府主要负责各级辖区内公共产品的供给，应当重点关注各自辖区内居民的实际需求，提高地方公共产品的供给效率。

三、不同类型的地方公共产品

（一）地方社会管理

地方社会管理主要是地方政府提供的基本公共管理服务、公共秩序和公共安全等服务，保障社会正常的运行。在各类地方公共产品当中，与社会管理有关的公共产品更具有受益上的非排他性和消费上的非竞争性的特点，更能够体现政府的职能和行为，因而也就属于应由地方政府提供的较纯的地方公共产品，主要依靠强制性的征税或收费来弥补其"成本"和"耗费"。

（二）地方社会服务

地方社会服务主要有基础教育、医疗卫生、社会保障与社会福利、气象预报、消防、公园等。这一类型的公共产品，具有较为明显的社会公益性或半社会公益性的特征。而且，许多社会服务属于价格排他的公共产品，在其提供过程中，也可以通过定价的方式收取一定的费用。

（三）文化与传播媒介

文化与传播媒介主要包括广播、电视、报纸、杂志、网络媒体、出版、图书馆、文化艺术馆、博物馆、表演团体、文物与文化遗产的发掘与保护等。当社会步入信息时代之后，人们比以往任何时候都更加关注和依赖各种最新、最可靠的资讯。当物质需求得到一定程度的满足之后，人们会更希望拥有高层次的精神享受。文化与传播媒介方面的各种公共产品释放出越来越大的社会效应。其中，一部分公益性较强，属于文化事业，主要应由政府提供；一部分营利性较强，属于文化产业，可由市场提供。

（四）具有区域性受益特征的基础设施

具有区域性受益特征的基础设施主要包括道路、交通、电力、电信、自来水、下水道、路灯、垃圾收集与处理、管道煤气，乃至港口、机场、车站等。基础设施为企业生产和居民生活提供了最基本的条件。基础设施在生产技术上贯穿着规模经济的特点，很容易导致自然垄断现象的出现。如城市地区的供水、供电、供气、公共交通和通信、邮电等，它们天然具有规模越大而平均成本越低和效益越好的特点。对于这些行业来说，一个生产者从事经营比大量生产者更有效率，这是规模报酬递增的存在所导致的垄断。

四、蒂布特模型与地方公共产品的有效供给

如何更好满足本地居民对各类公共产品的需求，如何有效地提供地方公共产品，始终是经济学者和地方政府决策者们面临着的一个十分重要而又相当复杂的问题。在对这一问题进行研究和探索的过程当中，美国经济学家查尔斯·蒂布特将亚当·斯密著名的"看不见的手"的理论引申到了对地方公共产品供给问题的研究中，并运用"以足投票"理论，对地方公共产品的有效供给问题进行了较为系统的分析。

亚当·斯密曾形容市场受一只"看不见的手"支配，协调商品的产量和价格，实现需求和供给的平衡，以及个人利益和社会利益的结合，人们从各自利益出发所做出的选择和决定，会导致社会效益的最大化，生产者之间的竞争会使他们向消费者提供尽可能物美价廉的商品。与这一研究背景相关联，查尔斯·蒂布特于1956年发表了"地方支出的纯理论"一文，分析了地方政府提供公共产品的效率问题。在这篇论文中，蒂布特提出了"以足投票"理论，也被称为"蒂布特模型"。

（一）蒂布特模型的假设前提

蒂布特模型有一系列严格的假设前提：（1）人们可以自由流动，每个人都能够无代价地迁移到一个最能满足其偏好的辖区。（2）人们完全了解各辖区之间公共产品和税收的差别。人们对各个地方的公共预算都有充分的了解，即完全了解各个地区的公共支出与收入的组合情况，并且能够对这种组合上的差异做出反应，而并不掩饰其对公共产品的偏好和需求。（3）有足够多的可供选择的辖区。（4）人员的流动性不受任何就业机会的约束或限制。可以假设人们都依靠股息生活。（5）在各地方之间不存在公共产品和税收的外部性问题。（6）对于每一个地方，都存在着追求最优社区规模的问题。低于最低规模的地方试图吸引规模适当的人口，以降低公共产品平均成本，达到最佳社区规模，实现规模优势。

（二）蒂布特模型的基本思想

在上述假设前提下，如果有许多地方政府和相应的辖区，并且各地方政府分别提供类型各异的公共产品，征收不同水平的税收，居民出于，用经济学语言讲是最大化自身效用的动机，用生活语言讲是追求幸福最大化的动机，会在全国范围内寻

找地方政府提供的公共产品与所征收的税收之间的最佳组合。当某一地区的税收和公共服务组合最接近于人们的偏好时，人们就会选择去那个地区居住，并接受和维护该辖区地方政府的管理。而各个地方政府之间的相互"竞争"，也会促使地方政府更有效地提供人们所需要的公共产品和服务，这个过程就是所谓的"以足投票"。这就是"蒂布特模型"的基本思想。

根据蒂布特模型，人们选择在哪一个地方生活时，要考虑的一个重要因素，便是该地方的税收和公共产品与服务的组合状况。一方面，要考虑税收因素；另一方面要考虑公共产品的供给状况，人们有不同的偏好。在"以足投票"的过程中，人们会像选购商品一样挑选愿意居住的辖区，并选择公共产品组合最能满足他们意愿，而税收又最合理的辖区去居住。地方政府为了赢得（或者说是迎合）民意，就必须在提供公共产品的过程中，充分考虑到居民的偏好，尽量以最低的成本供给最好的公共产品。在"以足投票"的过程中，人口流动向地方政府发出的信号，与市场需求向企业发出的信号极为相似。在这种情况下，地方政府的决策者就需要像企业经理一样，对各种信号做出必要的反应，并最终落实到公共收入、公共支出等具体行动上。

通过"以足投票"，地方公共产品的供给效率将不断提高。当人们纷纷从公共产品供给成本较高的辖区移向公共产品供给成本较低的辖区时，辖区之间公共产品的供给成本差距就会逐渐缩小，公共产品的供给效率将不断提高。长此以往，就有可能实现社会福利的最大化。

（三）蒂布特模型评析

蒂布特模型提出之后，针对这一地方公共产品有效提供的理论，有相当多的文献对其局限性和有效性进行了评估。

（1）局限性。首先，显然，蒂布特模型是建立在一系列前提假设的基础之上。而在现实生活中，蒂布特模型所依赖的各种假设条件是很难成立的，使这一学说不具有普遍意义。例如：人们不可能对各辖区之间公共产品与税收的情况具有完全的信息；辖区间公共产品的外溢性是普遍存在的；在现实生活中，人们进行生活居住地点的迁移往往是有代价的，他们可能在新的地方找不到与目前收入水平和工作环境相当的职业。其次，文化生活习惯等其他因素也会影响到人们对居住地的选择。因此，在分析和解释人口流动问题的过程中，蒂布特模型只是说明了地方政府税收和公共产品提供对人口迁移所产生的影响。实际上，如果要建立一个分析人口迁移的完整模型的话，那么，除了研究各个地方之间公共产品供给和税收方面的差异之外，还必须综合考虑各地方之间历史文化、自然地理和气候、人口密度、生活习俗以及就业机会等方面的差异，还需要考虑迁移成本等因素，这样才有助于得出正确的结论。

（2）有效性。在美国等市场经济发达国家，在经济学家们分析财政体制中地方政府收入和支出政策变化及其影响的过程中，蒂布特模型仍然为之提供了一定的依据：①在现实生活中，许多人和家庭的迁移确实受到了不同地方之间公共预算差异的影响。在美国，有些个人和家庭的迁移，就是考虑到地方公共产品供给方面的差异而进行的。尤其是自第二次世界大战结束后，许多居民由大都市向卫星城市迁移。有许多因素促使人们从中心城市移向郊区，例如城区污染、交通拥堵、犯罪率高、交通工具逐步现代化等等，但另一方面的原因，便是由于新的居住地有着相对低的税率和逐渐发展起来的公共基础设施。②地方政府之间存在着税收与财政支出的竞争。从税收来看，从美国州和地方的情况看，其州和地方一级也拥有法律所赋予的税收立法权和征管权。开始时，所得税由地方政府管理和征收，但各地之间为了吸引投资，不得不竞相付出给予所得税优惠的代价。这样做的结果，便是所得税难以完全划归地方财政，而需要由联邦和州分别征收。最终，所得税税源的大部分被划归联邦政府所有，成为联邦政府财政的重要来源，从而避免了州和地方政府在所得税政策上的过度竞争。在许多国家中，也有类似的情况。在支出方面，各州和地方政府均把注意力放在与居民生活密切相关的领域里，适当增加了教育、交通、医疗卫生等方面的开支，从而使公共财政的支出范围和结构与居民的消费需求更趋吻合。这些变化显然是与蒂布特模型的推理基本一致的。所以，在解释美国地方政府财政收支所造成的外部影响时，蒂布特模型也具有一定的适用性。

☐ 本章小结

现代市场经济条件下，从总体上可以把财政职能概括为资源配置、收入分配和稳定与增长等三大职能。

财政的资源配置职能就是政府通过财政收支活动，将社会资源在私人产品和公共产品之间进行合理配置，以供给市场机制无法有效供给的公共产品。在资源配置方面，按照公共产品的受益范围，中央政府和地方政府承担着不同的职责。受益范围遍及全国的全国公共产品应由中央政府提供。受益范围具有明显地域性的地方公共产品应由地方政府提供。

财政的收入分配职能就是通过财政手段调节收入与财富的分配，使之符合社会上认为的"公平"或"公正"的分配状态。实施收入分配职能的财政手段主要是税收和社会保障支出。从理论上讲，收入再分配主要应由中央政府执行。因为在市场经济中，一国内部各地区之间的商品、资金和人员的流动应该是没有任何障碍的，在这些生产要素可以自由流动的情况下，如果由地方政府实施收入分配职能，会引起"福利移民"现象。

财政的经济稳定职能就是通过税收和财政支出手段调节经济运行，实现物价水平的稳定、充分就业，最终实现经济稳定增长等宏观经济主要目标。由于在一国当中，各地区之间的经济是完全开放的，因此从理论和实践的角度来讲，经济稳定职能主要应由中央政府来执行。原因在于：首先，地方政府缺乏或根本没有实施稳定宏观经济政策的动机，即使有的话，地方政府旨在稳定本地经济的财政措施会因"贸易漏损"的存在而变得无效；其次，地方财政缺少可用于稳定经济的政策工具。

在一国范围内，根据受益范围不同，公共产品可以分为全国公共产品和地方公共产品。全国公共产品是指能够满足全国范围内居民公共消费需求的产品和服务。与全国公共产品相对应的，便是地方公共产品。地方公共产品是指由各级地方政府提供并只能满足某一特定区域（而非全国）范围内居民公共消费需求的公共产品和服务。

地方公共产品具有以下特征：受益上的地区性；存在着溢出效应；存在着拥挤效应；存在供给上的层次性。

地方公共产品的类型大致分为：地方社会管理、地方社会服务、文化与传播媒介、具有区域性受益特征的基础设施。

如何更好地满足本地居民对各类公共产品的需求，如何有效地提供地方公共产品，始终是经济学者和地方政府决策者们面临的一个十分重要而又相当复杂的问题。在对这一问题进行研究和探索的过程当中，美国经济学家查尔斯·蒂布特将亚当·斯密著名的"看不见的手"的理论引申到了对地方公共产品供给问题的研究中，并运用"以足投票"理论，对地方公共产品的有效供给问题进行了较为系统的分析。

□ 关键概念

财政的资源配置职能　财政的收入分配职能　财政的经济稳定职能　全国公共产品　地方公共产品　蒂布特模型

□ 复习思考题

1. 简述财政职能在中央与地方政府间的划分。
2. 简述地方公共产品的特点。
3. 简述地方公共产品的类型。
4. 简述蒂布特模型的基本思想。
5. 试从局限性和有效性两个方面分析蒂布特模型在中国的适用性。

第三章

分级财政体制的基本框架

在现代经济社会中，除少数城市国家，绝大部分国家的政府都是分级的，与之相对应，财政体系也是分级的。在这样的背景下，如何处理好政府间财政关系就成为各国政府所面临的一个重要问题。而分级财政体制正是处理政府间财政关系的基本制度，是政府间财政关系的制度载体。分级财政体制包括政府间事权与支出责任划分、收入划分、财政转移支付和省以下财政体制等基本要素，是中央政府和地方政府经济利益关系在财政方面的体现。可以说，财政体制问题是研究地方财政运行的首要制度基础。合理的财政体制安排对于有效处理政府间财政关系，对于更好发挥各级政府的财政职责以及促进各地区经济社会的发展，都具有积极的作用。

第一节　政府间事权与支出责任划分

政府间的事权与支出责任划分是政府间财政关系的重要内容与逻辑前提。各级政府间事权与支出责任的划分是政府间税收划分和转移支付制度安排的基础，因为各级政府的财力应基本上与其所需承担的支出责任相符。

一、政府间事权与支出责任划分的理论依据

（一）公共产品的层次性

公共产品的层次性标准是界定政府间事权与支出责任划分的首要依据。公共产品的层次性理论不仅揭示了各种类型公共产品的区别和差异，而且也为合理界定各级政府间事权与支出责任提供了必要的依据。不同公共产品的受益范围是不同的。一些公共产品，如国防、外交等其受益范围不受地域的限制，只要是该国的居民都能享用，被称为全国公共产品。而大多数公共产品的受益范围有明显的地域限制，如交通、道路、治安、消防设施，其服务对象主要是某一地区的居民，因此，受益面仅限于该地区，被称为地方公共产品。在划分各级政府的事权与支出责任时，应

尽量使政府所提供的公共产品与受益区域内居民的消费偏好相一致。按照这一原则，全国公共产品应由中央政府提供，地方公共产品应由地方政府提供。

（二）政府职能的层次性

政府职能的分工层次标准是科学界定各级政府支出责任的另一个理论依据。现代市场经济中的政府职能通常有资源配置、收入分配和经济稳定三个职能，但是不同级次的政府所承担的侧重面有所不同。大体说来，中央与地方政府的职能分工是：中央政府与地方政府共同承担资源配置职能，中央政府负责提供全国公共产品，地方政府负责提供地方公共产品；而收入分配职能和经济稳定职能以中央政府为主，地方政府为辅。此外，政治体制因素，如行政组织结构和行政区划的变动，设置或增减行政机构的中间层次等，也会引起各级政府职责范围的相应变化。

二、政府间事权与支出责任划分的具体原则

关于如何在政府间进行具体的事权与支出责任划分，西方经济学者提出了许多原则，这些观点对各国财政支出的实践产生了重要影响，使得各级政府的财政支出与其职责范围之间形成密切的对应关系。19世纪末的英国著名财政学者巴斯特布尔提出的中央与地方财政事权与支出责任划分的三个原则最具有代表性：①受益原则。凡政府所提供的服务，其受益对象是全国民众，则支出应属于中央政府的公共支出；凡其受益对象是某一局部区域内的地方居民，则支出应属于地方政府的公共支出。②行动原则。凡政府公共服务的实施在行动上必须统一规划的，其支出应属于中央政府的公共支出；凡政府公共活动在实施过程中必须因地制宜的，其支出应属于地方政府的公共支出。③技术原则。凡政府活动或公共工程，其规模庞大，需要较高技术才能完成的项目，则其支出应归中央政府的公共支出；否则，应属于地方政府的财政支出。

美国经济学者埃克斯坦更重视决策程序问题，认为与中央政府决策相比较，地方政府通过一项决策程序所需的时间更短一些。中央决策本来即使是科学的，也常常会因为决策程序过长而时过境迁。并且，地方政府决策更能够符合本地居民的利益，体现居民的偏好和习惯，因而主张除国防、外交、国家管理等项支出需由中央财政承担之外，其他支出应主要由地方财政负责。埃克斯坦还把公共产品的层次性问题看作是公共财政的重要内容，认为公共财政经济学最具有意义的问题之一便是确定哪一级政府最适合于处理哪一项公共劳务。

美国经济学者赛力格曼在强调以效率为标准划分支出的同时，提出规模较大的支出归中央财政，规模较小的支出归地方财政。

美国财政学者费雪在分析地方财政支出时认为，外溢性较小和地方性较强的公共产品，包括基础设施、警察、消防等，更适合由地方政府提供。

综合上述学者的观点，在通常情况下，应该按照如下原则来指导各级政府间的事权与支出责任划分：

（1）全国公共产品应由中央政府负责提供。全国公共产品一般包括：国防、外

交事务、国家安全、出入境管理、国界河湖治理、全国性重大传染病防治、全国性大通道、全国性战略性自然资源使用和保护等。上述事务均属于纯中央事权。与此有关的支出责任应由中央政府承担。

（2）由本地居民享用的地方公共产品应由地方政府负责提供。地方公共产品主要包括：地方社会管理（包括基本公共管理事务、社会治安、社会安全等）；地方社会服务（如基础教育、医疗卫生、社会保障、气象预报、消防、公园等）；文化与传播媒介（如网络、广播、电视、报纸、杂志、出版、图书馆、文化艺术馆、博物馆、表演团体、文物与文化遗产的发掘等）；有区域性受益特征的基础设施（如港口、机场、车站、道路、交通、电力、电信、自来水、下水道、路灯、垃圾收集与处理、管道煤气等）。上述事务属于纯地方事权。为了达到优化资源配置的目的，地方公共产品的供给应尽可能根据受益范围的大小，由相应层次的地方政府负责。

（3）跨地区以及具有"外部效应"的公共项目和工程，中央政府在一定程度上参与。一些跨地区的公路、铁路、水路运输项目涉及多个地区，如果由沿线的地方政府联合举办，必将会矛盾重重，难以保证工程质量和工程进度，因此需要由中央政府出面组织建设。此外，还有一些项目，如机场、环保、教育等，虽然位于某一个地区之内，但其受益者却并非仅仅局限于某一个区域之内。在这种情况下，也需要中央政府进行必要的参与。

（4）调节地区间和居民间收入分配，主要由中央政府负责。从理论上讲，在人口自由流动的情况下，中央政府应在全国范围内实行统一标准的社会保障制度，因为地区间标准和计划的不一致，会造成人口的流动（"福利移民"），而使各地的收入分配计划难以实现。因此需要中央政府制定统一的标准，由地方政府具体实施，因为地方政府与当地居民最为接近。但实际中，在各地区经济社会发展差异较大且人口不能做到自由、无成本地流动时，地方政府在这方面还是可以有所作为的。

根据上述划分原则，可以对政府间事权与支出责任按具体项目进行详细划分（见表 3-1）。

表 3-1 　　　　　　　　　　中央和地方支出责任划分的基本框架

内　容	责任归属	理　由
国防	中央	全国公共产品
外交	中央	全国公共产品
国际贸易	中央	全国公共产品
金融与货币政策	中央	全国公共产品
地区间贸易管制	中央	全国公共产品
对个人的福利补贴	中央、地方	收入再分配
失业保险	中央、地方	收入再分配

续表

内　容	责任归属	理　由
全国性交通	中央、地方	全国公共产品
地区性交通	地方	地方公共产品
环境保护	地方、中央	地方公共产品、外部效应
对工业、农业、科研的支持	地方、中央	地方公共产品、外部效应
教育	地方、中央	地方公共产品、外部效应
卫生	地方	地方公共产品
公共住宅	地方	地方公共产品
供水、下水道	地方	地方公共产品
垃圾处理	地方	地方公共产品
社会治安	地方	地方公共产品
消防	地方	地方公共产品
公园等娱乐设施	地方	地方公共产品

事权及支出责任的划分表只是提供了一个有关事权与支出责任划分的基本框架。但在实践当中，由于各国国情不同，政府间事权与支出责任的划分也各有不同（见表 3-2）。

表 3-2　　　　　　若干国家中央与地方支出责任的划分

内　容	美国	加拿大	德国	日本
国防	中央	中央	中央	中央
外交	中央	中央	中央	中央
国际贸易	中央	中央	中央	中央
金融与货币政策	中央	中央	中央	中央
地区间贸易管制	中央	中央	中央	中央
立法	中央、地方	中央、地方	中央	中央
司法	中央、地方	中央、地方	中央、地方	中央
对个人的福利补贴	中央、地方	中央	中央	中央、地方
失业保险	中央、地方	中央、地方	中央	中央、地方
全国性交通	中央、地方	中央、地方	中央	中央
地区性交通	地方	地方	地方	中央、地方

内　容	美国	加拿大	德国	日本
环境保护	地方	地方	中央、地方	中央、地方
对工业、农业、科研的支持	地方	地方	中央、地方	中央、地方
地区性规划	地方	地方	地方	地方
教育	中央、地方	地方	中央、地方	中央、地方
卫生	地方	地方	中央、地方	中央、地方
公共住宅	地方	地方	地方	中央、地方
供水、下水道	地方	地方	地方	中央、地方
垃圾处理	地方	地方	地方	中央、地方
社会治安	地方	地方	地方	中央、地方
消防	地方	地方	地方	中央、地方
公园等娱乐设施	地方	地方	地方	地方

从各国的实践来看，国防、外交、国际贸易、金融与货币政策、地区间的贸易管制均为中央政府的职责。美国、加拿大都是联邦制国家，地方拥有立法权和司法权。德国也是联邦制国家，实行三权分立，但与美国三权分立体制不同的是，德国的国家立法权主要是集中在联邦，而行政权和司法权的大部分则主要由各州行使。个人的福利补贴、失业保险、全国性的交通是中央政府的职责，或是中央与地方政府的共同职责，但以中央政府为主。而地方性交通、环境保护、对工业农业科研的支持、教育、卫生、公共住宅的修建、供水、下水道、垃圾处理、社会治安、消防、公园、娱乐设施等均全部或部分为地方政府的职责，中央政府对于上述事务的介入程度有着很大的区别。财政分权程度（以地方税收占全国税收的比例来衡量）较高的国家，如美国、加拿大（40%~50%左右），中央政府支出在这些项目上的比重较小。财政集权程度较高的国家，如日本、德国，地方税收占全国税收的比例为1/3。日本为单一制国家，中央政府对地方事务介入较多。德国为联邦制国家，地方政府高度自治，独立负责处理范围广泛的地方性事务。因此，中央政府对地方事务的介入范围不像日本那样广泛。总体而言，支出的重心是在地方政府，各国的支出政策往往是由中央政府制定和规范，省（州）政府监督和指导，省（州）以下政府具体实施。

三、地方政府间的事权与支出责任分工

除了中央政府与地方政府之间有必要进行支出责任的分工外，由于地方政府本身也是由分级政府组成的，因此，政府间支出责任的分工还涉及地方政府间的分

工。在进行地方政府间的事权与支出责任分工时，需要注意以下几点：

首先，在决定某项公共产品由哪一级地方政府供给时，应考虑其受益范围。地方公共产品的受益范围也大小各异，需要按受益范围的大小，由不同级次的地方政府提供。例如，受益范围不同的道路需要由不同级次的政府来修建与管理。省道贯穿一个省，因而其受益涉及一个省，由省级政府负责；县城里的街道只涉及一个县，由县级政府负责。我国正在全面建立省市县乡河长体系和湖长体系，由各级党政主要负责人担任河长和湖长，负责相应河流和湖泊的管理和保护工作。

专栏 3-1

全面建立省市县乡四级河长体系与湖长体系

2016 年 12 月，中共中央办公厅、国务院办公厅印发了《关于全面推行河长制的意见》，提出到 2018 年年底全面建立省市县乡四级河长体系。《意见》明确，由各级党政主要负责人担任河长，负责相应河流的管理和保护工作。各省（自治区、直辖市）设立总河长，由党委或政府主要负责同志担任。各省（自治区、直辖市）行政区域内主要河湖设立河长，由省级负责同志担任；各河湖所在市、县、乡均分级分段设立河长，由同级负责同志担任。县级及以上河长设置相应的河长制办公室。各级河长负责组织领导相应河湖的管理和保护工作，包括水资源保护、水域岸线管理、水污染防治、水环境治理等，牵头组织对侵占河道、围垦湖泊、超标排污、非法采砂等突出问题进行清理整治，协调解决重大问题，对相关部门和下一级河长履职情况进行督导，对目标任务完成情况进行考核。河长制实施后，生态环境损害将被终身追责。2018 年 1 月 1 日正式开始实施的《水污染防治法》首次让"河长制"明确入法，各地也建立起严格的环保目标考核体系，落实法律追责。

2018 年 7 月 17 日，水利部宣布，截至 2018 年 6 月底，全国 31 个省、自治区、直辖市已全面建立河长制，河长制将从"有名"进入"有实"的新阶段。水利部部长鄂竟平介绍，全国 31 个省、自治区、直辖市共明确省、市、县、乡四级河长 30 多万名，其中省级干部担任河长的有 402 人。29 个省、自治区、直辖市还将河长体系延伸至村，设立村级河长 76 万多名，打通了河长制"最后一公里"。有的河长针对河湖存在的突出问题，组织开展河湖整治。水利部及时部署了入河排污口、岸线保护、非法采砂、固体废物排查、垃圾清除等一系列专项整治行动。

继河流之后，湖泊也要有湖长了。2018 年 1 月，《关于在湖泊实施湖长制的指导意见》提出，各省、自治区、直辖市要将本行政区域内所有湖泊纳入全面推行湖长制工作范围，到 2018 年年底前在湖泊全面建立省、市、县、乡四级湖长制，建立健全以党政领导负责制为核心的责任体系，落实属地管理责任。

有了河长，为什么还需要湖长？水利部副部长周学文说，这是因为河湖的关系复杂，一个湖泊往往有多条河流流入，同时湖泊更容易导致无序开发，被污染后治理难度也相对更大，所以要为湖泊量身定做湖长制。

那么，谁来担任湖长？周学文介绍说，各省（自治区、直辖市）行政区域内主要湖泊，跨省级行政区域且在本辖区地位和作用重要的湖泊，由省级负责同志担任湖长；跨市地级行政区域的湖泊，原则上由省级负责同志担任湖长；跨县级行政区域的湖泊，原则上由市地级负责同志担任湖长。

湖泊所在的市、县、乡要按照行政区域分级分区设立湖长，实行网格化管理。那么，湖长们的具体职责是什么？湖泊最高层级的湖长是第一责任人，对湖泊的管理保护负总责，要统筹协调湖泊与入湖河流的管理保护工作，确定湖泊管理保护目标任务，组织制定"一湖一策"方案，明确各级湖长职责，协调解决湖泊管理保护中的重大问题。比如，对于围垦湖泊、超标排污、非法采砂这样的现象，最高层级的湖长就要组织整治。而其他各级湖长对湖泊在本辖区内的管理保护负直接责任，按职责分工，组织实施湖泊管理保护工作。

但有个问题是，跨省区的湖泊谁来保护？周学文说，首先必须明确湖长责任。也就是说，不论这个湖泊在哪个省区出了问题，最高层级的湖长都是第一责任人。

不过周学文也强调了跨区域沟通协调的重要性，他说："跨省的湖泊涉及两个省级行政区，'一湖一策'怎么制定？我想，两个行政区要做好沟通和协调工作，两个省制定的'一湖一策'方案必须是衔接的。当然，在这里面，我们水利部的流域机构要做好协调、指导、监督的工作。"

湖长制还将建立监督考核机制，县级及以上湖长负责组织对相应湖泊下一级湖长进行考核，考核结果作为地方党政领导干部综合考核评价的重要依据。同时，实行湖泊生态环境损害责任终身追究制。

周学文表示，一些损害当时看不出来，若干年后可能会显现出来。当损害发生的时候，不管这个湖长还在不在这个地方任职，还担不担任这个地方的湖长，不管他调到哪，都要追究当时任湖泊湖长的责任。

资料来源：吕红桥. 我国将全面建立湖长制　湖泊生态环境损害责任终身追究 [EB/OL]. (2018-01-06).http：//finance.cnr.cn/txcj/20180106/t20180106_524089130.shtml；朱敏. 水利部宣布：全国 31 个省区市全面建立河长制 [EB/OL]. (2018-07-17). http：//china.cnr.cn/news/20180718/t20180718_524304037.shtml.

此外，在决定某项公共产品由哪一级地方政府供给时，还应考虑其规模效益。很多类型的地方公共产品存在着规模经济，公共产品的单位成本会随着供给规模增大而下降。例如：在一个较大的区域内建设一个共享的图书馆，比每一个小社区都去建一个更节约。在每个数百人的村都修建一所医院，人均成本很高，利用率却很低，缺乏规模效益，不如在管辖数万人的乡镇修建来得合算。在美国新泽西州的一些社区，按照规模经济的思路，联合建设和经营学校、图书馆等；在加利福尼亚州一些镇，将某些公共产品和服务外包给其他地区的政府，以获得规模经济利益，缓解财政压力。

为提升地方公共产品的供给效率，某些地方公共产品的供给可以引入 PPP 模式。PPP 是 public-private partnership 的缩写，中文译为政府与社会资本合作模式，是社会资本参与基础设施和公用事业项目投资运营的一种制度创新。PPP 模式通过一定的机制在市场失灵的领域引入市场竞争，政府和社会资本发挥各自优势，从而实现互利共赢。2013 年，党的十八届三中全会《关于全面深化改革若干重大问题的决定》中明确指出要建立透明规范的城市建设投融资机制，允许社会资本通过特许经营等方式参与城镇基础设施投资和运营，研究建立城镇基础设施、住宅政策性金融机构。十八届三中全会后，PPP 被提升到了前所未有的战略高度，以此为起点拉开了政府助力 PPP 推广的序幕。2014 年 9 月，财政部发布通知，将在全国范围内开展 PPP 项目示范。随后发布了相关操作指南。2014 年 12 月，国家发改委发布《关于开展政府和社会资本合作的指导意见》，为民间资本参与政府项目提供了制度保障。2015 年 6 月 1 日，《基础设施和公用事业特许经营管理办法》正式施行，被业界誉为 PPP "基本法"。2016 年 3 月通过的《国民经济和社会发展第十三个五年规划纲要》将推进 PPP 模式提升到确保财政的可持续性的高度。自 2015 年，PPP模式已经连续四年在政府工作报告中出现，从"推广"到"完善"，再到"深化"，PPP 模式发展势头强劲。我国目前 PPP 模式的推广由财政部和国家发改委牵头。财政部和国家发改委各有侧重。财政部侧重于公共服务领域，如：教育、医疗、养老、文化、体育等领域；国家发改委侧重于能源、交通运输、水利、环境保护、农业、林业以及重大市政工程等七大传统基础设施领域。

专栏 3-2

中国首条民营控股高铁项目——"杭绍台铁路 PPP 项目"

2017 年 9 月 11 日，由复星集团牵头的民营联合体与浙江省政府将正式签署"杭绍台铁路 PPP 项目"投资合同，这也是中国首条民营控股高铁项目。复星集团牵头的民营联合体占股 51%。作为国家级铁路 PPP 示范项目，杭绍台高铁位于浙江省中东部，是国内沿海快速客运通道的组成部分，是长三角城镇化地区综合交通网和城际快速交通网的重要组成部分，是一条集路网、城际、旅游及沿线经济开发功能为一体的客运专线铁路。

杭绍台高铁从杭州东站出发，共设 9 个站点，全长 269 公里，其中新建正线北接杭甬高铁，从绍兴北站引出，共 224 公里，线路速度目标值 350km/h。杭绍台高铁项目投资 448.9 亿元，其中复星集团牵头的浙商民营联合体占股 51%，社会资本首次在铁路投资领域实现绝对控股。该项目合作期为 34 年，其中预估建设期 4年，运营期 30 年。项目采用 PPP 模式运营，由项目公司全权负责杭绍台铁路的投资、融资、建设、运营及维护，运营期满后无偿移交浙江省政府或浙江省政府指定机构。项目计划于 2017 年年底全线开工建设。

杭绍台高铁项目建成后不仅有利于改善浙江省会杭州至温州、台州地区交通条件，建成浙江省会杭州与台州市高铁 1 小时交通圈，带动沿线城市的发展，而且还将向北辐射长三角，向南直达珠三角与港澳地区，实现区域经济的发展腾飞；促进长三角城市群联动发展，实现温台城市群融入长江经济带，助力"一带一路"倡议。

杭绍台高铁是国内首条民营控股的高铁项目，是第一条采用 PPP 模式建造运营的高铁项目。对此，中国交通运输经济研究中心副主任李红昌在接受中国之声记者采访时解读认为：该项目对民营企业参与基础设施建设，促进铁路市场化都将起到很好的示范作用。李红昌表示，这个项目是中国非常重大的一个示范项目，意义深远。它具有三个非常重要的作用和意义。第一，它是国家相关政策的落实项目。2005 年和 2010 年，国务院发布了鼓励民间资本拓宽投资领域的政策文件，该项目是文件精神的落实和体现。第二，它是国务院相关部委促进 PPP 落地的一个重要体现，财政部、发改委有一系列的文件精神，鼓励民间资本进入到包括铁路在内的重大投资建设运营当中去，铁路项目也是国务院相关部委的政策文件鼓励和支持PPP 项目落地的一个重要示范项目。杭绍台项目采用 PPP 的方案，采用 PPP 的评估方式，采取 PPP 的运作模式，是真正意义上让社会资本进入到重大基础设施领域的一个示范项目。第三，它对于真正促进铁路的市场化，有非常重大的意义。铁路目前还处在一个相对垄断的状态，杭绍台项目真正地吸引到了社会资本，这个 P是一个"Private"的主体，这对铁路改革，对铁路从民间资本当中如何更好地运用铁路项目、如何更好地进行土地和商业开发，对铁路产业发展来讲都具有非常重要的提示和示范作用。

资料来源：郭淼. 中国首条民营控股高铁项目今日签署合同　特许经营期 30 年［EB/OL］.（2017-09-11）.http：//china.cnr.cn/ygxw/20170911/t20170911_523943261.shtml.

推进 PPP 模式一方面有助于提升地方公共产品的供给效率，打破政府供给的行政垄断以及由此引发的浪费与低效，让公众获得更多更好的社会福利，另一方面，也有助于破解新型城镇化融资难题。城镇化需要巨额资金，需要通过多种渠道筹措。2017 年末我国城镇化率达到 58.52%，而发达国家的城镇化率都在 80% 以上，我国的城镇化还有很大的发展空间，仍需要巨额资金。合理运用 PPP 模式，能够拓宽融资渠道，发挥财政资金的引导作用，调动社会资本并发挥各自优势，缓解地方政府财政压力，为新型城镇化建设提供资金支持。

第二节　政府间的税收划分

在由各级政府分别提供受益范围各异的公共产品的过程中，也需要对税收在各级政府之间进行适当的划分。这样，便引申出了税收划分的问题。

一、税收种类与税收权限

（一）税收种类

以课税对象划分税种是最基本、最常见的一种分类方法，可将税收分为三大类：

1.商品课税

商品课税是对商品或劳务征税，包括所有以商品或劳务为课税对象的税种，在我国现行税制体系中，有增值税、消费税、关税、车辆购置税、烟叶税等。

2. 所得课税

所得课税是对所得或利润的征税，是以纳税人的净所得（纯收益或纯收入）为课税对象的税种。在我国包括个人所得税、企业所得税等。

3. 财产课税

财产课税是根据纳税人财产数量或价值额进行课税，以各类动产和不动产为课税对象的税收。在我国现行税制体系下，资源税、房产税、城镇土地使用税、土地增值税、耕地占用税、契税、车船税等都为财产课税。

（二）税收权限

从税收法制的视角来看，划分中央和地方两级税收体系，重要的一点在于如何认识和确定中央与地方的税收权限（即税权），尤其是地方的税收权限。税收权限包括：

1. 税收立法权

税收立法权是制定和颁布税法、设立税种的权力。在税收权限当中，税收立法权居于核心的地位。

2. 征收管理权

征收管理权包括：征税机构的设置权限；税收的征管与稽查；对税收征管和稽查过程中产生的若干争议问题进行裁决的权限。

二、税收划分的依据

（一）将各税种的功能与各级政府的职责相结合

按照这一原则，应该把有助于中央政府实行宏观调控的税种划归中央政府。比如像关税、所得税等税收应主要由中央政府掌握。而对受益性、区域性较明显的税收，对宏观经济运行不产生直接影响的税种，则应该根据实际情况将其划归地方政府所有，比如财产税等。

（二）注重分级财政间的相互协调：以中央财政为主

为了使中央和地方税制能够在各自有效运行的前提下，为中央和各级地方政府提供充裕的财力，并产生良好的经济影响，必须协调好中央与地方两级税收体系之间的相互关系，竭力避免下述三种情况：一是中央政府和地方政府在税收政策制定过程中的相互矛盾；二是中央和地方政府在税收政策实施过程中可能出现的相互摩擦；三是中央税制和地方税制间因税务行政方面的重复而出现的烦琐问题，应尽量降低纳税成本，便于纳税人缴纳税款。

此外，为维护一国的统一和稳定，在中央和地方税收关系的协调过程中，中央政府应该天经地义地处于主动的地位。从各个国家的情况看，在一般情况下，主体税种无论是所得税还是商品税，其主要收入划归中央政府，是一个普遍性的做法。目前，无论是联邦制国家还是单一制国家，无论是发达国家还是发展中国家，中央（联邦）财政收入占各级政府全部财政收入的比重都很高。英国、法国、意大利、荷兰、比利时、南非等国这一比重高达 80% 以上；澳大利亚接近 3/4；德国、西班牙、日本大约为 2/3；美国等国在 55% 左右。

（三）体现税收课征的便利性

税收划分最终也涉及由谁征收的问题，因此是否便于课征应该成为划分中央税与地方税的标准之一。按照便利的原则，税基广泛且富有流动性的税种宜划归中央，如个人所得税；税基狭窄且具有固定性的税种则应划归地方，如财产税。房产税、土地税的历史悠久，并且长期以来都是地方税收，在很大程度上是因为作为征税对象的房产和土地分布在各个辖区之内，便于地方政府（尤其是市、镇政府）掌握税源、核实房价地价。由地方政府征收，纳税人不易逃漏税款，课征效率较高。相反，若由中央政府出面课征房地产税，则所面临的实际困难会明显增多。

（四）使税收划分有利于经济的运行与发展

税收的划分应该有利于提高经济运行的效率和促进经济的健康发展。一般情况下，中央和地方政府均适合于对商品流转额进行课税。但是，若由地方政府出面课征，那么，由于追求本地利益，很容易出现商品课税上各自为政的现象，导致地区间关卡林立和地方保护主义，阻碍商品的自由流通，降低经济效率。

若由中央政府出面课征或以中央政府为主、地方政府为辅进行课征，则可在一定程度上避免上述问题的出现，达到货畅其流。

三、税收权限的划分

从集中与分散的角度来看，目前大致有分散型、适度集中（相对分散）型、集中型这三种税收权限的划分类型。

（一）分散型税权划分模式

分散型的税收权限划分方式，主要存在于政治和经济管理权限均比较分散的国家，其特点是赋予各级地方政府很大的税收权限。这一模式的典型代表者是美国。美国的联邦、州和地方三级政权均各自行使归属于本级的税收权限，因而便形成了统一的联邦税收制度与有差别的州和地方税收制度并存的特定格局。

1.联邦、州和地方都有独立的税收立法

联邦税收的征收要依据联邦国会通过的法律；各州的税收征收要依据州议会通过的法律；地方政府也可以在符合州宪法的前提下根据本级议会的立法征税。因为税收与每个人的利益相关，所以一般涉及税收的各级政府法律，在各级议会中，都需要经过多数通过方式的立法程序，有的甚至要市民全体投票决定。在美国除了联邦税在全美是统一的以外，州与州之间、各地方政府之间开征的地方税各不相同。

2.联邦政府、州政府和地方政府拥有各自的主体税种

美国各级政府税收自成体系，各级政府都有"当家"税种，主要税种同源分享。

联邦税收体系以个人所得税、公司所得税和社会保险税三大直接税为主体，辅

之以消费税①、遗产和赠与税、关税。州政府的税收体系是以销售税（普通消费税）为主，辅之以个人所得税、公司所得税、遗产和赠与税以及其他税种。

州政府的主要收入来源是销售税。销售税直接对商品或劳务的销售流转额征收，为州政府提供了稳定的税源，占到州政府税收收入的60%左右。需要说明的是：（1）州销售税是普通消费税。除少数特定商品外，无论是到商店购物，到饭店用餐，还是到停车场停车，凡是要花钱的地方差不多都要支付相当于售价3%~9%的销售税。美国州级议会有权根据当地经济实际情况及政策目标确定销售税率的高低。（2）销售税是价外税。销售税按商品销售金额计征，由消费者购买时交纳，商品收取货款时代扣。

地方政府的税收体系以财产税为主体，辅之以销售税、个人所得税和其他税种，以及其他规费。财产税在市县镇地方政府收入中的比重达75%左右。财产税以房产税为主。在美国，房产每年还需要缴纳0.2%~4%的房产税。房产税的用途主要是地方政府用于与居民房屋有关的支出，比如消防、排水、园林绿化、社会治安等。

可以看出，采用划分税率、税源分享的办法划分收入是美国税收划分的一个显著特点。由三级政府同时开征的税种有个人所得税、公司所得税等；由联邦和州政府共同开征的税种有遗产和赠与税；由州政府和市县镇地方政府共同开征的税种有销售税。

3. 联邦、州和地方政府都有各自独立的税务系统

联邦税由美国财政部下设的国家税务局（或译为国内收入署）征收管理。由于美国州和地方政府高度自治的特点，在美国没有设置统一的州和地方税务局。州政府和地方政府的税收的征收由州和地方政府根据各自实际情况和方便征收管理的需要设置管理机构。征收方式也各有不同，如个人所得税：有些州，三级政府各自征收；有些州，州和地方两级个人所得税都由州税务局征收；有些州，州政府和地方政府委托联邦国内收入署代征个人所得税。

从功能上看，这种税收权限划分方式有助于保证各级财政（尤其是州和地方财政）自主组织和支配财力，但它也对各级税权之间的协调性和衔接性提出了相当高的要求。如果各级政府之间的税权关系未能很好地加以协调的话，便很可能产生各级政府间税收政策上的矛盾。为避免这一问题的产生，美国宪法规定，联邦法律（包括税法）高于州和地方法律。当中央和地方政府间的税权及政策产生矛盾时，应以中央税权和政策的主导性为重。联邦最高法院有权对州和地方政府的不适当税收做出停止课征的裁决。美国历史上曾经发生过一些州对外州产品额外课税的案例，后被其他州起诉，最终以违反宪法论处。

在特征上，同是联邦制国家的加拿大的税收权限划分方式也很接近于这种

---

① 美国联邦消费税为特种消费税，该税主要由两类税收组合而成：一是根据受益原则征收的消费税。凡是从政府特定服务中受益者都必须缴纳相关消费税，如每加仑汽油征税1.5美分，每加仑润滑油征税6美分。二是以限制特定消费行为为目的的消费税，征收范围包括：香烟、麻药、鸦片、赌博、枪支。

类型。

（二）适度集中、相对分散型税权划分模式

所谓税权适度集中、相对分散，是指立法权集中、征管权分散，或者大部分立法权掌握在中央，地方则负责征收管理。德国的税权划分方式可以划归这一类型中来。

德国实行的是以共享税为主的模式，共享税收入在各级政府财政收入中占有很大的比重，共享税包括个人所得税、公司所得税和增值税。德国联邦政府在对关税等联邦税收理所当然地拥有单独立法权的同时，也对共享税享有优先立法权，州和地方对隶属于自己的财产税等地方税种拥有较大的权限，可以自行规定税率、减免和加成等。德国的联邦税务管理部门负责征收关税和增值税，其他一些联邦税、共享税以及地方税由州、地方税务机构负责征收。可见其州政府和地方政府具有比较大的税收征管权。

日本也实行"立法权集中，征管权分散"的方式，主要表现在：

1. 税收基本法规的制定权主要集中在中央

各级地方政府可以在税收基本法规许可的范围之内制定详细、具体的征收管理条例及实施细则，并进行一定限度内的税收调整，但地方无权随意改动全国统一的法定税率。

日本的税种分为国税和地方税两大类，大约有50多种。

中央财政的主体税种是所得税、法人税，还包括：地方法人特别税、继承税、赠与税、汽车重量税、增值税、酒税、烟草税、挥发油税、石油天然气税、航空燃料税、石油煤炭税、关税、注册执照税、印花税、地方道路税、电源开发促进税等税种。中央财政集中度高，国税的税源大、范围广，大约占全国税收收入的60%。

都道府县的主体税种是事业税（对个人和法人的营业所得的课税）和都道府县民税（对个人所得的课税：均等割、所得割），还包括不动产取得税、都道府县水利地益税、地方消费税、都道府县烟草税、高尔夫球利用税、汽车税、矿区税、汽车取得税、轻油交易税、狩猎税等税种。

市町村的主体税种是市町村民税和固定资产税（房产税），还包括：城市规划税、事业税、市町村水利地益税、共同设施税、地皮开发税、国民健康保险税、市町村烟草税、小型汽车税、矿产税、入汤税（温泉税）等税种。

2. 三级政府各自负责本级的税收征管

日本税收征管机构分为国税系统和地税系统，三级政府都有各自的税务机构，各征各的税。中央税由财务省国税厅负责征收，都道府县税由都道府县财政局征收，市町村税由市町村财政课负责征收。

（三）集中型税权划分模式

所谓税收权限集中，并不是十分绝对的，而主要指基本税收权限相对集中于中央。法国是其中的典型代表。在发达国家当中，法国较为重视计划管理，同时又是一个国有经济比重较高的国家。相对其他西方市场经济发达国家，法国比较强调政府对经济的干预和影响，并且强调中央对地方的指导与监督作用。与此相适应，法国也实行集中税权的方式，税收立法权和税收征管权基本上由中央统揽。

从税收立法权来看，无论中央税还是地方税，其主要的法律和政策，均由中央统一制定，地方无税收立法权，只有一定的机动权力，包括制定某些地方税的税率，决定开征必要的税种和对纳税人采取一定的减免措施等。法国的税收体系分为中央税和地方税两个部分，没有共享税。中央税主要包括个人所得税、公司所得税、增值税、消费税、遗产税、注册登记税和关税，其中增值税比重最大，所得税次之。地方税包括房地产税、营业税、专利税、娱乐税、电力税、住所税、财产转让税等。法国的中央税收占全国税收总收入比重为75%左右。

从税收征管权来看，法国只有一套税务机构，即国家税务机关，没有地方税务机构，各种税种的征收均由中央政府统一掌握。税务机构实行自上而下的垂直领导，人、财、物实行高度集中管理，不受议会和地方政府的任何干预，以确保高效的税收征管。

从类型上看，英国和意大利也属于税收权限较为集中的国家。

四、政府间具体税种的划分

从市场经济发达国家的分税实践来看，主要税种在政府间的划分在各国具有很大的相似性（见表3-3）。

（一）关税

关税包括进口关税和出口关税，体现了一个国家的主权，适宜由中央政府统一管理，应该划归中央政府。

（二）增值税

增值税是商品课税，数量大，由地方政府课征，容易产生地方保护主义，影响商品流通。此外，增值税是多环节征收的，如果由各级地方政府来征收，征收对象的流动性使征管具有很大的难度，因此应该由中央政府来征收。

若干国家中央与地方之间主要税种的划分见表3-3。

表3-3　　　　　　　　若干国家中央与地方之间主要税种的划分

税种	美国	加拿大	德国	日本	英国	中国
关税	联邦	联邦	联邦	中央	中央	中央
增值税	—	联邦	各级	中央	中央	中央、地方
个人所得税	联邦、州、地方	联邦、省	各级	中央、地方	中央	中央、地方
公司所得税	联邦、州	联邦、省	联邦、州	中央、地方	中央	中央、地方
财产税	州、地方	地方	州、地方	地方	地方	地方
使用费与规费	各级	各级	地方	各级	各级	各级

（三）个人所得税

个人所得税的课税对象是个人的纯收入。个人所得税具有再分配性质，而且其课税对象具有较强的流动性。所以，个人所得税作为一种调节收入差距、实现社会公平目标的税种更适合划归中央政府，或在中央政府统一政策协调下作为中央政府与地方政府的共享收入，大部分收入归中央政府。

（四）公司所得税

公司所得税的征收对象具有较强的流动性。如果由地方政府征收，那么企业就有可能：一是通过转让定价将收入转移到税率较低的地方，以此来避税；二是利用各地方征收管理协调上的困难逃税。因此，公司所得税应由中央政府征收，或者主要由中央政府征收，地方政府以附加的形式课征一部分。

（五）财产税

财产税的征收对象如房屋具有不可流动性，且税源分散，核查困难，由地方政府征收更为合适。从税收征管效率考虑，由地方政府分散课征比由中央集中课征产生的征税和纳税的成本更低。地方政府可以对财产价值做出较为准确、客观的审核、评估，并具有连贯性和一致性。再加上财产税的地域性较强，并且对宏观调控的影响不大，因而各个国家均将其划归省、州以下的地方政府进行征收和管理。

（六）使用费和规费

使用费和规费亦即管理费和收费，属于非税财政收入的主要内容。主要项目有：公立医院的收费，公立学校的学费，政府举办的博物馆、公园入场费、许可证费、法院裁定费、高速公路的收费、驾驶执照费等。这些收费因其能够按受益原则确定特定的消费者，适合于各级政府尤其是基层地方政府征收，因为大部分的公共产品是由地方政府向社会公众供给的。

最后，需要说明的是，从市场经济发达国家的实际情况来看，主体税种（无论是所得税还是增值税）主要划归中央政府，是一个普遍性的做法。原因有两个：一是由于主体税种收入大部分划归中央，能够有助于保证中央财政收入数量的稳定性和入库的及时性；二是由于这种划分便于中央实施宏观经济调控政策，保持税收政策与国家经济政策导向的一致性。而税源分散、流动性较差的税种，与宏观经济联系不密切的税种则大多归地方政府征收和管理。

第三节　政府间的转移支付

转移支付（transfer payment），原意为"转移""转账"，一般是指货币收入主体之间非交易性的分配关系，后被应用于经济理论分析，而成为财政学中研究政府与微观经济主体横向之间以及上下级政府纵向之间资金转移的重要概念。政府间转移支付是一个国家的各级政府间进行的财政资金的相互转移。

一、政府间转移支付的作用

(一)解决纵向财政失衡问题

纵向财政失衡是针对多级财政体制中上下级政府之间财政收支差异的状况而言。在各级政府之间既定的支出范围和收入范围得以确定之后,当某些级次政府的财政面临着赤字,而其他级次政府却出现盈余时,就意味着纵向财政失衡问题的存在。具体表现为两种形式:

第一种形式:中央财政收大于支,地方财政收不抵支。在许多国家,按照事权和财权划分的标准,地方政府承担着大量的提供地方公共产品的职责,而将事关维护国家权益、税基广、增长快、潜力大和有利于实施宏观调控的税种划为中央收入,将税源分散、不易于征管的税种划为地方收入。在这样的收支划分格局下,有可能使中央政府掌握较多的财力,而使地方财政处于收不抵支的境况。

第二种形式:地方财政收大于支,中央财政收不抵支。在财政实践过程中,也可能会出现地方财力相对过多,而中央财力相对不足的状况。如 20 世纪 80 年代,我国实施财政包干体制时就是这种情况。

无论从公平还是从效率的角度看,这两种形式的纵向失衡问题都需要切实得以解决,从而实现纵向财政均衡。对于第一种类型的纵向财政失衡,主要的解决办法,便是运用财政转移支付政策和手段,协调上下级政府之间的资金往来关系,实现纵向财政平衡。因此,政府间转移支付是世界各国财政体制的一个很重要的组成部分。

从各国的财政体制运行实践来看,中央与地方分配关系的形成要经历两个环节:第一次分配(分税)和第二次分配(转移支付)。尽管在第一个环节中,财权与事权并不相对称,但在第二个环节,通过转移支付机制将中央集中的部分财力转移给地方,最终使地方政府的财力与事权达到统一。政府间转移支付实质上是财政资金在各级政府间的一种再分配形式。转移支付是在政府间第一次财政分配即分税的基础上,在既定的事权与支出责任、财权划分框架下,为实现横向和纵向均衡以及解决地方公共产品外溢性问题所进行的第二次分配。

第二种类型的纵向财政失衡则是极为特殊的,必须尽快改变,如果长期如此,会影响到国家的统一与稳定。

虽然地方政府对第一种类型的纵向财政失衡多有怨言,这种财政体制设计也不符合效率原则,但绝大多数国家都采用了这一财政体制设计。原因在于:从历史和经验来看,任何一个国家,客观上都需要维护中央政府的权威,限制地方政府势力的过度扩张,以保证政令畅通、政局安定、社会经济协调稳定发展。中央政府集中相对较多的财力份额,以使地方政府的财力在一定程度上有赖于中央政府的支持,则是一种有效的手段。

(二)解决横向财政失衡问题

一个国家内各个地区之间,社会经济发展的差异性是必然存在的,当国土面积较大时，更是如此。各个地区之间经济发展程度的差异，必然导致横向财政失衡问题。横向财政失衡主要体现在：富裕地区财政收入充裕；而贫困地区则税源狭小，财政状况拮据。富裕地区能够为其居民提供较高水准的公共产品和服务；而贫困地区却难以提供最基本的公共产品和服务。显而易见，横向财政失衡状况的存在和加剧，不利于各地区经济的均衡发展和社会的共同进步。但是，在发达和落后地区之间，无法自动形成财政资金转移，因为各地方财政的收支活动都会以本地利益为出发点和归宿点。中央政府代表着国家的整体利益，有责任运用倾斜性政策，采取转移支付的预算调剂方法，协调各个地区之间的经济与社会发展，实现各地区的基本公共服务均等化。

（三）解决公共产品提供过程中的"辖区间外溢"问题

地方政府在供给地方公共产品时，地方公共产品的受益范围，几乎不可能恰好限定在地方政府的辖区之内。地方性公共产品的受益范围很可能会超出地方政府辖区的界限，从而产生公共产品供给过程中的辖区间外溢情况。如某些环境保护项目不仅使本地居民受益，也会使邻近地区居民受益。在地方公共产品存在效益外溢现象时，地方政府从本地利益出发，有可能高估公共产品的供给成本，而低估其整体效益，并有可能以无法完全负担成本为理由，减少此类公共产品的供给。为此，中央政府应从社会整体利益考虑，通过具有特定目的的转移支付，鼓励地方政府提供此类具有"为他人作嫁衣裳"性质的地方公共产品。转移支付的标准取决于服务受益的外溢程度。在这种情况下，特定目的转移支付可以鼓励地方政府提供更为充分的地方公共产品。

（四）协调各级政府的经济和政治目标

地方政府和中央政府的目标有时是不一致的，如地方政府可能更加关心短期经济目标，对与实现长期经济发展目标有关的一些大型公共开支项目或国民经济基础设施工程，地方政府无力承担或缺乏投资兴趣，而从效率角度考虑，中央政府的直接投资建设又不经济。在此情况下，就需要中央政府以转移支付的形式对项目建设所需资金给予地方政府一部分或全部的支持，从而有利于长期经济发展目标的实现。再如，为了实现民族团结和巩固边疆的目标，中央政府给予边疆少数民族地区以特别的补助，扶持民族经济的发展和改善民族地区公共服务水平。

二、政府间转移支付的方式

根据地方政府使用补助时自主权的大小，可以分为无条件补助和有条件补助。

（一）无条件补助

无条件补助也称一般性拨款、非选择性拨款或收入分享（revenue-sharing），中央政府对资金的使用方向等不做任何规定，也没有任何附加条件，地方政府有权自主决定补助的使用方向和使用方式。无条件补助方式无异于对地方政府的"赠款"，使地方财政增加了一笔净收入，地方政府可以依照本地情况，灵活地安排资金投向。中央政府向地方政府提供无条件拨款的最主要目的是解决纵向的与横向的财政不平衡问题。一方面，保证地方政府作为一个整体能平衡预算；另一方面，缓解地方政府间财政能力的差异，保证每个地区都能提供基本水准的公共服务。从地方政府角度，无条件的转移支付无异于使地方增加了一笔收入，正因为如此，地方政府偏好争取无条件拨款，以获取更大的财力自主权。从中央政府角度来看，由于无条件补助没有固定用途，因而就失去了对其的控制力。

（二）有条件补助

有条件补助也称专项补助，是中央政府指定拨款用途，地方政府必须按指定的用途使用的一种补助形式。有条件补助是专款专用，即所谓"打酱油的钱不能买醋"。有条件补助主要是用来实现中央政府的政策和意图，主要用于有溢出效应的项目，比如教育、环境保护、社会保障等。这种拨款对于地方政府来讲，虽增加了一定的财力，但在财权上缺乏自由度，要按中央政府的政策意图落实转移支付资金的用途，达到预定的效果，同时还必须接受中央政府的监督和检查。有条件补助又可以分为两种类型：

1. 非配套补助

非配套补助是中央政府向地方政府提供一笔固定数额的补助，并指定其具体用途，但不要求地方政府提供配套资金。这种拨款可以增加地方财政收入来源，提高地方政府对指定项目投资的积极性。从中央政府角度看，非配套补助指定了支出用途，有利于控制地方政府的支出方向；从地方政府角度看，由于没有地方资金配套的规定，其条件相对比较宽松，因而也受到地方政府的欢迎。因此，它被世界各国政府普遍采用，成为中央政府对地方政府财政支持的重要形式。如中央政府对欠发达地区的教育补助、卫生补助、社会保障补助、扶贫开发资金等，都是帮助经济欠发达地区发展经济和提高公共产品供给水平的有效措施。

由于非配套补助是一种上级政府指定具体用途的拨款，因而应注意以下几点：一是必须符合下级政府的实际需要。因为是指定用途的资金，所以必须符合实际。如果拨款项目不符合实际，则会影响补助的实际效果。需要设置哪些补助项目，必须进行深入的调查研究，并进行可行性评估。二是为保障非配套补助的合理分配，还需要有一套完善的指标考评制度。由于非配套补助是一种无偿的转移支付，在"不要白不要"的心理支配下，地方政府就会蜂拥而至。为了公平、有效地分配资金，必须建立一套合理的指标体系，只有符合标准的地区，才能享受相应的拨款。三是加强监督。非配套补助是一种有指定用途的转移支付。地方政府得到这项拨款后，如果没有相应的制约机制，就极易被挪用，因此，建立加强监督就十分重要。尤其是我国地域辽阔，地方政府层级较多，信息不对称的问题更加突出。

2. 配套补助

配套补助又称对称补助，是因中央政府对地方财政进行补助时，同时也要求地方拿出相应的配套资金而得名。这里所谓的"配套"，既可以是某一固定数额的资金，也可以是相当于补助金一定比例的资金，目的是促使地方政府与中央政府共同承担起某些公共产品的供给职责。对称补助中的配套数额或比例也是依照具体情况的不同而变化的。在下级财政较为拮据的情况下，补助金的配套数额或比例应低一些。

依据对配套的拨款资金是否有封顶的限额，可以将配套补助分为：

（1）不封顶的配套补助。中央政府对每一个项目提供一笔拨款，不规定拨款接受者可以得到拨款的最高界限，接受补助的地方政府可以按照自有资金投入的某一个百分比，从中央政府那里获取配套资金。比如，中央政府可以规定，如果地方政府在教育上每花费 1 元，中央政府将相应补助 1 元。不论地方支出多少，中央将按此规定给予补助，没有上限。如果这种补助办法刺激了地方政府的支出，那么中央政府所给予的补助将会相应增加。对于地方政府来说，只要有自有资金，就一直可以向上级政府要求拨款。不封顶的配套补助是矫正外部效益的一种方法，拨款目的是鼓励地方政府供给更多具有外部效益的公共产品。

（2）封顶的配套补助。中央政府明确规定资金的用途和最高界限，在这个限额下，中央政府按规定的比例对地方项目进行补助；超过这个限额，不再增加补助。比如，中央政府对地方政府的支出额在 100 万元以下的按其支出额的 50% 提供拨款，如果支出额超过 100 万元则最多也只能拿到 50 万元拨款。同样，封顶的配套补助也是矫正外部效益的一种方法。

三、政府间转移支付的基本模式

（一）以有条件补助为主的转移支付模式——以美国为代表

财政转移支付制度在美国有着较久的历史。实际上，早在 19 世纪初叶，美国就存在着联邦政府向州和地方政府的财政补助和拨款制度。自第二次世界大战之后，美国各级政府间的财政转移支付的绝对数和相对数均不断增加。目前，财政转移支付已经成为联邦政府财政支出的重要内容之一。

美国联邦政府收入占全国财政收入的 55%~60%，而联邦政府支出占全国财政支出的比重为 40% 左右。联邦向州和地方政府的转移支付拨款占联邦财政总支出的比重为 20%~30%。来自上级政府的补助金，也已在州和地方财政收入中居于举足轻重的地位。

美国几乎所有的转移支付都是通过立法的形式确定下来的。美国的各级政府间财政转移支付制度主要采取三种形式：分类补助、宽范围用途补助和一般目的补助。其中，分类补助是美国财政体制中最早也是最主要的转移支付形式。

1. 分类补助

分类补助项目种类繁多，但具有共同的特点：（1）使用范围确定。联邦政府对拨款的用途、方式都做了严格的限制，目的是为了支持一些具体的项目计划，接受补助的州和地方政府要定期向联邦主管部门提交关于补助计划执行情况的书面报告。分类补助的使用范围，主要包括医疗卫生、社会保障、教育、交通、农业、劳动保护、住房开发、环境保护、能源开发等，其中以前两项为最多。（2）数额较大。分类补助的数额较大，大约占美国整个财政转移支付数额的 80%。在做法上，分类补助大多是按照特定的标准，通过一定的公式进行计算之后，再加以分配的。（3）大多有配套率要求。分类补助的另一特征是配套率要求。大约 60% 的分类补助要求配套，配套率为 5%~50% 或以上，不过，绝大多数都远远低于 50%。

2. 宽范围用途补助（宽基补助）

顾名思义，宽范围用途补助一般只对资金的用途范围作大致的限制，主要由各州和地方自主决定款项的具体用途，主要投向公共服务、社区发展、道路建设。宽范围用途补助也是按照一定的公式对全部符合条件的补助对象分配拨款额，具体操作实施由法律法规来规定，但一般不要求接受拨款的政府拿出配套资金。

3. 一般目的补助

一般目的补助亦称收入分享，其实质是在各州和各地方之间按照一定公式和比例分享一部分联邦收入，由州和地方自行支配和管理。该项补助根据公式进行，公式中包括人口、人均收入、税收努力程度等客观因素。由于一般性补助无法体现联邦政府的政策意图，所以，它在联邦转移支付总量中占的比重很小。

（二）财政均等化转移支付模式——以澳大利亚、加拿大、德国和英国等国为代表

财政均等化转移支付模式的目标是使本国居民无论身居何处，都能享受到较为均等的公共服务。

1. 澳大利亚

澳大利亚是一个地大物博而人口相对稀少的国家。虽然各州之间在人口密度、经济结构、财政收入诸方面均存在着极大的差异，但各地区在提供政府服务方面水平大致相当。这在很大程度上是由于该国实行了以财政均等化为目标的转移支付制度。

澳大利亚分为三级政府，与此相适应，财政也实行三级管理，即联邦政府的中央财政、州财政和地方财政。联邦财政收入占全国财政收入的 75%，州和地方的财政收入加起来只占 25%。但在支出方面，联邦财政和州、地方财政是各占一半。这就意味着每年大约有相当于全国财政收入 25% 的资金，从联邦财政向州和地方转移，因此，州和地方政府对联邦有较大的依赖性。州一级的财力约有 50% 来源于联邦的各项拨款，地方政府的财力约有 25% 来自联邦和州的拨款。这种体制保证了澳大利亚联邦政府对各地区的经济发展和公共服务事业都有较强的调控能力，使澳大利亚联邦政府能够在各州之间建立并实施有效的财政均等化制度，以便尽量消除各州、地区之间因经济结构、人口密度、财政收入等原因造成的公共服务方面的较大差异。

澳大利亚财政均等化的方案，有一套复杂的公式，具体公式的设计及计算由独立于政府之外的联邦拨款委员会负责。联邦拨款委员会只有 40 多名工作人员，是一个独立于政府之外的咨询性机构。它没有实质性的权力，只在分配拨款方面提出技术性的推荐意见，设计出一套符合均等化原则的计算公式，并依次计算出各州应得到的拨款额，但它们提出的拨款分配方案要由联邦政府决定采纳与否。

澳大利亚资源丰富，人口少，政府财力充裕，有能力实现各地区的财政能力均等化。

2. 德国

德国现有 16 个州。在统一前，联邦德国就是欧洲地区差距较为突出的国家之一，西部仅占其总面积的 7%，但却是 24 个主要城市聚集区，集中了全国 46% 的人口和 50% 的就业人数。统一后的经济差距更为突出。16 个州之间存在着比较严重的财政横向不平衡。为弥补横向缺口，在整个联邦范围内保证为公民提供基本相同的公共服务，联邦德国从 20 世纪 50 年代开始建立并完善转移支付制度，实施财政均等化政策。通过转移支付制度设计，也有效地处理了统一带来的东西部地区间经济差异以及相关的政治问题。

德国的财政均等化政策体现在纵向和横向的转移支付制度当中。其中，横向转移支付制度的均等化特征更为明显。德国横向财政转移支付主要指各州之间的财政平衡计划，即富裕的州直接向贫困的州进行资金横向转移。大体操作程序是：首先由联邦和州财政部门分别测算出"全国居民平均税收额"和"本州居民平均税收额"，根据有关评估制度将二者相比，确定哪些州为富裕州、哪些州为贫困州；然后按照共同协商确定的平衡程度，计算出各富裕州应向贫困州转移的资金数额。平衡程度是：保证各州政府的财政收入水平不低于全国平均水平的 99.5%。整个财政平衡的操作以划拨方式通过各州和联邦的财政结算中心完成。横向转移支付有效控制了各州之间的贫富差距，在一定程度上实现了各个地区之间的均衡发展目标。

（三）无条件拨款和有条件拨款相结合——以日本为代表

税收是日本财政收入的主要构成部分。日本的税收划分为国税和地方税。国税中有所得税、法人税、增值税、酒税等，这些税征收面广、数量大；地方税则是一些零星、分散、地区性强的税种。日本中央与地方税收收入分配比例是 6∶4，而支出比例是 4∶6。中央通过转移支付从宏观上调节、控制经济的发展，缩小地区间差距，中央对地方转移支付占财政收入的 20% 左右。日本中央政府对地方政府的转移支付有地方交付税和国库支出金两类，前者为无条件拨款，后者是中央政府限定用途的有条件拨款。此外，还包括一种被称为地方让与税的转移支付，规模很小。

1. 地方交付税

地方交付税实质上是一种税收分享制度。作为一种均等化转移支付，由中央直接向两级地方政府分配。地方交付税的来源是五个主要中央税种的一定百分比，包括所得税及酒税的 32%，法人税的 34%，烟草税的 25% 和消费税的 29.5%[①]。

地方交付税又分为普通交付税和特别交付税。其中，普通交付税占 94% 左右，分配给那些基本支出需求超过基本财政收入的地方。特别交付税在普通交付税不足的情况下作为补充拨款，满足一些特殊或紧急的需求，如自然灾害救济等。

---

① 楼继伟. 中国政府间财政关系再思考［M］. 北京：中国财政经济出版社，2013：189.

2.国库支出金

国库支出金是一种专项拨款，由中央政府根据特定目的和条件指定专门用途。由财务省（原大藏省）每年确定总额，由各个部门（教育部、卫生部等）具体分配并监督实施。国库支出金的拨款项目几乎覆盖了所有地方政府的活动，包括教育、社会福利、公众设施、交通、地区经济发展等。该项拨款中绝大部分是配套补助。

3.地方让与税

地方让与税是指为了减少地区间税收收入的差距，体现征税的便利性原则，将本来属于国税收入的地方性税源返还给地方政府的一种资金。地方让与税是为了充实地方政府修建公路、机场等基础设施的财源而设置的。基本做法是中央将地方道路税、石油天然气税、航空燃料税、机动车辆税和特别吨位税等五种特定的中央税收入按固定比例"让渡给"地方政府。这部分金额不大，约占转移支付总额的3%~4%。

第四节　省以下财政体制模式

前三节主要是将地方政府作为一个整体，探讨中央与地方的政府间财政关系。而地方政府也是分层次的，下面我们再进一步探讨一下省以下（或州以下）财政体制的相关模式。按照中央政府和省级政府在省以下财政体制中所起的作用划分，省以下财政体制有两种模式：自治模式和命令模式。

一、自治模式

自治模式是指中央政府将制定省以下政府间财政关系的权力交给省级政府。在自治模式下，省以下财政体制由省级政府制定。国家层面的法律、法规关于政府间财政关系的条款，比如事权与支出责任的划分、有关税种的归属等都只涉及中央与省，而不涉及省以下政府。目前，世界上大多数国家都采取这种模式。

我国省以下财政体制属于自治模式。我国的政府分为五级：中央、省、市（地）、县和乡。各级政府的作用不仅是职责的分工，而且还有上下级的关系，较低级次的政府隶属于其上一级政府，形成了一个统一的行政管理体制。

我国的财政体制传统上也有很深的级次观念，没有将省、市（地）、县、乡放在同等地位，而是自上而下、逐级实施，财政关系的安排每次只涉及两级政府。传统上，五级政府形成了四层关系：中央政府对省；省对地级市；地级市对县；县对乡。在每一组关系的体制设计中，上级政府都具有绝对的控制权。2005年起，为化解县乡财政困境，提升地方财政体制的运行效率，我国一些地区进行了"省直管县"和"乡财县管"改革。但省以下财政体制依旧是自治模式，只不过地方财政级次有所简化。

二、命令模式

命令模式是指省以下政府间财政关系的安排由中央政府颁布命令直接规定。在命令模式下，省与地方的财政关系也是中央与省财政关系的反映和延续，二者具有统一性。德国、巴西的省以下财政体制为命令模式。

（一）德国

德国是联邦制国家，其财政体制是由联邦、州和市镇三级构成。

德国三级政府之间的事权安排都由联邦基本法做出规定：联邦政府负责外交、国防、货币政策、公民事务、海关、铁路和航空运输、邮政以及电信；州政府负责文化、教育、法律和秩序、健康、环境保护，以及地区经济政策；市镇政府负责地方健康设施、体育和娱乐、学校建设、道路、公共住房，以及其他社区事务。

德国三级政府之间的财权分配也由一系列联邦政府的财政法规规定。德国实行的是以共享税为主的模式，共享税收入在各级政府财政收入中占有很大的比重，共享税包括个人所得税、公司所得税和增值税。三级政府间的分享比例有着明确的规定。其中，个人所得税、公司所得税的分享比例为：联邦政府43%、州政府43%、地方政府14%；增值税的分享比例为：联邦政府54%、州政府44%、地方政府2%。

（二）巴西

巴西省以下政府间财政关系也属于命令模式。巴西三级政府间的事权与支出责任划分由宪法规定。州与地方的收入分享办法是由联邦议会通过的法案规定的，而不是由各州政府自行确定。这些规定包括分配收入的具体公式设计和拨款的时间安排。由于州与地方的税收分享的公式由联邦规定，所以有很高的透明度。例如，州增值税的75%根据来源地原则按比例分配给地方政府，剩余25%的部分，州政府有权力采用其他财政需求因素进行分配，人口和面积是各州最普遍采用的因素。有些州还使用财政努力程度作为特殊因素。

可以看出，命令模式的目的在于：第一，保障基层政府的利益，防止省级政府过度攫取地方政府的财政资源。在出现县乡财政困境后，有专家建议我国的省以下财政体制也实行命令模式。第二，确保中央与省级政府之间的财政关系与省以下各级地方政府之间的财政关系保持一致，便于中央政府的财政政策深入到各级地方政府并得到有效执行。

需要指出的是，命令模式为省和地方的财政关系搭建了一个制度框架，但并没有将省级政府的作用排除在外，省级政府仍然具有在省域范围内配置财政资源的能力，只是与自治模式相比，省级政府的权力受到了相当程度的限制。

☐ 本章小结

分级财政体制正是处理政府间财政关系的基本制度，是政府间财政关系的制度载体。分级财政体制包括政府间事权与支出责任划分、收入划分、财政转移支付和省以下财政体制等基本要素，是中央政府和地方政府经济利益关系在财政方面的体现。

政府间事权与支出责任的划分是政府间税收划分和转移支付制度安排的基础。政府间事权与支出责任划分的理论依据是：公共产品的层次性和政府职能的层次性。政府间事权与支出责任划分的具体原则是：全国公共产品应由中央政府负责提供；由本地居民享用的地方公共产品应由地方政府负责提供；跨地区以及具有"外部效应"的公共项目和工程，中央政府在一定程度上参与；调节地区间和居民间收入分配，主要由中央政府负责。

除了中央政府与地方政府之间有必要进行支出责任的分工外，由于地方政府本身也是由分级政府组成的，因此，政府间支出责任的分工还涉及地方政府间的分工。在决定某项公共产品由哪一级地方政府供给时，应考虑其受益范围和规模效益。为提升地方公共产品的供给效率，某些地方公共产品的供给可以引入 PPP 模式。

在由各级政府分别提供受益范围各异的公共产品的过程中，也需要在各级政府之间对税收进行适当的划分。税收划分的依据是：将各税种的功能与各级政府的职责相结合；注重分级财政间的相互协调：以中央财政为主；体现税收课征的便利性；使税收划分有利于经济的运行与发展。从集中与分散的角度来看，目前大致有分散型、适度集中（相对分散）型、集中型这三种税收权限的划分类型。从市场经济发达国家的分税实践来看，主要税种在政府间的划分在各国具有很大的相似性。主体税种（无论是所得税还是增值税）主要划归中央政府，是一个带有普遍性的规律。

政府间转移支付是一个国家的各级政府间进行的财政资金的相互转移。政府间转移支付的作用主要表现在：解决纵向财政失衡问题；解决横向财政失衡问题；解决公共产品提供过程中的"辖区间外溢"问题；协调各级政府的经济和政治目标。根据地方政府使用补助时自主权的大小，可以将政府间转移支付分为无条件补助和有条件补助。政府间转移支付的基本模式有：以有条件补助为主的转移支付模式——以美国为代表；财政均等化转移支付模式——以澳大利亚、加拿大、德国和英国等国为代表；无条件拨款和有条件拨款相结合——以日本为代表。

从中央政府和省级政府在省以下财政体制中所起的作用划分，省以下财政体制有两种模式：自治模式和命令模式。自治模式是指中央政府将制定省以下政府间财政关系的权力交给省级政府。世界上大多数国家都采取这种模式。我国省以下财政体制属于自治模式。命令模式是指省以下政府间财政关系的安排由中央政府颁布命令直接规定。在命令模式下，省与地方的财政关系也是中央与省财政关系的反映和延续，二者具有统一性。德国、巴西的省以下财政体制为命令模式。

🔲 关键概念

税收权限　纵向财政失衡　横向财政失衡　自治模式　命令模式

□ 复习思考题

1. 简述政府间事权与支出范围的划分原则。
2. 简述地方政府间事权与支出责任分工应遵循的原则。
3. 简述政府间税收划分的依据。
4. 简述政府间税收权限划分的基本模式与典型国家。
5. 简述政府间转移支付的依据与方式。
6. 简述政府间转移支付的基本模式与典型国家。
7. 简述省以下财政体制的两种模式与代表国家。

第四章

我国财政体制的演变与改革

第一节　我国财政体制的历史沿革

从财权的集中与分散的角度来看，在中华人民共和国成立之前，财政管理权限在中央政府和地方政府间的分配经历了三个阶段。

一、夏商周时分权型的财政体制

夏商周三代实行分封制。国家初起的夏代，中央与地方的关系松散。到了商代，中央与地方的等级意识有了加强，建立了具有邦联性质的分封制。进入周代，中央与地方的关系比之商代更为紧密，等级制度更加明确，实行封邦建国。全国的土地和民众名义上属天子所有。天子通过授土授民，将土地和民众封赐给诸侯。西周王朝建立了"内服"和"外服"的中央行政体制。"内服"指中央政府直接统治的王畿地区，"外服"就是内服之外的诸侯管理的地区。诸侯掌握着封地内的政治、经济、军事及课税权。财政收入有按等级上交中央的规定。

春秋时期，随着生产力的发展，地方诸侯国的国力大大增强，而中央政府由于"内服"地域在不断的分封中日益缩小，财力也随之削弱，再加上后世继任的周王驾驭能力也不如开国之初，于是强大起来的地方诸侯无视中央政府的行政管理，纷纷发动战争，兼并弱小的诸侯国。在天子对地方失控的情况下，财政收入交不交，交多少完全取决于诸侯。这种体制导致后来的王室衰微，诸侯称霸，形成春秋战国的分裂局面。

二、秦汉至清代中央集权为主体的财政体制

（一）秦朝

秦始皇统一六国后，汲取夏商周时的教训，废除了分封制，实行郡县制，建立

了中央集权制的国家。秦朝在财政体制上实行高度集中的统收统支制度。经过多项加强中央集权的财政措施，终于实现"利归天子"、地方"自天子以外，无尺寸之权"的财政集权。郡县地方官都由中央政府任命，其俸禄及其他地方开支，也由国家财政负责。由于地方政府事权多，配套财力有限，往往勉为其难，力不从心。

（二）汉朝

秦王朝建立不久，就在农民起义中灭亡。西汉统治集团对秦朝的制度进行总结，这时，产生了不同的意见，许多人将秦灭亡归咎于废除分封制，另一部分人则坚持郡县制。于是刘邦实行双轨制，一方面推行秦代的郡县制，一方面大封同姓王。封王在封国内有任免官吏、征收赋税、开矿铸钱等权力。汉景帝时，吴王刘濞依仗江浙富饶的自然条件，扩充势力，串通楚王、赵王等七国叛乱。景帝平定叛乱后，大力推行"强干弱枝"的政策，剥夺了诸侯的行政权。汉武帝进一步加强了中央的管理权，为了加强对地方的控制，在全国设13个监察区（州的雏形），由中央委派刺史监察郡国。刺史权力大，但官职低，中央易于控制。汉朝的地方财政管理由郡太守总揽，郡以下的财政由县令主管。西汉的中央与地方的收入比例一般是4∶6或5∶5。

东汉末年，黄巾起义爆发，郡县力量太弱小。为镇压黄巾起义，不得不加重地方的权力。以监察区即州为单位，集所辖各郡之军力、财力应对农民起义，中央派九卿出任州牧。于是州由虚变实，成为郡之上的一级行政区，实行州、郡、县三级行政制度，由州牧总揽财权。州牧权力大，官职又高。地方势力扩大，中央集权瓦解，群雄逐鹿，最后形成三国鼎立的分裂局面。

（三）西晋

西晋统一后，司马氏大封同姓诸侯王，重蹈西汉覆辙。公元291年爆发了"八王之乱"。为争夺帝位同姓相残，战火绵延，导致流民大暴动、南北大分裂的局面。

（四）唐朝

隋唐统一后，加强了中央集权。唐仿汉代之制，分道设采访使对全国州县进行监察，全国共分十五道。财政关系也采取了中央集权。到天宝年间，唐玄宗为开疆拓土，向外扩张，增加了地方节度使的权力，地方节度使开始集军、民、财、监察大权于一身，于是重现东汉末年"外重内轻"的局面，爆发了"安史之乱"。其后叛乱虽平，藩镇割据之势已经形成。安史之乱后，唐朝中央政府鉴于自身集权的削弱和地方分权的加强，只好将一部分财权划归地方，以换取地方政府对中央的政治支持。唐朝中央与地方之间的财政关系由中央集权的统收统支的管理体制，逐渐演变为中央与地方两税（农业税和以榷盐为代表的商品税）三分的管理体制，即两税收入以州为单位划分为留州、送使（道）、上供三个部分。事与愿违，财权的分散使得藩镇割据之势愈演愈烈，酿成"五代十国"的分裂局面。

（五）宋朝

北宋统一中原，赵匡胤"惩唐以来藩镇之弊"，汲取了唐朝财权和军权失控的教训，从开国起就非常重视中央集权，接受赵普"稍夺其权、制其钱谷、收其精兵"的建议，将地方节度使过去掌握的司法权、财权、军权收归中央。首先，通过"杯酒释兵权"的手段将养兵、用兵之权全部集中到中央。为加强对地方的控制，对地方行政区分路而治。其次，各路置转运使司、提点刑狱司、安抚使司，相互牵制，分掌财、刑、民权。宋朝为了防止地方势力做大，采用了赋税全额上交的政策。高度集权的财政体制造成地方上的力量单薄，别说对付入侵，就是小小的反叛地方上也力不从心。地方财政困难诱使地方官员在税赋法度之外搜刮民财，激起民怨，宋朝前后 300 余年中经历了 433 次农民起义。

（六）元朝

元代设行省制。行省，即行中书省，创建于元。行中书省最初属中央临时派出机构，代表中央在地方全权处理军国大事，事毕撤销，人员返京，后来，行省逐步演变为地方行政机构。元朝共设 11 个行省。行省的规模和权力都很大。因这一地方政区制度有利于中央集权和多民族国家的统一。行省的划分同秦置郡、汉建州、唐设道、宋分路所不同的是，没按自然经济区域或历史因素划分，而是人为地制造成犬牙交错的省界，使各省都无险可守，以防止地方叛乱，从而形成有利于中央控制的行政区划。

元代中央与地方的财政关系，总体上是重中央轻地方。通过聚财于省，实现财赋高度集中于中央，其中中央和省的分配比例大致是 7∶3，而省以下的路、府、县的财力少得可怜，难以与地方诸多的行政、司法、治安、赈济、教育等事权相匹配，导致地方官员对百姓横征暴敛，最终元王朝再次被地方官员的横征暴敛所摧毁。

（七）明朝

明承元制，设 2 京 13 省，但降低了行省官的官阶。宣布政使司掌民政、财政，另设提刑按察使司掌刑狱，都指挥使司掌军事。三机构互不统属，直属中央主管部门，并仿汉唐之制，设御史台巡按各地。明代的财政管理实施中央集权制，地方与中央财政分割比例比较明确，或为 3∶7，或为 2∶8。地方政府在财力不足的情况下，对老百姓横征勒索。

（八）清朝

清承明制，清初设 18 个省，后历有调整，到清灭亡时，全国共设 22 个省。各省设有巡抚，上设总督。总督在清代为地方最高级长官，总管一省或二三省。

清代中央与地方的财政体制分为两个阶段：太平天国运动前的 200 余年为中央高度集权制。财政实施垂直管理，布政使负责省财政，直接对户部负责。太平天国运动后的 60 年则由于地方督抚势力的强大，地方政府的财权越来越大。清朝后期迫于国际国内军事、政治及经济压力，不得不推行"就地筹饷""就地筹款"的分权财政体制。原来由中央政府养兵，随着镇压太平天国的湘军、淮军的出现，养兵成为地方政府的事权，与此相配套，地方有了征收商品通过税——厘金的财权。此外，鸦片战争爆发后，富国强兵、开办近代工商业成为中国的当务之急。于是，地方督抚有了洋务运动的事权，与之相对应，厘金的征收范围日益扩大。因对外作战、镇压农民起义和洋务运动等需要，督抚集军、政、财权于一身。布政使成为督抚的幕僚，自行筹集各种款项。由于地方督抚的权力越来越大，形成督抚专权的局面，导致其后北洋军阀割据局面。

三、中华民国时期的财政体制

中华民国北洋政府时期，中央财权旁落，表现为财权外移和下移。地方财政主要由各地军阀控制。虽有中央与地方划分财权的动议，因军阀割据而未实施。袁世凯死后，地方军阀截留税收，中央政府只能靠债务度日。

1927年，中华民国南京政府成立以后，设立中央财政机构和地方财政机构。中央财政机构为财政部，作为南京政府管理监督全国财务行政的总机关，总揽全国财政收支。各省设财政厅，管理全省财政收支、预决算的编制，及对县财政的监督。各县设财政科，管理全县财政收支、预决算的编制及各项税收。

1928年7月，南京国民政府召开第一次全国财政会议，通过《划分国家收入地方收入标准案》与《划分国家支出标准案》，将财政体制定为中央与省二级制。针对北洋政府时期各级财政收支不清，地方截留中央财力的现象，标准案规定，中央和地方都拥有各自明确的税收收入来源。

所以，从大历史的角度来说，以分税制为基础的现代财政分权制度在我国的实行发端于民国时期[①]。这次财政体制改革虽然明确了中央与地方各自的收入范围，但在地方层次上仅涉及省，至于省以下各级政府并无明确收入来源，尤其是县市政府无独立税源，妨碍了地方自治事务的进行。

鉴于1928年财政体制改革存在的问题，1935年第二次全国财政会议决议通过的《财政收支系统法》，将财政体制由过去中央与省二级制改为中央、省、县（市）三级制，提高县（市）地方政府的地位。

1941年起，为适应抗日战争的需要，实行国家与地方自治两级财政。省级财政并入中央，各省财政由中央统收统支。1941年的财政体制改革具有明显的战时财政特点。抗战胜利后，1946年7月1日，南京政府修正公布《财政收支系统法》，重新确立中央、省、县三级财政体制。但与抗战前不同，地方财政的重心由省级财政转向县级财政，省级财政的地位被弱化。

第二节　1949年后我国财政体制的演变过程

中华人民共和国成立以来，中国的财政体制有几次重大变革，先后经历了统收统支财政体制，"统一领导、分级管理"的财政体制，分级包干的财政体制和分税制财政体制。我国财政体制的总体取向是由集权走向分权。

---

① 冯海波. 国民政府时期财政体制改革的启示［J］. 税务研究，2014（1）：82-86.

一、国民经济恢复时期的统收统支体制

中华人民共和国成立初期，我国实行高度集中的财政体制，其特征主要表现在以下几个方面：

（1）中央政府高度集权，所有的财政制度均由中央政府统一制定。中央政府建立了统一的预算制度、税收制度、会计审计制度和严格的财政监察制度，各级政府的行政人员编制、供给工资标准等也均由中央政府统一规定。

（2）地方政府负责组织收入，全部上缴中央国库。各地征收的公粮、各种主要税收、国营企业的利润和提取的折旧基金，均归中央政府所有。清理仓库物资、战争缴获物资、没收的财产、新解放城市接管之金银外钞等均归中央人民政府所有。

（3）地方政府一切开支均需中央统一审核，逐级拨付。地方的收入和支出基本上不发生联系。地方政府只是作为中央政府的一个派出机构，没有相应的事权和财权。

1951年开始实行初步分级管理的财政管理体制。1951年3月，政务院颁发《关于1951年系统划分财政收支的决定》，这个决定把国家财政的收支由高度集中，统一于中央人民政府，改为在中央的统一领导下，实行中央、大行政区、省（市）三级预算制度，并实行初步的分级管理。当时全国分6个大区（东北、华北、西北、华东、中南、西南），但总体而言，在国民经济恢复时期，我国的财政管理体制是高度集中的。

这个时期实行高度集中的统收统支财政管理体制，在短时间内改变了过去长期财力分散的局面，平衡了财政收支，稳定了市场物价，保证了在军事上消灭残敌和抗美援朝战争的胜利，满足了经济上重点恢复的资金需要，促进了财政经济状况的好转。

但是，这种极为集中的财政管理体制存在着它本身所固有的问题：其一，从地方政府角度讲，这种高度集权的财政体制不利于调动地方政府积极性。地方财政的各个支出项目均由上级核定，地方财政无法对本级预算进行真正意义上的统筹安排。由于地方机动财力的数量很小，所以使得地方政府难以因地制宜地行使其职责。其二，从中央政府角度讲，大量的、纷繁复杂的财政收支事务主要集中在中央政府，从而分散了中央财政的注意力，影响了中央财政对重大财经问题的决策能力。

随着国家财经状况的逐步好转以及抗美援朝战争的结束，这种高度集中的财政管理体制本身所固有的弊端和矛盾便日益显现出来，就需要由一种更能够体现地方财政利益的财政体制，来取代这种统收统支模式，从而充分发挥中央和各级地方政府多方面的积极性。

二、"统一领导，分级管理"体制

经过了3年的经济恢复之后，我国从1953年起进入了以大规模经济建设为特

征的第一个五年计划时期。在这种情况下，如果继续实行高度集中的财政管理体制，难以符合当时的政治经济形势的要求。从此时起至实行改革开放，我国的财政管理体制由原来的统收统支转向了"统一领导、分级管理"的体制。

1954年，撤销大行政区，增设了县级财政，实行中央、省（市）、县三级财政管理体制。在三级财政的基础上开始实行"统一领导、分级管理"的财政体制。其基本内容是：在中央统一政策、统一计划和统一制度的前提下，实行分级管理。这一时期的财政分成办法有分类分成、总额分成等形式。总体而言，这段时期的财政体制仍是偏重于中央集权。

1953—1958年，实行分类分成财政管理体制。该财政体制的主要内容包括：（1）从收入划分情况看，分为中央财政固定收入、地方财政固定收入、固定比例分成收入和调剂收入这四个部分，分成的比例一年一定。中央和地方固定比例分成收入是农业税和工商业税，商品流通税和货物税作为中央的调剂收入。（2）按财政支出事项的隶属关系，将国家财政支出划分为中央财政支出和地方财政支出。中央的企业、事业和行政单位的支出列中央预算，地方的企业、事业和行政单位的支出列地方预算。（3）按照收支划分办法，地方财政以地方固定收入和分成收入弥补其经常性支出，如果年终结余，则不再上缴中央财政，而由地方财政留在下年度使用；如果出现不足，则差额由中央划给调剂收入进行弥补。地方预算每年由中央核定，分成比例一年一定。（4）地方超额完成收入预算的，仍按原定比例分成。

在我国"一五"时期，基本上都是实行这种收入划分方式。"一五"计划后，这一方式又进一步延伸到了1958年。所不同的是，后来将"以支定收"改为"以收定支"，并且把"一年一变"改为"一定五年不变"，但实际执行时间仅1年。

1959—1967年实行总额分成的财政体制。在总额分成财政体制下，地方组织的财政收入，除个别不宜按地区参与分成的财政收入（如关税、中央企业收入）划归中央财政外，其他财政收入均应汇总，按比例在中央与地方之间分配。地方总额分成比例为地方财政支出与地方组织的全部财政收入之比。中央和地方每年要在一次财政会议上，通过形式上的讨价还价，确定每一个省级行政区这一年的收入按什么比例在中央和地方切分。

1958年9月，国务院颁布《关于进一步改进财政管理体制和改进银行借贷管理体制的几项规定》，决定从1959年起实行"收支下放，计划包干，地区调剂，总额分成，一年一定"的财政管理体制，将部分收支项目下放地方财政，同时收缩地方财力。但在1961—1967年，改为中央财政更加集权的"总额分成，一年一变"的财政管理体制。

总额分成体制的优点是简便易行，缺点在于：由于总额分成的比例一年一变，因而容易造成中央与地方争基数、吵比例，使收支规模难以得到合理确定。

1968年被迫实行收支两条线的办法。从1971年起，实行"定收定支，收支包干，保证上缴（或差额补助），结余留用，一年一定"的财政体制，简称"财政收支大包干"办法。1974—1975年实行"收入按固定比例留成，超收另定分成比例，支出按指标包干"体制。1976 年实行"收支挂钩，总额分成"体制。

1978—1979 年，我国实行"增收分成，收支挂钩"的财政管理体制。增收分成是指地方财政收入本年比上年实际增长的部分，按照核定比例，在中央和地方之间分配。

在财政管理上，这一时期始终未能摆脱统收统支的格局，集权过多，统得过死。地方政府权力较小，构不成一级独立的预算主体，仍偏重于中央财政集权。其间也有权力下放，但这都是在不正常的政治条件下进行的。比如，1958 年下放财权是在"大跃进"运动和人民公社化运动过程中实施的，但结果造成了严重的损失，不得不重新实行财权集中。

三、财政包干体制

20 世纪 80 年代，传统的财政体制率先成为宏观层面改革开放的突破口。为调动地方政府的理财积极性，突破过去财权过分集中、管得过多、统得过死的传统格局，开始实行以放权让利为特征的改革，即财政包干体制。财政包干体制经历了1980 年、1985 年和 1988 年三次重大改革与调整。1988 年对地方实行财政包干的办法进行了改进，规定全国省、自治区、直辖市和计划单列市（哈尔滨、沈阳、大连、西安、重庆、青岛、宁波、武汉、广州），除广州、西安财政关系仍分别与广东、陕西两省联系外，对其余地区分别实行不同形式的包干办法。

第一种形式：收入递增包干。这种办法是以 1987 年决算收入和地方应得的支出财力为基数，参照各地近几年的收入增长情况，确定地方收入递增率（环比）和留成、上解比例。每年地方达到收入递增率，按确定的留成、上解比例在中央与地方之间分成；超过递增率的收入，全部留给地方；地方收入达不到递增率，影响上解中央的收入，由地方用自有财力补足。

实行这个办法的地区有 10 个，它们的收入递增率和留成比例分别为：北京市4% 和 50%；河北省 4.5% 和 70%；辽宁省（不包括沈阳市和大连市）3.5% 和58.25%；沈阳市 4% 和 30.29%；江苏省 5% 和 41%；浙江省（不包括宁波市）6.5% 和 61.47%；宁波市 5.3% 和 27.93%；河南省 5% 和 80%；重庆市 4% 和33.5%；哈尔滨 5% 和 45%。

第二种形式：总额分成。该办法是根据前两年的财政收支情况，核定收支基数，以地方支出占总收入的比重，确定地方的分成比例和上解中央比例。实行这个办法的地区有 3 个，它们的总额分成（地方留用）的比例分别为：天津市 46.5%；山西省 87.55%；安徽省 77.5%。

第三种形式：总额分成加增长分成。这种办法是在上述总额分成办法的基础上，收入比上年增长的部分，另加分成比例，即每年以上年实际收入为基数，基数部分按总额分成比例分成，增长部分除按总额分成比例分成外，另加"增长分成"比例，让地方从增收中得到更多好处。实行这个办法的地区有三个，它们的总额分成比例和增长分成比例分别为：大连市 27.7% 和 27.3%；青岛市 16% 和 34%；武汉市 17% 和 25%。

第四种形式：上解额递增包干。这种办法是以 1987 年上解中央的收入为基数，每年按照一定比例递增上交。实行这一办法的有湖南和广东两省，其上解额和递增包干比例分别为：湖南省 8 亿元和 7%；广东省 14.13 亿元和 9%。

第五种形式：定额上解。按原核定收支基数，收大于支的部分，确定固定的上解数额。实行此办法的地区有上海市、黑龙江省和山东省，这三个地方的上解额分别为 105 亿元、2.9 亿元和 3.0 亿元。

第六种形式：定额补助。这是根据原来核定的收支基数，支大于收的部分，由中央按固定数额进行补助。实行这个办法的地区有 16 个，中央对它们补助的数额分别为：吉林省 1.07 亿元；江西省 0.45 亿元；陕西省（包括西安）1.2 亿元；甘肃省 1.25 亿元；福建省 0.5 亿元（1989 年执行）；内蒙古自治区 18.42 亿元；广西壮族自治区 6.08 亿元；西藏自治区 8.98 亿元；宁夏回族自治区 5.3 亿元；新疆维吾尔自治区 15.29 亿元；贵州省 7.42 亿元；云南省 6.73 亿元；青海省 6.56 亿元；海南省 1.38 亿元。除了上述 14 个省（自治区），还有四川省和湖北省，四川省和湖北省划出重庆、武汉两市后，由上解省变为补助省，其支出大于收入的差额分别由两市从其收入中上交本省一部分，作为中央对地方的补助。这两个城市上交本省的比例分别为 4.6%（武汉）和 10.7%（重庆）。

虽然没有完全摆脱传统统收统支管理体制的束缚，但财政包干体制取得了以下成效：

（1）地方政府初步成为责权相结合的分配主体。在明确中央与地方收支范围的前提下，地方预算收支范围扩大，责任加重，多收可以多支，自求平衡。财政体制的有效时间相对稳定，由一年一变改为几年不变，从而扩大了地方预算的自主权。

（2）初步形成激励机制与制约机制相结合的模式。多收多支是有效的激励机制，有利于促进地方增收。自求平衡是有效的制约机制，既要求地方自求平衡，不再向中央伸手要钱，也要求中央自求平衡，不得随意从地方集中财力。这种体制扩大了地方政府财权，调动了地方政府当家理财和发展地区经济的积极性，促进了各地经济建设和各项事业发展。

财政包干体制不仅打破了传统高度集权财政体制的束缚，激发了各级地方政府的活力，带动了财政收入的增长，而且也为各项改革提供了直接的财力支持，推动了经济转轨进程。但随着改革开放的深化和经济的发展，财政包干体制的弊端逐步显现：

（1）财政体制形式不统一、不规范。从 1980 年到 1993 年，财政管理体制改革大体分为三个阶段，每一个阶段实行的体制都有多种形式。如在 1988 年的包干体制下对不同的地区实行"收入递增包干""总额分成""总额分成加增长分成""上解额递增包干""定额上解""定额补助"的体制形式。这种体制是在全国范围内，根据不同包干形式，由中央与地方政府通过一对一的谈判确定收支基数和上解、留成的比例，缺乏透明度，交易成本也相当高。

（2）中央财政收入所占比重越来越小，影响到中央政府的宏观调控能力。实行财政包干以来，由于大部分的收入增量留给了地方，中央财政收入的增速低于地方财政收入的增速。各种包干办法在一定程度上把地方"搞活"了，把中央"包死"了。中央财力日趋下降，中央财政收入占全国财政收入的比重大幅度下降，从1984年的40.5%下降到1993年的22%。由于中央财政收入严重不足，从80年代末到90年代初，甚至发生过两次中央财政向地方财政"借钱"并且借而不还的事。80年代中期的"能源交通基金"，1989年的"预算调节基金"，都是为了维持中央财政正常运转而采取的非常措施。这产生了以下三方面的问题：一是中央对整个国民经济发展的宏观调控能力被严重削弱。中央财力的薄弱，使那些需要国家财政投入的国防、基础研究和各方面必需的建设资金严重匮乏。二是改革开放后东中西部差距扩大，但是中央政府缺乏足够的财政能力进行转移支付，以缩小地区发展的不平衡。三是地方政府着重于经济发展，而忽视社会发展。而中央政府缺乏财力，难以统筹经济和社会的协调发展，各项社会事业的发展受到忽视，给社会稳定与国民经济的可持续发展埋下不少隐患。

（3）财政包干制下，各地方政府为了提高地方财政收入，实行地方保护、地方封锁，不利于在全国范围内形成统一大市场。财政包干体制下，收入的划分方法基本上还是按行政隶属关系来组织各级财政收入。地方一旦实行包干，就包了所辖区域内所有的税收，以及国有企业的上缴利润。地方经济发展越快，地方财政收入就越多，因此，在多收可以多支的激励下，政府总是热衷于多办"自己的企业"、过多干预"自己的企业"。地方政府为了自身的经济利益，甚至不惜损害整体利益和宏观经济效益，采取地区封锁、市场割据等手段设置"贸易壁垒"，保护当地落后的企业，并帮助企业争夺资源，以致经常出现棉花、烟叶、羊毛、蚕茧"大战"，难以形成统一的国内市场。

总之，从上述分析可以看出，财政包干体制虽发挥了一定积极作用，对几十年传统的高度集权的财政体制有较大冲击，但是财政包干体制代表的财力分配基本是行政性分权。政府与企业的关系处理没有跳出传统的条块分割式隶属关系的格局，也还没有找到处理中央与地方关系的合理稳定规范的形式，难以适应经济社会发展的要求，财政包干体制的改革势在必行。改革方向是从我国的实际出发，借鉴西方国家的有益经验，实行具有中国特色的分级分税财政体制，这就是我国于1994年实行的分税制改革。

四、1994年至今的分税制财政体制

为了提高两个比重，提高中央财政宏观调控能力，适应社会主义市场经济的需要，从1992年起在部分地区进行了分税制试点，并于1994年在全国全面推进。

1992年党的十四大报告提出"要逐步实行税利分流和分税制"。同时，1992年财政部选择了天津、辽宁、沈阳、大连、浙江、青岛、武汉、重庆和新疆等九

个地区进行了分税制财政体制试点，给全面推行分税制做必要的前期准备。这些地区具有代表性，包括东、中、西三个地区。财政包干形式多样：总额分成（天津）、收入递增包干（辽宁、沈阳、浙江、重庆）、总额分成加增长分成（大连、青岛、武汉）、定额补助（新疆）。分税制试点为分税制的全面实施进行了积极探索。

1993 年，党的十四届三中全会召开，分税制改革被正式写进《中共中央关于建立社会主义市场经济体制若干问题的决定》。在分税制改革的历程上，十四届三中全会"一锤定音"。1993 年 12 月 15 日，国务院发布了《关于实行分税制财政管理体制的决定》（国发〔1993〕85 号），决定从 1994 年 1 月 1 日起改革地方财政包干体制，对各省、自治区、直辖市以及计划单列市实行分税制财政管理体制。

1994 年分税制改革主要是针对包干体制的弊端而提出的，其主要内容包括：划分中央和地方政府的事权与支出范围，在中央与地方政府间进行税收收入划分，分设国税和地税机构，设立中央对地方的税收返还制度，建立转移支付制度等。1994 年后，中央根据体制运行状况和宏观调控的需要，从调整中央与地方收入划分格局、建立健全转移支付制度、规范省以下财政体制等方面对分税制财政体制进行了多次调整与规范。

1994 年分税制改革是 1949 年以来，改革力度最大、范围最广、影响最为深远的一次财税制度创新，是我国财政管理体制的一次重大调整。通过 1994 年分税制改革及其后的调整与规范，初步建立起了适应社会主义市场经济发展要求的财政体制框架。

从 1994 年运行至今，分税制财政体制显现出良好的经济与政策效应，基本适应了社会主义市场经济体制的内在要求。当然，由于各种因素的制约，如：社会主义市场经济体制刚刚建立，为照顾地方既得利益而做出妥协和让步等，我国 1994年进行的分税制改革，在许多方面仍带有旧体制的印记。因此，有必要理顺各级政府间的财政关系，继续深化财政体制改革，财政体制改革仍然在路上。

第三节　分税制财政体制的形成与完善

一、1994 年分税制改革的主要内容

（一）划分中央与地方的财政支出范围

中央财政主要承担国家安全、外交和中央国家机关运转所需经费，调整国民经济结构、协调地区发展、实施宏观调控所必需的支出以及由中央直接管理的事业发展支出；地方财政主要承担本地区政权机关运转所需支出以及本地区经济、社会事业发展所需支出。具体支出划分情况见表 4-1。

表 4-1	1994 年中央与地方支出的划分
中央财政支出	国防费，武警经费，外交和援外经费，中央级行政管理费，中央统管的基本建设投资，中央直属企业的技术改造和新产品试制费，地质勘探费，由中央财政安排的支农支出，由中央负担的国内外债务还本付息支出，以及中央本级负担的公检法支出和文化、教育、卫生、科学等各项事业费支出
地方财政支出	地方行政管理费，公检法经费，民兵事业费，地方统筹安排的基本建设投资，地方企业的技术改造和新产品试制经费，地方安排的农业支出，城市维护和建设经费，地方文化、教育、卫生等各项事业费，价格补贴以及其他支出

（二）划分中央与地方收入

将维护国家权益、涉及全国性资源配置、实施宏观调控所必需的税种划归中央，中央收入占全国财政收入的大部分；将同经济发展直接相关的主要税种划为共享税；将适合地方征管的税种划为地方税，并充实地方税税种，增加地方税收入（具体收入划分情况见表 4-2）。分设国税与地税两套税务机构，国税机构负责征收中央税和共享税，地税机构负责征收地方税。国税机构的设立强化了中央政府对中央税和共享税的征收管理，也在相当程度上消除了地方政府对中央税收收入的影响。

表 4-2	1994 年中央与地方收入的划分
中央固定收入	关税，海关代征的消费税和增值税，消费税，中央企业所得税，地方银行和外资银行及非银行金融企业所得税，铁道部门、各银行总行、各保险总公司等集中交纳的收入（包括营业税、所得税、利润和城市维护建设税），中央企业上缴利润等。外贸企业出口退税，除 1993 年地方实际负担的 20% 部分列入地方财政上缴中央基数外，以后发生的出口退税全部由中央财政负担
中央与地方共享收入	增值税、资源税、证券交易印花税。增值税中央分享 75%，地方分享 25%。资源税按不同的资源品种划分，海洋石油资源税作为中央收入，其他资源税作为地方收入。证券交易印花税，中央与地方各分享 50%
地方固定收入	营业税（不含铁道部门、各银行总行、各保险总公司集中交纳的营业税），地方企业所得税（不含上述地方银行和外资银行及非银行金融企业所得税），地方企业上缴利润，个人所得税，城镇土地使用税，固定资产投资方向调节税，城市维护建设税（不含铁道部门、各银行总行、各保险总公司集中交纳的部分），房产税，车船使用税，印花税，屠宰税，农牧业税，对农业特产收入征收的农业税（简称农业特产税），耕地占用税，契税，土地增值税，国有土地有偿使用收入等

（三）建立中央对地方税收返还制度

为了保护地方既得利益格局，争取地方政府对改革的支持，中央采取"维持存量、调整增量"逐步达到改革目标的方针，为此制定了中央对地方增值税和消费税税收返还的办法。税收返还数额的计算以 1994 年为基期，按分税后地方净上划中央的收入数额（消费税+75%的增值税−中央对地方下划收入），作为中央对地方税收返还的基数，基数部分全部返还给地方。税收返还计算公式为：

$$R=C+75\%V-S$$

式中，R 为 1994 年税收返还基数；C 为消费税收入；V 为增值税收入；S 为中央对地方下划收入。

为了进一步确保地方的既得利益，不仅税收返还基数全部返还给地方，而且决定 1994 年以后的税收返还数额还要有一定的增长。增长办法是，将税收返还与各地区当年上缴中央金库的"两税"（消费税和增值税的 75%）的增长率挂钩，税收返还的增长率按各地区"两税"增长率的 1：0.3 系数确定，即各地区的"两税"每增长 1%，税收返还增长 0.3%。税收返还增长计算公式为：

$$R_n=R_{n-1}(1+0.3r_n)$$

式中，R_n 为 1994 年以后的第 n 年的中央对地方的税收返还；R_{n-1} 为第 n 年的前一年的中央对地方的税收返还；r_n 是第 n 年的"两税"增长率。

如果 1994 年以后上划中央收入达不到 1993 年的基数，则相应扣减税收返还数额。

（四）实行过渡期转移支付

考虑到实行公式化、规范化的财政转移支付制度的条件尚不成熟，从 1995 年起，中央对财力薄弱地区实施过渡期转移支付，作为分税制财政体制改革的配套措施。其基本思路是，从中央财政每年增收的收入中拿出一部分，试行按公式化分配方法，用于对少数民族地区和贫困地区的转移支付，以调节这些地区的最低公共服务水平。过渡时期转移支付办法在一定程度上调节了地区间最低公共服务水平差距，更重要的意义还在于进行了中央与地方之间规范化转移支付制度的实验，也推动了地方各级之间转移支付制度的建设。

（五）妥善处理原体制补助与上解事项

为保证新旧体制的顺利转换，原包干体制下的分配格局暂定不变。原体制中央对地方的补助继续按规定执行。原体制地方上解仍按不同体制类型执行：实行定额上解的地区，按原规定的上解额，继续定额上解；实行递增上解的地区，按原规定继续递增上解；实行总额分成的地区和分税制试点地区，暂按递增上解办法，即按 1993 年实际上解数，并核定 4% 的递增率，每年递增上解。为进一步规范分税制财政体制，从 1995 年起，凡实行递增上解的地区，一律取消递增上解，改为按各地区 1994 年的实际上解额实行定额上解。

二、分税制财政体制运行过程中的调整与规范

1994 年后，中央根据分税制运行状况以及经济形势发展的需要，沿着 1994 年的改革思路与路径，对分税制财政体制进行了一系列的调整与完善。在分税制改革后的 20 年间，财政体制的改革主要着重于对收入划分的调整与政府间转移支付的

完善，并未对事权和支出责任划分进行大的调整。2013 年 11 月，党的十八届三中全会提出建立现代财政制度，并明确了建立现代财政制度的三大任务：改进预算管理制度、完善税收制度、建立事权和支出责任相适应的制度。自此，中央与地方事权与支出责任划分改革被提上重要议事日程。

（一）中央与地方收入划分的主要调整与变动

1. 提高证券交易印花税中央分享比例

证券交易印花税的税源来自全国各地，但仅在上海和深圳征收，并由上海和深圳分享 50% 的收入。随着证券交易市场的迅速发展，证券交易印花税有了较大幅度的增长，其他地区对此种分享方式提出异议。为妥善处理不同地区间的财政分配关系，自 1997 年 1 月 1 日起，中央分享比例提高至 80%，后又提高到 88%；自 2000 年 10 月 1 日起，中央分享比例调整为 91%，并分三年调整到 97%。自从 2016 年 1 月 1 日起，将证券交易印花税全部调整为中央收入。

2. 实施所得税收入分享改革

自 2002 年 1 月 1 日起实施所得税收入分享改革，规定除铁路运输、国家邮政、中国工商银行、中国农业银行、中国银行、中国建设银行、国家开发银行、中国农业发展银行、中国进出口银行、中国石油天然气股份有限公司、中国石油化工股份有限公司以及海洋石油天然气企业等企业缴纳的企业所得税继续作为中央收入外，其他企业所得税和个人所得税收入实行中央和地方按比例分享。2002 年的分享比例是中央政府和地方政府各 50%；自 2003 年起，将中央政府的分享比例提高到 60%。中央财政因此增加的收入全部用于对地方（主要是中西部地区）的一般性转移支付。

3. 建立中央和地方的出口退税共同负担机制

自 2004 年起，以 2003 年出口退税实退指标为基数，对超基数部分的应退税额，由中央与地方按 75∶25 的比例分别承担。但因沿海出口退税较多的省份尤其是口岸城市反映出口退税负担过重，自 2005 年 1 月 1 日起，各地区出口货物所退增值税中，超基数部分的退税额，地方分担的比例从原来的 25% 降至 7.5%。

4. 成品油税费改革

自 2009 年 1 月 1 日起实施成品油价格和税费改革。此项改革取消了地方政府的公路养路费等六项收费，以提高成品油消费税单位税额、不再新设立燃油税的方式，利用现有税制、征收方式和征管手段，实现成品油税费改革。成品油税费改革的实施，有助于规范政府收费行为、促进节能减排和结构调整、公平社会负担、依法筹措交通基础设施维护和建设资金。

5. 其他中央与地方政府间收入划分的调整

（1）营业税。1997 年至 2001 年，将金融保险业营业税税率由 5% 提高至 8%，增加的收入归中央财政；自 2001 年，为支持金融保险业改革，将金融保险业营业税税率每年下调一个百分点，由 8% 降至 5%。自 2012 年 1 月 1 日起，铁道部门集中缴纳的铁路运输企业营业税（不含铁路建设基金营业税）由中央收入调整为地方收入，铁路部门集中缴纳的铁路建设基金营业税仍作为中央收入。自 2016 年 5 月 1 日起，全面推行"营改增"试点，取消营业税，过渡期（暂定 2~3 年）增值税收入中央与地方五五分成。

（2）增值税。为进一步完善分税制财政体制，从 2016 年起，中央对地方实施增值税定额返还，对增值税增长或下降地区不再增量返还或扣减。

（3）自 2001 年起开征车辆购置税，其收入全部归中央政府。

（4）船舶吨税自 2001 年重新纳入预算管理，收入全部归中央政府。

（5）自 2018 年 1 月 1 日开征环境保护税，其收入全部作为地方收入。

经多次调整后，现行中央与地方的收入划分情况见表 4-3。

表 4-3　　　　　　　　　　　　现行中央与地方的收入划分

中央固定收入	关税、海关代征的消费税和增值税、消费税、船舶吨税、车辆购置税、未纳入共享范围的中央企业所得税、证券交易印花税、中央企业上交的利润等
中央与地方共享收入	增值税（中央分享50%，地方分享50%）；纳入共享范围的企业所得税和个人所得税（中央分享60%，地方分享40%）；资源税按不同的资源品种划分，海洋石油资源税作为中央收入，其他资源税作为地方收入
地方固定收入	城镇土地使用税、城市维护建设税、房产税、车船税、印花税（不含证券交易印花税）、耕地占用税、契税、烟叶税、土地增值税、环境保护税、地方企业上缴利润、国有土地有偿使用收入等

（二）改革国税地税征管体制

2015 年 12 月 24 日，中办、国办联合下发了《深化国税、地税征管体制改革方案》。该方案要求，根据深化财税体制改革进程，结合建立健全地方税费收入体系，厘清国税与地税、地税与其他部门的税费征管职责划分，着力解决国税、地税征管职责交叉以及部分税费征管职责不清等问题。

2018 年 3 月 17 日，国务院机构改革方案经十三届全国人大一次会议第五次全体会议表决通过。该方案明确：改革国税地税征管体制。将省级和省级以下国税地税机构合并，具体承担所辖区域内各项税收、非税收入征管等职责。国税地税机构合并后，实行以国家税务总局为主与省（自治区、直辖市）人民政府双重领导管理体制。

（三）中央对地方税收返还和转移支付制度的完善

1. 税收返还制度的发展与规范

（1）实施所得税基数返还。从 2002 年 1 月 1 日开始，改革原来按企业的行政隶属关系划分所得税收入的办法，对企业所得税和个人所得税收入实行中央和地方按比例分享。为照顾地方政府的既得利益，在所得税分享改革的同时，实施所得税基数返还。

（2）实施成品油税费改革税收返还。2009 年实施成品油价格和税费改革后，取消原有的公路养路费等六项收费，为了确保成品油价格和税费改革的平稳实施，保障交通基础设施养护和建设等需要，逐步推动全国交通均衡发展，中央财政对各地因取消"六费"减少的收入给予税收返还。

（3）将地方上解收入纳入税收返还。2009年，简化中央与地方财政结算关系，将出口退税超基数地方负担部分专项上解等地方上解收入也纳入税收返还，将地方上解与中央对地方税收返还作对冲处理（冲抵返还额），相应取消地方上解中央收入科目。

2. 政府间转移支付制度的健全

1994年分税制改革以后，我国逐步建立了以财力性转移支付和专项转移支付为主的转移支付制度。其中，财力性转移支付是中央财政为弥补欠发达地区的财力缺口、缩小地区间财力差距、实现基本公共服务均等化安排给地方财政的补助资金，以及中央出台减收增支政策对财力薄弱地区的补助。专项转移支付是中央财政为实现特定的宏观政策及事业发展战略目标，以及对委托地方政府代理的一些事务或中央地方共同承担事务进行补偿而设立的补助资金，需按规定用途使用。1995年后，财力性转移支付和专项转移支付的规模逐步扩大，所占比重不断上升（见表4-4）。

表 4-4　　　　　1995 年至 2008 年财政转移支付形式及其比重

年 份	中央对地方的财政转移支付（亿元）	税收返还		财力性转移支付		专项转移支付	
		数 量（亿元）	比 重（%）	数 量（亿元）	比 重（%）	数 量（亿元）	比 重（%）
1995	2 532.9	1 867.3	73.7	290.9	11.5	374.7	14.8
1996	2 672.3	1 948.6	72.9	234.9	8.8	488.8	18.3
1997	2 800.9	2 011.6	71.8	273.4	9.8	515.9	18.4
1998	3 285.4	2 082.8	63.4	313.1	9.5	889.5	27.1
1999	3 992.3	2 120.6	53.1	511.4	12.8	1 360.3	34.1
2000	4 747.6	2 206.5	46.5	893.4	18.8	1 647.7	34.7
2001	6 117.2	2 308.9	37.7	1 604.8	26.2	2 203.5	36.0
2002	7 352.7	3 006.8	40.9	1 944.1	26.4	2 401.8	32.7
2003	8 058.2	3 425.3	42.5	2 241.2	27.8	2 391.7	29.7
2004	10 222.4	4 051.0	39.6	2 933.7	28.7	3 237.7	31.7
2005	11 120.1	3 757.3	33.8	3 715.8	33.4	3 647.0	32.8
2006	13 589.4	3 930.2	28.9	5 024.9	37.0	4 634.3	34.1
2007	17 325.1	4 121.0	23.8	7 017.2	40.5	6 186.9	35.7
2008	22 170.5	4 282.2	19.3	8 491.0	38.3	9 397.3	42.4

资料来源：根据 1995—2018 年地方财力规模及中央补助情况整理。

2009 年，中央进一步规范财政转移支付制度，将中央对地方的转移支付简化为：一般性转移支付、专项转移支付和税收返还。具体变化包括：将财力性转移支付改为一般性转移支付；将补助数额相对稳定、原列入专项转移支付的教育、社会保障和就业、公共安全、一般公共服务等支出纳入一般性转移支付；原体制补助列入一般性转移支付；原体制上解列入税收返还。"税收返还和体制补助与上解"简化为"税收返还"。

2009 年后，中央对地方的税收返还与转移支付结构继续优化。以保持既得利益为目的的税收返还的比重持续下降，从 2009 年的 17.11% 下降到 2015 年的 9.11%。中央政府加大了一般性转移支付力度，清理整合专项转移支付项目，将需要较长时期安排补助经费，且数额相对固定的项目，划转列入一般性转移支付，提高一般性转移支付的规模和比例，具有明显财政均等化效果的一般性转移支付增长较快。一般性转移支付的比重从 2009 年的 39.62% 上升至 2016 年的 53.64%（见表 4-5）。

表 4-5　　　2009—2017 年中央对地方税收返还和转移支付的结构

年　份	中央对地方的财政转移支付（亿元）	税收返还和体制补助与上解		一般性转移支付		专项转移支付	
		数　量（亿元）	比重（%）	数　量（亿元）	比重（%）	数　量（亿元）	比重（%）
2009	28 563.8	4 886.7	17.1%	11 317.2	39.6%	12 359.9	43.3%
2010	32 341.1	4 993.4	15.4%	13 235.7	40.9%	14 112.1	43.6%
2011	39 921.2	5 039.9	12.6%	18 311.3	45.9%	16 570.0	41.5%
2012	45 361.7	5 120.8	11.3%	21 471.2	47.3%	18 791.5	41.4%
2013	48 019.9	5 046.7	10.5%	24 362.7	50.7%	18 610.5	38.8%
2014	51 591.0	5 081.6	9.9%	27 568.4	53.4%	18 941.1	36.7%
2015	55 097.5	5 018.9	9.1%	28 455.0	51.6%	21 623.6	39.3%
2016	59 400.7	6 826.8	11.5%	31 864.9	53.6%	20 708.9	34.9%
2017	65 051.8	8 022.8	12.3%	35 145.6	54.0%	21 883.4	33.6%

资料来源：根据 2009—2017 年全国财政决算数据整理。

（四）省以下财政体制的改革与规范

2000 年前后，虽然我国财政收入持续增长，但不少地方，尤其是西部欠发达地区，出现了县乡财政困难。一些基层政府公用经费不足，甚至到了难以正常运转的地步。为化解县乡财政困境，财政部推进了以下改革：

1. 创新省对县、县对乡财政管理方式

2005 年后，在财政部的推动下，各地区不断探索创新省以下财政管理方式，推进了省直管县和乡财县管改革。省直管县财政管理模式能够更好地发挥省级财政在省辖区域内对财力差异的调控作用，有助于缓解县级财政困难，减少财政管理级次，降低行政成本；乡财县管改革有助于集中和加强乡镇收入管理，控制和约束乡镇支出需求，统一和规范乡镇财务核算，遏制和缩减乡镇债务规模，提高县乡财政管理水平。

2. 构建县级基本财力保障机制

2005 年，中央财政安排 150 亿元，建立"三奖一补"①县乡财政困难激励约束机制。此项政策的实施调动了省市财政向基层加大转移支付力度的积极性，对提高基层公共服务能力，保障基层政权运转能力发挥了积极作用。2010 年 9 月，为进一步增强财力薄弱地区基层财政保障能力，财政部印发了《关于建立和完善县级基本财力保障机制的意见》（财预〔2010〕443 号），全面部署建立和完善县级基本财力保障机制。这一机制以"保工资、保运转、保民生"为目标，按照"明确责任、以奖代补、动态调整"的基本原则，由中央财政根据工作实绩对地方实施奖励。

2011 年 2 月，财政部向地方转发相关文件，要求地方各级政府在今后 3 年建立和完善县级基本财力保障机制。文件明确，地方财政是建立县级基本财力保障机制的责任主体。同时财力保障县自身也要加强收入征管，增加财政收入，并严格控制、精简财政供养人员，优化支出结构。文件要求，到 2013 年仍存在县级基本财力缺口的地区，中央财政相应扣减该地方的均衡性转移支付或税收返还，直接用于补助财力缺口县。

在中央财政的引导和激励下，各地积极采取措施，努力提高县级基本财力保障水平，基本财力保障尚有缺口县的个数和缺口额大幅减少。截至 2012 年年底，县级基本财力保障机制全面建立，基本消除了县级基本财力保障缺口，全面实现了基层政府"保工资、保运转、保民生"的既定政策目标。

（五）推进中央与地方财政事权和支出责任划分改革

改革开放以来，中央与地方财政关系经历了从高度集中的统收统支到"分灶吃饭"、包干制，再到分税制财政体制的变化，财政事权和支出责任划分逐渐明确，特别是 1994 年实施的分税制改革，初步构建了中国特色社会主义制度下中央与地方财政事权和支出责任划分的体系框架，为我国建立现代财政制度奠定了良好基础。但在很长的一段时期，我国的财政体制改革着重于中央与地方收入划分的调整与中央对地方税收返还与转移支付的规范，中央与地方财政事权和支出责任划分不同程度存在不清晰、不合理、不规范等问题。

为科学合理划分中央与地方财政事权和支出责任，2016 年 8 月，印发《国务院关于推进中央与地方财政事权和支出责任划分改革的指导意见》（以下简称《意见》）。《意见》明确，财政事权是一级政府应承担的运用财政资金提供基本公共服

---

① 所谓"三奖"，一是指对财政困难县政府增加税收收入和省市级政府增加对财政困难县财力性转移支付给予奖励；二是对县乡政府精简机构和人员给予奖励；三是对产粮大县给予奖励。"一补"是对以前缓解县乡财政困难工作做得好的地区给予补助。

务的任务和职责，支出责任是政府履行财政事权的支出义务和保障。合理划分中央与地方财政事权和支出责任是政府有效提供基本公共服务的前提和保障，是建立现代财政制度的重要内容，是推进国家治理体系和治理能力现代化的客观需要。

根据《意见》，推进中央与地方财政事权和支出责任划分改革的主要内容是：一是推进中央与地方财政事权划分。适度加强中央的财政事权，逐步将国防、外交、国家安全、出入境管理、国防公路、国界河湖治理、全国性重大传染病防治、全国性大通道、全国性战略性自然资源使用和保护等基本公共服务确定或上划为中央的财政事权；保障地方履行财政事权，逐步将社会治安、市政交通、农村公路、城乡社区事务等受益范围地域性强、信息较为复杂且主要与当地居民密切相关的基本公共服务确定为地方的财政事权；减少并规范中央与地方共同的财政事权，逐步将义务教育、高等教育、科技研发、公共文化、基本养老保险、基本医疗和公共卫生、城乡居民基本医疗保险、就业、粮食安全、跨省（自治区、直辖市）重大基础设施项目建设和环境保护与治理等体现中央战略意图、跨省（自治区、直辖市）且具有地域管理信息优势的基本公共服务确定为中央与地方共同财政事权，并明确各承担主体的职责。二是完善中央与地方支出责任划分。中央的财政事权由中央承担支出责任，地方的财政事权由地方承担支出责任，中央与地方共同财政事权根据基本公共服务的属性，区分情况划分支出责任。

《意见》确定了推进中央与地方财政事权和支出责任划分改革的时间安排：（1）2016 年。有关部门要按照本指导意见要求，研究制定相关基本公共服务领域改革具体实施方案。选取国防、国家安全、外交、公共安全等基本公共服务领域率先启动财政事权和支出责任划分改革。同时，部署推进省以下相关领域财政事权和支出责任划分改革。（2）2017—2018 年。总结相关领域中央与地方财政事权和支出责任划分改革经验，结合实际、循序渐进，争取在教育、医疗卫生、环境保护、交通运输等基本公共服务领域取得突破性进展。参照中央改革进程，加快推进省以下相关领域财政事权和支出责任划分改革。（3）2019—2020 年。基本完成主要领域改革，形成中央与地方财政事权和支出责任划分的清晰框架。及时总结改革成果，梳理需要上升为法律法规的内容，适时制修订相关法律、行政法规，研究起草政府间财政关系法，推动形成保障财政事权和支出责任划分科学合理的法律体系。督促地方完成主要领域改革，形成省以下财政事权和支出责任划分的清晰框架。

2018 年 2 月，国务院办公厅印发《基本公共服务领域中央与地方共同财政事权和支出责任划分改革方案》（以下简称《方案》）。《方案》提出，要坚持以人民为中心，坚持财政事权划分由中央决定，坚持保障标准合理适度，坚持差别化分担，坚持积极稳妥推进，力争到 2020 年，逐步建立起权责清晰、财力协调、标准合理、保障有力的基本公共服务制度体系和保障机制。《方案》明确，一是将由中央与地方共同承担支出责任、涉及人民群众基本生活和发展需要的义务教育、学生资助、基本就业服务等基本公共服务事项，列入中央与地方共同财政事权范围。二是制定基本公共服务保障国家基础标准。参照现行财政保障或中央补助标准，制定义务教育公用经费保障、免费提供教科书、中等职业教育国家助学金、城乡居民基本养老保险补助等 9 项基本公共服务保障的国家基础标准。三是规范基本公共服务领域中央与地方共同财政事权的支出责任分担方式，主要实行中央与地方按比例分担。四是在一般性转移支付下设立共同财政事权分类分档转移支付，对共同财政事权基本公共服务事项予以优先保障。

三、分税制改革的成效

1994 年实行的分税制改革搭建了社会主义市场经济条件下中央与地方财政分配关系的基本制度框架。分税制实施 20 余年来，其运行情况良好，基本达到预期的目标，主要表现在以下几个方面：

（一）构建了分级财政体制的基本框架，规范了各级政府间的财政关系

1994 年分税制改革通过以事权划分为基础界定中央与地方的支出范围，按税种的归属划分中央与地方的收入范围，分设国税与地税机构，建立中央对地方的税收返还制度以及实行过渡期转移支付制度等措施，初步构建起社会主义市场经济条件下的分级财政体制。1994 年后，中央根据分税制运行状况以及经济形势发展的需要，沿着 1994 年的改革思路与路径，又对分税制财政体制进行了一系列的调整与完善。分税制财政体制按照兼顾各方利益关系、事权与财权相结合的原则，以法律法规形式对中央与地方政府的事权、财权加以明确界定和划分，并以较为规范的政府间转移支付制度实现各级政府事权与财力的基本匹配，使各级财政都能够在法律规范的体制框架内行使各自的职责。显然，作为市场经济条件下政府间财政关系的承载体，分税制财政体制所顾及的利益范围较之前的财政包干体制更为完整，中央与地方的共同利益以及自身利益均得到承认与体现，从而跳出了传统财政体制下仅强调中央或地方某一方财政利益的限制，基本实现了财政体制的稳定与明晰。

（二）财政收入稳定增长机制已逐步建立，并确立了中央财政的主导地位

1994 年分税制改革较好地处理了国家与企业、个人的分配关系，规范了中央与地方的分配关系，调动了各级政府促进经济发展、加强税收征管、依法组织收入的积极性，建立起财政收入稳定增长机制。分税制改革后，我国财政收入保持了较快增长势头，财政实力不断壮大（见表 4-6）。1993—2017 年，全国财政收入由 4 348.95 亿元增加到 172 592.77 亿元；全国财政收入占国内生产总值的比重则由 12.31% 提高到 20.87%。

实施分税制财政体制后，逐步建立了中央财政收入稳定增长机制，为提高中央本级收入占全国一般公共预算收入的比重提供了必要条件。通过实施 1994 年分税制改革和 2002 年所得税收入分享改革，中央财政集中了主体税种的大部分收入。在一般公共预算收入中，中央财政收入占全国财政收入的比重逐步上升，1993—2017 年，中央本级收入占全国一般公共预算收入的比重由 22.00% 提高到

47.00%[①]。中央财政收入规模的壮大，增强了中央政府的宏观调控能力，促进了国民经济的持续稳定快速发展和国家的长治久安。

表 4-6　　　分税制改革后我国财政收入以及中央财政收入增长变化趋势

年份	全国财政收入（亿元）	全国财政收入占 GDP 的比重（%）	中央财政收入（亿元）	中央收入占全国财政收入的比重（%）
1993	4 348.95	12.31	957.51	22.00
1994	5 218.1	10.83	2 906.5	55.70
1995	6 242.2	10.27	3 256.62	52.20
1996	7 407.99	10.41	3 661.07	49.40
1997	8 651.14	10.95	4 226.92	48.90
1998	9 875.95	11.70	4 892	49.50
1999	11 444.08	12.76	5 849.21	51.10
2000	13 395.23	13.36	6 989.17	52.20
2001	16 386.04	14.78	8 582.74	52.40
2002	18 903.64	15.53	10 388.64	55.00
2003	21 715.25	15.80	11 865.27	54.60
2004	26 396.47	16.31	14 503.1	54.90
2005	31 649.29	16.90	16 548.53	52.29
2006	38 760.2	17.66	20 456.62	52.78
2007	51 321.78	18.99	27 749.16	54.07
2008	61 330.35	19.19	32 680.56	53.29
2009	68 518.3	19.63	35 915.71	52.42
2010	83 101.51	20.12	42 488.47	51.13
2011	103 874.43	21.20	51 327.32	49.41
2012	117 253.52	21.70	56 175.23	47.91
2013	129 209.64	21.71	60 198.48	46.59
2014	140 370.03	21.80	64 493.45	45.95
2015	152 269.23	22.10	69 267.19	45.49
2016	159 604.97	21.46	72 365.62	45.34
2017	172 592.77	20.87	81123.36	47.00

资料来源：国家统计局. 中国统计年鉴（2018）［M］. 北京：中国统计出版社，2018.

---

① 2011 年，全面取消预算外资金，将所有政府性收入纳入预算管理。地方政府的非税收入增长较快，比 2010 年增长 43.4%，导致造成地方财政收入占全国财政收入的比重有所上升。

（三）促进了资源优化配置和产业结构调整

现行的财政管理体制也在一定程度上促进了地方各级政府经济行为的合理化，推动了资源优化配置和产业结构调整。在财政包干制下，税收增量的大部分留给了地方，这在一定程度上刺激了地方政府发展税多利大的加工工业的积极性，从而导致经济结构趋同，地区封锁和条块分割现象愈演愈烈。实行分税制后，调整了中央和地方之间的收入分配格局。分税制改革将来自工业产品的增值税的大部分和消费税的全部均划归中央，这在很大程度上限制了地方盲目发展税多利大产业的倾向，从而为解决市场封锁和地方保护主义问题提供了较好的条件。过去一直难以解决的争上小酒厂、小烟厂、小棉厂等重复建设的状况，也得到了有效的控制。同时，现行分税制体制把与农业有关的税种和来自第三产业的税种划归地方，从而激发了地方发展第三产业的积极性，加大了这方面的资金投入。

从全国情况看，实行分税制后，各地普遍根据分税制后的财源结构和本地区的实际情况，寻找新的经济增长点，积极培植新的财源，并纷纷将投资重点转向了农业、基础产业、服务业和地方的优势、特色产业。分税制在引导地方政府经济行为和投资行为的合理化、促进资源优化配置和产业结构合理调整等方面发挥了良好作用。

（四）促进了财政资金供给范围合理调整和财政支出结构优化

分税制改革初步理顺了政府间的责权关系，在政府间初步建立了各司其职、各负其责、各得其利的约束机制和费用分担、利益共享的机制。税种、税源按财政管理体制划定的标准分属中央政府或地方政府，各级财政预算的财力来源、规模约束明显增强，自收自支、自求平衡的责任明显加重。因此，分税制财政体制强化了对地方财政的预算约束，提高了地方坚持财政平衡、注重收支管理的主动性和自主性。

四、分税制财政体制的完善

但需要看到，1994年分税制财政体制改革是基于当时的历史条件构建起的一个制度框架，为争取地方政府对改革的最大支持，采取了照顾地方既得利益的体制安排，在很大程度上仍带有旧体制的印记。虽然经过多年的调整与完善，但由于受到各种客观因素的制约，既有财政体制距离规范的分级财政体制仍有一定差距，主要表现在以下几个方面：政府间事权与支出责任划分不清晰、不合理和不规范；政府间收入划分不尽合理；政府间转移支付有待完善；省以下财政体制有待规范等[①]。

针对上述问题，2013年11月中共十八届三中全会提出："必须完善立法、明确事权、改革税制、稳定税负、透明预算、提高效率，建立现代财政制度，发挥中央和地方两个积极性。"2014年6月中共中央政治局会议审议通过的《深化财税体

---

① 楼继伟. 中国政府间财政关系再思考［M］. 北京：中国财政经济出版社，2013。

制改革总体方案》明确："调整中央和地方政府间财政关系，在保持中央和地方收入格局大体稳定的前提下，进一步理顺中央和地方收入划分，合理划分政府间事权和支出责任，促进权力和责任、办事和花钱相统一，建立事权和支出责任相适应的制度。"2016 年 3 月通过的《中华人民共和国国民经济和社会发展第十三个五年规划纲要》强调："围绕解决中央地方事权和支出责任划分、完善地方税体系、增强地方发展能力、减轻企业负担等关键性问题，深化财税体制改革，建立健全现代财税制度。"2017 年 10 月，习近平同志所做的党的十九大报告从全局和战略的高度强调加快建立现代财政制度，并明确了深化财税体制改革的目标要求和主要任务。党的十九大报告关于财税体制改革的论述集中在"贯彻新发展理念，建设现代化经济体系"部分，提出要"加快建立现代财政制度，建立权责清晰、财力协调、区域均衡的中央和地方财政关系。建立全面规范透明、标准科学、约束有力的预算制度，全面实施绩效管理。深化税收制度改革，健全地方税体系。"总之，深化分税制财政体制改革是建立现代财政制度的重要内容，是推进国家治理体系和治理能力现代化的客观需要。具体而言，还需要从以下方面深化分税制财政体制改革。

首先，积极稳妥推进中央与地方财政事权与支出责任划分改革。中央与地方财政事权和支出责任划分改革是建立科学规范政府间关系的核心内容，是完善国家治理结构的一项基础性、系统性工程，对全面深化经济体制改革具有重要的推动作用。各地区、各部门应遵照中央政策部署，切实履行职责，密切协调配合，积极稳妥推进中央与地方财政事权和支出责任划分改革。财政事权和支出责任划分与教育、社会保障、医疗卫生等各项改革紧密相连、不可分割。还要将财政事权和支出责任划分改革与加快推进相关领域改革相结合，既通过相关领域改革为推进财政事权和支出责任划分创造条件，又将财政事权和支出责任划分改革体现和充实到各领域改革中，形成良性互动、协同推进的局面。随着中央与地方财政事权和支出责任划分改革的推进，地方的财政事权将逐渐明确。对属于地方的财政事权，地方政府必须履行到位，确保基本公共服务的有效提供。中央要在法律法规的框架下加强监督考核和绩效评价，强化地方政府履行财政事权的责任。

其次，保持现有中央和地方财力格局总体稳定，结合税制改革，考虑税种属性，进一步理顺中央和地方收入划分。根据税种属性特点，遵循公平、便利和效率等原则，合理划分税种，将收入周期性波动较大、具有较强再分配作用、税基分布不均衡、税基流动性较大、易转嫁的税种划为中央税，或中央分成比例多一些；将其余具有明显受益性、区域性特征、对宏观经济运行不产生直接重大影响的税种划为地方税，或地方分成比例多一些，以充分调动两个积极性。

再次，完善转移支付制度。合理划分中央和地方事权与支出责任，逐步推进转移支付制度改革，形成以均衡地区间基本财力、由地方政府统筹安排使用的一般性转移支付为主体，一般性转移支付和专项转移支付相结合的转移支付制度。属于中央事权的，由中央全额承担支出责任，原则上应通过中央本级支出安排，由中央直接实施；随着中央委托事权和支出责任的上收，应提高中央直接履行事权安排支出的比重，相应减少委托地方实施的专项转移支付。属于中央地方共同事权的，由中央和地方共同分担支出责任，中央分担部分通过专项转移支付委托地方实施。属于地方事权的，由地方承担支出责任，中央主要通过一般性转移支付给予支持，少量的引导类、救济类、应急类事务通过专项转移支付予以支持，以实现特定政策目标。①

最后，进一步完善省以下财政体制。为实现省域内财力均衡，增强基层保障能力，促进基本公共服务均等化，应从以下方面调整和完善省以下财政体制：一是加快省以下财政事权和支出责任划分。将部分适宜由更高一级政府承担的保持区域内经济社会稳定、促进经济协调发展等基本公共服务职能上移，将适宜由基层政府发挥信息、管理优势的基本公共服务职能下移，并根据省以下财政事权划分、财政体制及基层政府财力状况，合理确定省以下各级政府的支出责任，避免将过多支出责任交给基层政府承担②。二是加快地方税收体系建设，为地方政府提供持续、稳定的财力支持。结合我国实际，可以确定省级以零售环节销售税为主体税种，市县级以财产税和资源税为主体税种，适当简并现行房地产相关税种，开征统一的房地产税，适时开征遗产税和赠与税，以完善财产税体系，使地方政府及其财政有固定的能够基本满足其提供地方性纯公共产品与服务需要的财力③。三是完善省以下转移支付制度，实现省以下各级政府间基本财力的均衡。强化省级政府责任，省级政府应加大区域内财力调节力度，逐步缩小省以下地方政府财力差距。四是进一步健全县级基本财力保障机制，根据政策变化调整保障水平，不断完善奖补办法，加大对各地区的指导和帮助力度。五是继续推进省直管县财政管理方式改革，不断充实、完善改革的内容和方式，强化乡镇财政管理，充分发挥乡镇财政的作用。

第四节　我国财政体制的演变特征

一、财政体制逐步由"集权"走向"分权"

在计划经济时代，统收统支的财政体制和统一领导、分级管理的财政体制都是以集权为特征的财政体制。地方政府只是中央政府在地方上的代理机构或派出机构，没有相对独立的财政权力，也不能真正代表本地方的利益，只是按照中央命令办事。地方政府没有支出责任的约束，同时也没有增加收入的激励。改革开放后，财政包干体制的实施使得地方政府初步成为一级理财主体。地方政府在向中央缴纳了规定的收入后，节余的留归地方政府支配，对地方政府形成了激励，地方政府在

---

①　国务院. 国务院关于改革和完善中央对地方转移支付制度的意见（国发〔2014〕71号）〔EB/OL〕.（2015-02-02）.http://www.gov.cn/zhengce/content/2015-02/02/content_9445.htm.
②　国务院. 国务院关于推进中央与地方财政事权和支出责任划分改革的指导意见（国发〔2016〕49号）〔EB/OL〕.（2016-08-24）.http://www.gov.cn/zhengce/content/2016-08/24/content_5101963.htm.
③　寇铁军，任忠富. 治理理念视角下财政管理体制改革的新思考〔J〕. 东北财经大学学报，2016（3）.

发展本地区经济方面有了较大的动力。随着我国市场化改革和分税制改革的实施，地方政府在社会经济发展中的地位和作用日益显现。分税制改革不仅扩大了地方的财权，同时也加强了地方的经济责任，使地方有了发展本地经济的内在动力和能力，地方政府参与地方经济建设的能动性被充分发挥出来。我国改革开放后经济的高速发展在很大程度上得益于地方政府的大力推动。

二、财政体制改革以"强制性制度变迁"的方式进行

制度变迁一般要通过两种方式进行——强制性制度变迁和诱致性制度变迁。强制性制度变迁是指由政府命令或法律引入和实行的制度变迁；诱致性制度变迁是由一个人或一群人，在响应获利机会时自发倡导组织和实行的制度变迁。财政体制涉及中央政府与地方政府间的财政利益关系。在财政体制改革中，由于中央政府所处的特殊位置，因而基本上都属于中央政府主导的强制性制度变迁。

三、财政体制改革选择的策略是"渐进性改革"

对于改革而言，有两种可供选择的策略："渐进性改革""休克疗法"。基于中国的现实国情，我国选择了渐进式改革路径。基于财政体制的特点以及地方已经强化的利益格局，考虑到改革的收益与成本对比关系，我国选择了一条渐进式道路，以避免因利益格局调整力度过大引起社会动荡和加大改革成本的支付。

我国财政体制改革的渐近性主要体现在：一是增量改革。财政体制改革采取了保持存量、调整增量的办法。无论是在包干体制改革中，还是分税制改革中，都是在承认各地方以前既得利益的条件下，对增量部分采用各种新的制度安排来达到改革的目标，使改革顺利得以推进。二是试验推广。为了减小强制性制度变迁的成本，降低改革进程中发生的风险和不确定性，财政体制的改革措施都是从较小范围的试验开始，在取得成果并进行总结的基础上加以逐步推广。

四、财政体制改革表现为"帕累托改进"状态

制度变迁一般来说必然涉及利益关系的调整，从而会表现出两种不同的状态：一种是一部分人获益而没有人受损，称为"帕累托改进"；另一种是一部分人获益而另一部分人受损，称为"非帕累托改进"。从整个财政体制改革的过程看，无论是财政包干体制取代传统高度集权的财政体制，还是分税制代替财政包干制，都是在不损害原有利益的前提下，共同分享改革所产生的增量收益，因而属于一种"帕累托改进"。帕累托改进式的改革减少了改革阻力，保障了改革的顺利推进。

☐ 本章小结

从财权的集中与分散的角度来看，在中华人民共和国成立之前，财政管理权限在中央政府和地方政府间的分配经历了三个阶段：夏商周时分权型的财政体制、秦汉至清代以中央集权为主体的财政体制和中华民国时期的分级财政体制。

中华人民共和国成立以来，中国的财政体制有几次重大变革，先后经历了统收统支财政体制，统一领导、分级管理的财政体制，分级包干的财政体制和分税制财政体制。我国财政体制的总体取向是由集权走向分权。

1994 年分税制改革的主要内容：划分中央与地方的财政支出范围；划分中央与地方收入；建立中央对地方税收返还制度；实行过渡期转移支付；妥善处理原体制补助与上解事项。

1994 年后，中央根据分税制运行状况以及经济形势发展的需要，沿着 1994 年的改革思路与路径，对分税制财政体制进行了一系列的调整与完善。在分税制改革后的 20 年间，财政体制的改革主要着重于对收入划分的调整与政府间转移支付的完善。2013 年 11 月，中共十八届三中全会提出建立现代财政制度，并明确了建立现代财政制度的三大任务：改进预算管理制度、完善税收制度、建立事权和支出责任相适应的制度。自此，中央与地方事权与支出责任划分改革被提上重要议事日程。

1994 年实行的分税制改革搭建了社会主义市场经济条件下中央与地方财政分配关系的基本制度框架。分税制实施 20 余年来，运行情况良好，基本达到预期的目标，主要表现为：构建了分级财政体制的基本框架，规范了各级政府间的财政关系；财政收入稳定增长机制已逐步建立，并确立了中央财政的主导地位；促进了资源优化配置和产业结构调整；促进了财政资金供给范围合理调整和财政支出结构优化。

虽然经过多年的调整与完善，但由于受到各种客观因素的制约，既有财政体制距离规范的分级财政体制仍有一定差距，主要表现在以下方面：政府间事权与支出责任划分不清晰、不合理和不规范；政府间收入划分不尽合理；政府间转移支付有待完善；省以下财政体制有待规范等。

深化分税制财政体制改革是建立现代财政制度的重要内容，是推进国家治理体系和治理能力现代化的客观需要。具体而言，需要从以下方面深化分税制财政体制改革。首先，积极稳妥推进中央与地方财政事权与支出责任划分改革；其次，保持现有中央和地方财力格局总体稳定，结合税制改革，考虑税种属性，进一步理顺中央和地方收入划分；再次，完善转移支付制度；最后，进一步完善省以下财政体制。

我国财政体制的演变特征主要体现为：财政体制逐步由"集权"走向"分权"；财政体制改革以"强制性制度变迁"的方式进行；财政体制改革选择的策略是"渐进性改革"；财政体制改革表现为"帕累托改进"状态。

☐ 关键概念

统收统支财政体制　统一领导、分级管理的财政体制　分级包干的财政体制
分税制财政体制

☐ **复习思考题**

1. 简述 1949 年后我国财政体制演变的四个时期。

2. 简述 1988 年财政体制包干的六种形式。

3. 简述 1994 年分税制改革的主要内容。

4. 简述现行中央与地方的收入划分情况。

5. 简述我国分税制改革的成效、问题与完善措施。

6. 简述我国财政体制的演变特征。

第五章

政府预算管理制度

政府预算管理制度也是研究地方财政相关问题的重要制度基础。地方政府通过编制预算事先算账，能够了解自己的财力，并根据年度行动计划，全面安排年度资金收支，避免顾此失彼。要全面了解地方财政收支，必须熟悉政府预算的行政组织形式、政府预算体系构成与政府预算程序等内容。

第一节　政府预算的功能与级次

一、政府预算的含义

政府预算是指经法定程序批准的具有法律效力的政府年度财政收支计划。关于政府预算的含义需要注意以下两点：

第一，现代政府预算需要经法定程序批准。战国时期，我国已经产生了预算制度。到唐朝，已建立了较为严密的预算制度。但我国古代的预算制度并不能称之为"现代预算制度"。现代政府预算制度产生于英国，是英国议会在对英国国王的"钱袋子"加强控制的过程中逐步形成的。13世纪初，英王约翰为夺回失去的土地，不断扩军备战，进行无休止的财政榨取，这使得国王与贵族之间的矛盾不断激化，导致1215年的贵族反叛。最终，英王约翰被迫与反叛贵族签署《大宪章》。《大宪章》规定国王必须召开由若干贵族组成的议会，这为议会制度的形成奠定了基础，并且规定除封建义务所规定的贡款赋税外，除非得到议会的同意，国王不可擅自征税，确定了"非赞同勿纳税"的原则。可以说，现代政府预算制度产生的直接原因是13世纪初的贵族和国王之间对经济利益的争夺，但后来国王是根据国王与议会的实力对比来决定是否遵守《大宪章》。经过四百多年的议会与国王的斗争，1688年的"光荣革命"确定了君主立宪制，议会终于完成了对政府预算权力的初步控制，在与国王争夺预算控制权的过程当中获得了胜利。预算由政府编制，但必须经过议会审批。预算的英文词汇"budget"原意为皮包，由于当时英国财政大臣到议会提请审批财政法案时，总是携带一个装有财政收支账目的大皮包，时间一长，人们就将政府收支计划称为"皮包"。中、日等东方国家将这个词译为政府预算。

第二，政府预算是政府的年度财政收支计划。各级政府必须按照法定预算年度编制政府预算。所谓预算年度，是指预算收支起止的有效期限，通常为一年。政府预算要反映全年的财政收支活动，同时不允许将不属于本年度财政收支的内容列入本年度的政府预算之中。

目前，世界各国采用的预算年度有两种：一种是历年制预算年度，即从每年1月1日起至同年12月31日止。目前采用历年制的国家最多，包括中国、法国、德国、比利时、奥地利、丹麦、芬兰、希腊、冰岛、意大利、荷兰、西班牙、葡萄牙、挪威和瑞士等国家；第二种是跨年制，即人为地确定一个预算年度的起止日期，这样一个预算年度就跨越两个自然年度。跨年制包括：（1）4月制。从4月1日起至次年3月31日止为一个财政年度。采用的国家主要有：英国、日本、印度尼西亚、新加坡、新西兰、印度、缅甸、不丹和南非等国家。我国的香港地区也实行这种预算年度。（2）7月制。从7月1日起至次年6月30日止为一个财政年度。采用的国家主要有：瑞典、澳大利亚、孟加拉、巴基斯坦、埃及、苏丹、科威特、喀麦隆、肯尼亚、毛里求斯和坦桑尼亚等国家。（3）10月制。从10月1日起至次年9月30日止为一个财政年度。采用的国家主要有：美国和泰国等国家。（4）较为特殊的。还有少数国家采取较特殊的起止日期，如土耳其的预算年度是从3月1日起至次年的2月28日止；伊朗的预算年度是从3月21日起至次年的3月20日止；埃塞俄比亚的预算年度是从7月8日起至次年7月7日止。

二、政府预算的功能

功能一：反映政府的活动范围和方向。政府预算首先要做到"全面"，政府的全部收支都要纳入预算管理。2018年12月新修订的《预算法》第四条规定，"预算由预算收入和预算支出组成。政府的全部收入和支出都应当纳入预算。"政府预算还要按一定标准将财政收入与支出分门别类地列入特定的表格。《预算法》第五条规定，"预算包括一般公共预算、政府性基金预算、国有资本经营预算、社会保险基金预算"。通过政府预算，能够清楚地反映出政府的财政收支活动，各项收入从何种来源筹措，各项支出都用于何处。一本政府预算也是一本政府活动的详细计划和记录，能够集中体现各级政府在社会、经济、政治等各个方面的公共政策。

功能二：对政府收支进行监督与制约。完整预算程序包括：预算编制、预算审查与批准、预算执行与调整、政府决算与监督。在预算编制过程中，需要将政府的全部收支项目都纳入预算，使预算能够全面地反映政府的收支状况；预算草案必须经过立法机关的审批才能生效，审批过程中，立法机构要对预算草案进行严格而认真地审查；在预算执行过程中，政府的收入和支出也要接受立法机关和全体公民的监督；最后，预算年度结束后，还要编制政府决算，并对预算执行的结果进行监督和绩效评价。为了方便立法机构和社会公众对政府预算的监督，政府预算要做到"公开""透明"。各级财政部门应充分运用门户网站、微信公众号、手机 APP、财政部文告、新闻媒体及其新媒体、报刊年鉴等形式，及时主动向社会公布财政政策和财政数据，增强财政信息公开的时效性和影响力。

三、政府预算的级次

与多层级的政府组织结构相对应，国家财政的管理组织形式通常表现为分级预算管理体制，大多数国家都实行多级预算。我国实行一级政府一级预算，设立中央，省、自治区、直辖市，设区的市、自治州，县、自治县、不设区的市、市辖区，乡、民族乡、镇五级预算。

全国预算由中央预算和地方预算组成。中央预算即中央政府预算，是经法定程序批准的中央政府的年度财政收支计划。国务院编制中央预算草案，并由全国人民代表大会批准后执行。地方预算即地方政府预算，是经法定程序批准的地方各级政府的年度财政收支计划的统称。地方预算由各省、自治区、直辖市总预算组成。地方各级总预算由本级预算和汇总的下一级总预算组成。对于省级预算来说，汇总的下一级总预算是指省下属市、自治县级总预算；对于设区的市级预算来说，汇总的下一级总预算是指其所属区级政府和县级政府总预算；对于县级预算来说，汇总的下一级总预算是指县所属乡、镇政府的总预算。地方各级政府编制本级预算草案，并由同级人民代表大会批准后执行。

第二节 政府预算体系

政府各类收支都应纳入政府预算体系管理，完整的政府预算体系包括一般公共预算、政府性基金预算、国有资本经营预算和社会保险基金预算。

一、一般公共预算

一般公共预算是对以税收为主体的财政收入，安排用于保障和改善民生、推动经济社会发展、维护国家安全和维持国家机构正常运转等方面的收支预算。

（一）一般公共预算收入科目

根据《2018 年政府收支分类科目》，一般公共预算收入包括四个类级科目：

（1）税收收入。税收是国家为了实现其职能，凭借政治权力，依照法律规定标准取得财政收入的一种比较固定的形式。税收收入是现代社会中政府最为重要的财政收入。税收收入包括以下款级科目：增值税、消费税、企业所得税、企业所得税退税、个人所得税、资源税、城市维护建设税、房产税、印花税、城镇土地使用税、土地增值税、车船税、船舶吨税、车辆购置税、关税、耕地占用税、契税、烟叶税、环境保护税和其他税收收入。

（2）非税收入。非税收入是指各级政府及其所属部门和单位依法利用行政权力、政府信誉、国家资源、国有资产或提供特定公共服务征收、收取、提取、募集的除税收和政府债务收入以外的财政收入。非税收入包括以下款级科目：专项收入、行政事业性收费收入、罚没收入、国有资本经营收入、国有资源（资产）有偿使用收入、捐赠收入、政府住房基金收入和其他收入。

（3）债务收入。债务收入是指政府的各类债务收入。债务收入包括以下款级科目：中央政府债务收入和地方政府债务收入。

（4）转移性收入。转移性收入是指政府间的转移支付以及不同性质资金之间的调拨收入。转移性收入包括以下款级科目：返还性收入、一般性转移支付收入、专项转移支付收入、上解收入、上年结余收入、调入资金、债务转贷收入和接受其他地区援助收入。

2017 年地方一般公共预算收入见表 5-1。

表 5-1　　　　　　　　2017 年地方一般公共预算收入

项　目	数　额（亿元）
一、税收收入	68 672.72
国内增值税	28 212.16
企业所得税	11 694.50
个人所得税	4 785.64
资源税	1 310.54
城市维护建设税	4 204.12
房产税	2 604.33
印花税	1 137.89
城镇土地使用税	2 360.55
土地增值税	4 911.28
车船税	773.59
耕地占用税	1 651.89
契税	4 910.42
烟叶税	115.72

续表

项　目	数　额（亿元）
其他税收收入	0.09
二、非税收入	22 796.69
专项收入	6 520.16
行政事业性收费收入	4 305.20
罚没收入	2 162.10
国有资本经营收入	567.06
国有资源（资产）有偿使用收入	6 922.29
捐赠收入	0
政府住房基金收入	0
其他收入	2 319.88
地方本级收入	91 469.41
中央税收返还和转移支付	65 051.78
地方一般公共预算收入	156 521.19

资料来源：根据 2017 年全国财政决算数据整理。

（二）一般公共预算支出功能分类科目

一般公共预算支出功能分类主要反映政府活动的不同功能和政策目标。具体包括：

（1）执行政治职能的一般政府服务支出：一般公共服务支出、外交支出、国防支出和公共安全支出。

（2）执行社会职能的社会服务支出：教育支出、科学技术支出、文化体育与传媒支出、社会保障和就业支出、医疗卫生与计划生育支出、节能环保支出和城乡社区事务支出。

（3）执行经济职能的经济服务支出：农林水支出、交通运输支出、资源勘探信息等支出、商业服务业等支出、金融支出、援助其他地区支出、国土海洋气象等支出、住房保障支出和粮油物资储备等支出。

（4）执行其他职能的支出：预备费、其他支出、转移性支出、债务还本支出、债务付息支出和债务发行费用支出等。

2017 年地方一般公共预算支出按照功能分类见表 5-2。

表 5-2　　　　　　　　　2017 年地方一般公共预算支出按照功能分类

项　目	数额（亿元）
一般公共服务支出	15 238.90
外交支出	2.08
国防支出	206.02
公共安全支出	10 612.33
教育支出	28 604.79
科学技术支出	4 440.02
文化体育与传媒支出	3 121.01
社会保障和就业支出	23 610.57
医疗卫生与计划生育支出	14 343.03
节能环保支出	5 266.77
城乡社区事务支出	20 561.55
农林水支出	18 380.25
交通运输支出	9 517.56
资源勘探信息等支出	4 660.21
商业服务业等支出	1 519.66
金融支出	294.83
援助其他地区支出	398.99
国土海洋气象等支出	2 005.80
住房保障支出	6 131.82
粮油物资储备支出	653.30
其他支出	1 139.19
债务付息支出	2 495.38
债务发行费用支出	24.28
地方一般公共预算支出	173 228.34

资料来源：根据 2017 年全国财政决算数据整理。

（三）一般公共预算收支数据

2010—2017 年全国及地方一般公共预算收支情况见表 5-3。

表 5-3　　　　　2010—2017 年全国及地方一般公共预算收支情况　　　　　单位：亿元

年份	全国一般公共预算收入（亿元）	全国一般公共预算支出（亿元）	地方一般公共预算收入（亿元）	地方一般公共预算支出（亿元）
2010	83 101.51	89 874.16	72 954.13	73 884.43
2011	103 874.43	109 247.79	92 468.32	92 733.68
2012	117 253.52	125 952.97	106 439.97	107 188.34
2013	129 209.64	140 212.10	117 031.08	119 740.34
2014	140 370.03	151 785.56	127 467.62	129 215.49
2015	152 269.23	175 877.77	138 099.55	150 335.62
2016	159 604.97	187 755.21	146 640.65	160 351.36
2017	172 592.77	203 085.49	156 521.19	173 228.34

资料来源：根据 2010—2017 年全国财政决算数据整理。

二、政府性基金预算

政府性基金预算是对依照法律、行政法规的规定在一定期限内向特定对象征收、收取或者以其他方式筹集的资金，专项用于特定公共事业发展的收支预算。

（一）政府性基金预算的沿革

政府性基金预算是在加强预算外资金管理的过程中逐步形成的。

所谓预算外资金是指根据国家财政制度和财务制度的规定，不纳入政府预算，由地方各部门、各企事业单位自收自支的资金。新中国成立之初，我国实行高度集中的统收统支体制。20 世纪 50 年代末，第一个五年计划后，为了调动地方的积极性，开始把原来预算内的一部分收入，放到预算外管理，国家财政资金开始分为预算内和预算外两部分，这才形成预算外资金这个特殊范畴。1979 年，我国进入全面体制改革的新时期，对地方预算扩大了自主权，对企业放权让利，所以预算外资金的增长超过任何一个时期，1992 年比 1978 年增长 11 倍，相当于预算内收入的97.7%，名副其实地成为国家的"第二预算"。

由于管理不严、财经纪律松弛、化预算内为预算外、化公为私等现象存在着滋长和蔓延的情况。针对预算外资金制度与管理中存在的问题，国务院于 1996 年 7月颁布了《关于加强预算外资金管理的决定》（以下简称《决定》），开始实施以"收支两条线"管理为中心的预算外资金管理改革。一方面，将属于一般预算收入性质的行政事业性收费、罚没收入等纳入一般公共预算管理，与税收收入一起统筹安排使用；另一方面，将具有以收定支、专款专用性质的政府性基金、土地出让收入、彩票公益金等纳入政府性基金预算管理，专项用于支持特定基础设施建设和社会事业发展，从1997年开始编制政府性基金预算。通过上述措施，预算外资金的规模得到有效控制。2011年，我国全面取消了预算外资金，将所有政府性收入全部纳入预算管理，此举意味着预算外资金的概念已成为历史。

因此，编制政府性基金预算，对于提高政府预算的统一性和完整性，增强预算的约束力和透明度，更好地接受人大和社会监督，具有十分重要的意义。

（二）政府性基金预算收入科目

根据《2018年政府收支分类科目》，政府性基金预算收入包括三个类级科目：

（1）非税收入。非税收入是指各级政府及其所属部门和单位依法利用行政权力、政府信誉、国家资源、国有资产或提供特定公共服务征收、收取、提取、募集的除税收和政府债务收入以外的财政收入。政府性基金预算中非税收入包括两个款级科目："政府性基金收入"和"专项债券对应项目专项收入"。政府性基金收入的具体科目参见表5-4。专项债券对应项目专项收入反映地方政府专项债券对应项目形成、可用于偿付专项债券本息的经营收入。下设3个项级科目："土地储备专项债券对应项目专项收入"、"政府收费公路专项债券对应项目专项收入"和"其他地方自行试点项目收益专项债券对应项目专项收入"。

表 5-4　　　　　　　　2017 年地方政府性基金收入决算表　　　　　　　单位：亿元

项 目	数 额
一、地方农网还贷资金收入	40.71
二、海南省高等级公路车辆通行附加费收入	22.25
三、港口建设费收入	44.70
四、新型墙体材料专项基金收入	52.18
五、国家电影事业发展专项资金收入	17.35
六、城市公用事业附加收入	134.31
七、国有土地使用权出让金收入	49 997.07
八、国有土地收益基金收入	1 770.71
九、农业土地开发资金收入	306.70
十、彩票公益金收入	587.37

续表

项　目	数　额
十一、城市基础设施配套费收入	1 789.69
十二、地方水库移民扶持基金收入	53.22
十三、国家重大水利工程建设基金收入	74.28
十四、车辆通行费收入	1 555.91
十五、彩票发行和销售机构业务费收入	157.48
十六、污水处理费收入	473.64
十七、其他政府性基金收入	577.32
地方政府性基金本级收入	57 654.89
中央政府性基金转移支付	985.59
地方政府性基金收入	58 640.48
地方政府专项债券收入	8 000.00

注：本表 2017 年国有土地使用权出让金收入为 49 997.07 亿元、国有土地收益基金收入为 1 770.71 亿元、农业土地开发资金收入为 306.70 亿元，构成国有土地使用权出让收入为 52 074.48 亿元（不含计提的新增建设用地土地有偿使用费等收入），比上年增加 15 067.46 亿元，增长 40.7%。主要是根据国家"因城施策、分类调控"的政策精神，部分热点城市加大了土地供应，带动全国土地整体供应量逐季攀升，而土地出让价格仍维持在较高水平，导致土地出让收入增加较快。国有土地使用权出让收入反映以招标、拍卖、挂牌、协议和划拨等方式出让国有土地使用权所确定的成交价款，应支付的征地拆迁补偿等成本性支出需从中安排。

（2）债务收入。债务收入是指地方政府通过发行专项债券取得的专项债务收入。

（3）转移性收入。转移性收入是指政府间的转移支付以及不同性质资金之间的调拨收入。政府性基金预算中的转移性收入包括以下款级科目：政府性基金转移收入、上年结余收入、调入资金和债务转贷收入。

（三）政府性基金预算支出功能分类科目

政府性基金预算支出功能分类科目包括：科学技术支出、文化体育与传媒支出、社会保障和就业支出、节能环保支出、城乡社区事务支出、农林水支出、交通运输支出、资源勘探信息等支出、商业服务业等支出、金融支出、其他支出、转移性支出、债务还本支出、债务付息支出和债务发行费用支出。

（四）政府性基金预算的管理原则

（1）专款专用：各项基金按规定用途安排，不调剂使用。2017 年地方政府性基金支出决算表见表 5-5。

表 5-5　　　　　　　　　　**2017 年地方政府性基金支出决算表**　　　　　　单位：亿元

项　目	数　额
一、地方农网还贷资金安排的支出	35.67
二、民航发展基金支出	200.27
三、海南省高等级公路车辆通行附加费相关支出	39.15
四、港口建设费相关支出	149.74
五、新型墙体材料专项基金相关支出	33.39
六、旅游发展基金支出	8.34
七、国家电影事业发展专项资金相关支出	23.51
八、城市公用事业附加相关支出	128.36
九、国有土地使用权出让金收入相关支出	50 609.83
十、国有土地收益基金相关支出	1 368.84
十一、农业土地开发资金相关支出	149.88
十二、中央水库移民扶持基金支出	273.40
十三、彩票公益金相关支出	644.35
十四、城市基础设施配套费相关支出	1 278.42
十五、地方水库移民扶持基金相关支出	48.16
十六、国家重大水利工程建设基金相关支出	167.07
十七、车辆通行费相关支出	1 868.40
十八、可再生能源电价附加收入安排的支出	63.36
十九、彩票发行和销售机构业务费安排的支出	143.54
二十、污水处理费收入安排的支出	437.80
廿一、其他政府性基金支出	613.51
地方政府性基金支出	58 284.99
收入大于支出	8 355.49

注：（1）本表 2017 年国有土地使用权出让金收入相关支出为 50 609.83 亿元、国有土地收益基金相关支出为 1 368.84 亿元、农业土地开发资金相关支出为 149.88 亿元，构成国有土地使用权出让收入相关支出为 52 128.55 亿元（不含计提的新增建设用地土地有偿使用费等安排的相关支出），主要用于征地和拆迁补偿、土地开发、城市和农村基础设施建设等支出。（2）收入大于支出的资金金额为 8 355.49 亿元，包括调入一般公共预算资金和结转下年支出两部分。

（2）以收定支：政府性基金预算应当根据基金项目收入情况和实际支出需要，按基金项目编制，做到以收定支。

（3）结余结转使用：当年基金预算收入不足的，可使用以前年度结余资金安排支出；当年基金预算收入超出预算支出的，结余资金结转下年继续安排使用。

（五）政府性基金预算收支数据

2010—2017年全国及地方政府性基金预算收支见表5-6。

表 5-6　　　　　2010—2017年全国及地方政府性基金预算收支　　　　单位：亿元

年份	全国政府性基金收入（亿元）	全国政府性基金支出（亿元）	地方政府性基金本级收入（亿元）	地方政府性基金支出（亿元）
2010	36 785.02	33 951.16	33 609.27	31 667.11
2011	41 363.13	39 946.61	38 232.31	37 789.75
2012	37 534.90	36 330.87	34 216.74	34 155.70
2013	52 268.75	50 500.86	48 030.31	47 741.58
2014	54 113.65	51 463.83	50 005.57	48 499.96
2015	42 338.14	42 347.11	38 219.95	39 322.62
2016	46 643.31	46 878.32	42 465.19	43 988.46
2017	61 479.66	60 968.59	57 654.89	58 284.99

三、国有资本经营预算

国有资本经营预算是对国有资本收益（国家以所有者身份依法取得）做出支出安排的收支预算。

（一）国有资本经营预算的沿革

建立国有资本经营预算制度，是在国有企业改革过程中逐步探索出的一项重要财政制度，对于深化国有企业改革、规范国家与国有企业分配关系、增强政府宏观调控能力具有十分重要的意义。

在计划经济体制下，国有企业主要通过上缴利润和税收两种形式增加财政收入。由于实行统收统支体制，区分上缴利润和税收并没有实质性的意义，而且长期存在简化税制、以利代税的倾向，所以直到改革前夕的1978年，以上缴利润为主的企业收入项目仍占财政收入的50%以上。

改革开放后，经过两步利改税改革，税收逐步在财政收入中占据主导地位。1993年，党的十四届三中全会通过的《中共中央关于建立社会主义市场经济体制若干问题的决定》提出建立政府公共预算和国有资产经营预算，但由于没有收入来源，国有资产经营预算一直没有建立起来。2003年，党的十六届三中全会通过的《中共中央关于完善社会主义市场经济体制若干问题的决定》再次提出建立国有资本经营预算制度。经过十余年的国企改革，2006 年，全国国有企业实现利润 1.1 万亿元，其中中央企业实现利润达 7 700 亿元。国有资本经营预算制度具备了收入基础。2007 年 9 月，发布《国务院关于试行国有资本经营预算的意见》（国发〔2007〕26 号），决定从 2007 年起试行中央本级国有资本经营预算，地方试行国有资本经营预算的时间、范围和步骤由各省（自治区、直辖市）及计划单列市人民政府决定（大连市从 2012 年开始）。

国有资本经营预算按照收支平衡的原则编制，不列赤字，并安排资金调入一般公共预算。国有资本经济预算的编制范围逐步扩大。2017 年，中央国有资本经营预算编制范围包括：国资委监管企业 102 户、所属企业 33 户，最高人民检察院所属企业 2 户，教育部所属企业 368 户，工业和信息化部所属企业 83 户，民政部所属企业 5 户，司法部所属企业 1 户，财政部所属企业 1 户，环境保护部所属企业 3 户，水利部所属企业 8 户，农业部所属企业 5 户，商务部所属企业 1 户，文化部所属企业 10 户，卫生计生委所属企业 6 户，新闻出版广电总局所属企业 1 户，体育总局所属企业 49 户，国家林业局所属企业 1 户，国家旅游局所属企业 2 户，国家机关事务管理局所属企业 1 户，国家海洋局所属企业 2 户，民航局所属企业 9 户，国家文物局所属企业 1 户，中直管理局所属企业 2 户，共青团中央所属企业 3 户，中国文联所属企业 5 户，中国国际贸易促进委员会所属企业 24 户，由财政部代表国务院履行出资人职责的中央文化企业 110 户，以及中国烟草总公司、中国邮政集团公司和中国铁路总公司等。

（二）国有资本经营预算收入科目

依法取得国有资本收益，是国家作为国有资本投资者应当享有的权利，也是建立国有资本经营预算的基础。国有资本经营预算收入包括非税收入和转移性收入两个类级科目。

1. 非税收入

非税收入是指各级政府及其所属部门和单位依法利用行政权力、政府信誉、国家资源、国有资产或提供特定公共服务征收、收取、提取、募集的除税收和政府债务收入以外的财政收入。国有资本经营预算中的非税收入指的是国有资本经营收入。

国有资本经营收入反映各级人民政府及其部门、机构履行出资人职责的企业（即一级企业）上缴的国有资本收益。国有资本经营收入具体包括：

（1）利润收入。反映中国人民银行、国有独资企业按规定应当上缴国家的利润。《财政部关于进一步提高中央企业国有资本收益收取比例的通知》（财企〔2014〕59 号）和《关于印发〈中央企业国有资本收益收取管理办法〉的通知》（财资〔2016〕32 号）等规定，纳入 2017 年中央国有资本经营预算实施范围的中央企业税后利润（净利润扣除以前年度未弥补亏损和提取的法定公积金）的收取比例分为五类执行：第一类为烟草企业，收取比例 25%；第二类为石油石化、电力、电信、煤炭等资源型企业，收取比例 20%；第三类为钢铁、运输、电子、贸易、施工等一般竞争型企业，收取比例 15%；第四类为军工企业、转制科研院所、中国邮政集团公司、中国铁路总公司、中央文化企业、中央部门所属企业，收取比例 10%；第五类为政策性企业，免交当年应交利润。符合小型微型企业规定标准的国有独资企业，应交利润不足 10 万元的，比照第五类政策性企业，免交当年应交利润。

（2）股利、股息收入。反映国有控股、参股企业国有股权（股份）上缴的股利、股息收入。

（3）产权转让收入。反映国有资产（含国有股权）转让或出售的收入。

（4）清算收入。反映国有独资企业清算收入（扣除清算费用），以及国有控股、参股企业国有股权（股份）分享的公司清算收入（扣除清算费用）。

（5）其他国有资本经营预算收入。

2.转移性收入

转移性收入是指政府间的转移支付以及不同性质资金之间的调拨收入。国有资本经营预算中的转移性收入是指国有资本经营预算转移支付收入，反映下级政府收到上级政府的国有资本经营预算转移支付收入。

（三）国有资本经营预算支出功能分类科目

从支出功能分类的角度，国有资本经营预算包括社会保障和就业支出、国有资本经营预算支出和转移性支出等类级科目。

1.社会保障和就业支出

"社会保障和就业支出"下设款级科目"补充全国社会保障基金"，反映用于补充全国社会保障基金的支出。

"补充全国社会保障基金"下设项级科目"国有资本经营预算补充社保基金支出"，反映国有股减持收入等国有资本经营预算补充全国社会保障基金的支出。

2017 年，国有资本经营预算调入一般公共预算金额为 34.86 亿元，用于补充全国社会保障基金。

2.国有资本经营预算支出

"国有资本经营预算支出"下设"解决历史遗留问题及改革成本支出""国有企业资本金注入""国有企业政策性补贴""金融国有资本经营预算支出""其他国有资本经营预算支出"等款级科目。其中：

"解决历史遗留问题及改革成本支出"反映用国有资本经营预算收入安排的解决历史遗留问题及改革成本支出，具体包括：厂办大集体改革支出、"三供一业"（家属区供水、供电、供暖和物业管理）移交补助支出、国有企业办职教幼教补助支出、国有企业办公服务机构移交补助支出、国有企业退休人员社会化管理补助支出、国有企业棚户区改造支出、国有企业改革成本支出、离休干部医药费补助支出、其他解决历史遗留问题及改革成本支出。上述支出主要用于支持投资运营公司和国有企业剥离国有企业办社会职能、解决国有企业存在的体制性机制性问题、弥补国有企业改革成本等。

"国有企业资本金注入"反映用国有资本经营预算收入安排的用于国有企业资本金注入支出，具体包括：国有经济结构调整支出、公益性设施投资支出、前瞻性战略性产业发展支出、生态环境保护支出、支持科技进步支出、保障国家经济安全支出、对外投资合作支出、其他国有企业资本金注入。上述支出是用于引导投资运营公司和国有企业更好地服务于国家战略，将国有资本更多投向关系国家安全和国民经济命脉的重要行业和关键领域的资本性支出。根据 2017 年《中央国有资本经营预算支出管理暂行办法》，国有企业资本金注入采取向投资运营公司注资、向产业投资基金注资以及向中央企业注资三种方式：一是向投资运营公司注资，主要用于推动投资运营公司调整国有资本布局和结构，增强国有资本控制力。二是向产业投资基金注资，主要用于引导投资运营公司采取市场化方式发起设立产业投资基金，发挥财政资金的杠杆作用，引领社会资本更多投向重要前瞻性战略性产业、生态环境保护、科技进步、公共服务、国际化经营等领域，增强国有资本影响力。三是向中央企业注资，主要用于落实党中央、国务院有关决策部署精神，由中央企业具体实施的事项。

国有资本经营预算支出方向和重点应当根据国家宏观经济政策需要以及不同时期国有企业改革发展任务适时进行调整。

3. 转移性支出

"转移性支出"下设"国有资本经营预算转移支付"和"调出资金"两个款级科目。"国有资本经营预算转移支付"反映上级政府对下级政府的国有资本经营预算转移支付支出。"调出资金"反映从国有资本经营预算调出的资金。

（四）国有资本经营预算收支数据

2007—2017 年全国及地方国有资本经营预算收支情况见表 5-7。

表 5-7　　　　2007—2017 年全国及地方国有资本经营预算收支情况　　　　单位：亿元

年份	中央国有资本经营预算收入	中央国有资本经营预算支出	地方国有资本经营预算本级收入	地方国有经营资本预算支出
2007—2009	1572.20	1553.30		
2010	558.67	541.99		
2011	765.01	769.53		
2012	970.68	929.79	602.01	549.87
2013	1058.43	978.19	654.93	583.33
2014	1410.91	1419.12	596.68	594.59
2015	1613.06	1362.57	1065.13	831.41
2016	1430.17	1450.61	1178.78	1218.41
2017	1244.27	1001.71	1336.63	1248.97

四、社会保险基金预算

社会保险基金预算是通过社会保险缴款、一般公共预算安排和其他方式筹集的资金，专项用于社会保险的收支预算。社会保险是指国家根据法律，强制由劳动者、企业、政府三方共同筹集的基金，在劳动者生、老、病、伤、残、失业时给予的物质帮助。社会保险是最基本的社会保障项目，是现代社会保障的核心内容。

为加强社会保险基金管理，规范社会保险基金收支行为，明确政府责任，促进经济社会协调发展，我国从 2010 年开始试编社会保险基金预算。2013 年，社会保险基金预算试编三年后，相关制度体系和管理机制逐步建立。按照全国人大的要求，财政部会同人力资源社会保障部、卫生部首次正式编制了 2013 年全国社会保险基金预算。社会保险基金预算按照统筹层次和社会保险项目分别编制，做到收支平衡。

（一）社会保险基金预算收入科目

社会保险基金预算收入包括"社会保险基金收入"和"转移性收入"两个类级科目。

1. 社会保险基金收入

社会保险基金收入反映政府社会保险基金的各项收入，包括以下款级科目"企业职工基本养老保险收入"、"失业保险基金收入"、"职工基本医疗保险基金收入"、"工伤保险基金收入"、"生育保险基金收入"、"新型农村合作医疗保险基金收入"、"城镇居民基本医疗保险基金收入"、"城乡居民基本养老保险基金收入"、"机关事业单位基本养老保险基金收入"、"城乡居民基本医疗保险基金收入"和"其他社会保险基金收入"。

专栏 5-1

社会保险基金相关改革

1. 合并生育保险和职工基本医疗保险

2017 年 2 月，国务院办公厅印发《生育保险和职工基本医疗保险合并实施试点方案》。该方案要求，2017 年 6 月底前，在重庆、沈阳、合肥、郑州、昆明等地启动试点，试点期限为一年左右。该方案规定，参加职工基本医疗保险的在职职工同步参加生育保险。人社部社会保障研究所所长金维表示，生育保险其实筹集的资金不是太大，针对的还是特定群体，基金支出量也不是很大，有些地方存在结余。如果两项合并，可以提高基金的使用效率、同时进一步增强医疗资金的支出能力。

2. 整合城乡居民基本医疗保险制度

截至 2015 年年底，我国面向城市非就业人群的城镇居民医保，约有 3.7 亿人参保；新农合医疗，则覆盖了超过 8 亿的农村人口。然而，两种制度的报销目录、就诊范围却不相同。城镇居民医保水平高于新农合。国务院 2016 年 1 月下发《关于整合城乡居民基本医疗保险制度的意见》，提出整合城镇居民医保和新农合两项制度，建立统一的城乡居民医保制度。整合后，参保人员的看病报销范围、保障待遇、医保目录，都将做到城乡统一。农村居民医保就医范围、报销比例将显著提高。整合城镇居民基本医疗保险和新农合两项制度，能够逐步拉平城乡待遇，进一步实现城乡居民享受医疗保险待遇的一体化。

3. 适当降低社会保险费率

"降成本"是推进供给侧结构性改革的重要任务，为降低企业成本，增强企业活力。自2014年，开始适当降低社会保险费率。2014年，失业、工伤、生育费率总体降低1.75个百分点。2016年4月20日，人力资源和社会保障部、财政部印发《关于阶段性降低社会保险费率的通知》。决定从2016年5月1号开始，将企业职工基本养老保险单位缴费比例超过20%的省（自治区、直辖市），缴费比例降低至20%，且2014年年底养老金累计结余可支付月数高于9个月的，阶段性降低至19%。加上2014年社会保险费率的降低，两次政策叠加，年均可降低企业成本超过1200亿元。2017年2月18日，人力资源和社会保障部、财政部联合发布通知：阶段性降低失业保险费，失业保险总费率为1.5%的省市，可以将总费率降为1%，期限从2017年的1月1日到2018年的4月30日。2018年4月4日，国务院总理李克强主持召开国务院常务会议，决定将阶段性降低企业职工基本养老保险单位缴费比例、失业保险及工伤保险费率政策期限延长至2019年4月30号。符合条件的地区可从2018年5月1日起再下调工伤保险费率20%或50%。将阶段性降低企业住房公积金缴存比例政策期限延长至2020年4月30号。鼓励企业在降成本基础上让职工得实惠。

2. 转移性收入

转移性收入包括以下款级科目："上年结余收入"和"社会保险基金上解下拨收入"。

（二）社会保险基金预算支出科目

社会保险基金预算支出包括"社会保险基金支出"和"转移性支出"两个类级科目。

1. 社会保险基金支出

社会保险基金支出反映社会保险基金的各项支出，包括以下款级科目："企业职工基本养老保险支出""失业保险基金支出""职工基本医疗保险基金支出""工伤保险基金支出""生育保险基金支出""新型农村合作医疗保险基金支出""城镇居民基本医疗保险基金支出""城乡居民基本养老保险基金支出""机关事业单位基本养老保险基金支出""城乡居民基本医疗保险基金支出""其他社会保险基金支出"。

2. 转移性支出

转移性支出包括以下款级科目："年终结余"和"社会保险基金上解下拨支出"。

（三）社会保险基金预算收支数据

2010—2017年全国及地方社会保险基金预算收支情况见表5-8。

表 5-8　　　　　2010—2017 年全国及地方社会保险基金预算收支情况　　　单位：亿元

年份	全国社会保险基金预算收入	全国社会保险基金预算支出	本年收支结余	年末滚存结余
2010	17 071	13 310	3 761	21 438
2011	25 758	18 877	6 880	29 818
2012	31 411	23 931	7 480	37 540
2013	35 994	28 744	7 250	44 884
2014	40 439	33 681	6 758	51 635
2015	46 354	39 118	7 236	58 893
2016	50 112	43 605	6 508	65 425
2017	55 380	48 952	6 248	72 037

五、支出经济分类科目

预算支出科目采用了两种分类方法：支出功能分类与支出经济分类，从不同侧面、以不同方式反映政府支出活动。按照《2018 年政府收支分类科目》，支出经济分类科目包括政府预算支出经济分类科目和部门预算支出经济分类科目。各预算单位按照部门预算支出经济分类科目编制部门预算。财政部门根据所有部门预算，按照政府预算支出经济分类编制本级政府预算，向人大报批。两类科目独成体系，却又相辅相成，具有互相对应的关系。

（一）政府预算支出经济分类科目

政府预算支出经济分类包括以下类级科目：机关工资福利支出、机关商品和服务支出、机关资本性支出（一）、机关资本性支出（二）、对事业单位经常性补助、对事业单位资本性补助、对企业补助、对企业资本性支出、对个人和家庭的补助、对社会保障基金补助、债务利息及费用支出、债务还本支出、转移性支出、预备费及预留和其他支出。

1. 机关工资福利支出

机关工资福利支出反映机关和参照公务员法管理的事业单位（参公事业单位）在职职工和编制外长期聘用人员的各类劳动报酬，以及为上述人员缴纳的各项社会保险费等。其包括以下款级科目：工资奖金津补贴、社会保障缴费、住房公积金和其他工资福利支出。

2. 机关商品和服务支出

机关商品和服务支出反映机关和参公事业单位购买商品和服务的各类支出，不包括用于购置固定资产、战略性和应急性物资储备等资本性支出。其包括以下款级科目：办公经费、会议费、培训费、专用材料购置费、委托业务费、公务接待费、因公出国（境）费用、公务用车运行维护费、维修（护）费、其他商品和服务支出。

3. 机关资本性支出（一）

机关资本性支出（一）反映机关和参公事业单位资本性支出，切块由发展改革部门安排的基本建设支出中机关和参公事业单位资本性支出不在此科目反映。其包括以下款级科目：房屋建筑物购建、基础设施建设、公务用车购置、土地征迁补偿和安置支出、设备购置、大型修缮和其他资本性支出。

4. 机关资本性支出（二）

机关资本性支出（二）反映切块由发展改革部门安排的基本建设支出中机关和参公事业单位资本性支出。其包括以下款级科目：房屋建筑物购建、基础设施建设、公务用车购置、土地征迁补偿和安置支出、设备购置、大型修缮和其他资本性支出。

"机关工资福利支出"、"机关商品和服务支出"、"机关资本性支出（一）"和"机关资本性支出（二）"这四类科目是用来反映行政机关单位（含参公事业单位）的支出情况，是为严格机关运行支出管理而单独设置。

5. 对事业单位经常性补助

对事业单位经常性补助反映对事业单位（不含参公事业单位）的经常性补助支出。其包括以下款级科目：工资福利支出、商品和服务支出和其他对事业单位补助。

6. 对事业单位资本性补助

对事业单位资本性补助反映对事业单位（不含参公事业单位）的资本性补助支出。其包括以下款级科目：

资本性支出（一）反映事业单位资本性支出。切块由发展改革部门安排的基本建设支出中的事业单位资本性支出不在此科目反映。

资本性支出（二）反映切块由发展改革部门安排的基本建设支出中的事业单位资本性支出。

7. 对企业补助

对企业补助反映政府对各类企业的补助支出。对企业资本性支出不在此科目反映。其包括以下款级科目：费用补贴、利息补贴和其他对企业补助。

8. 对企业资本性支出

对企业资本性支出反映政府对各类企业的资本性支出。其包括以下款级科目：

对企业资本性支出（一）反映对企业的资本性支出，切块由发展改革部门安排的基本建设支出中的对企业资本性支出不在此科目反映。

对企业资本性支出（二）反映切块由发展改革部门安排的基本建设支出中的对企业资本性支出。

9. 对个人和家庭的补助

对个人和家庭的补助反映政府用于对个人和家庭的补助支出，包括以下款级科目：社会福利和救助、助学金、个人农业生产补贴、离退休费和其他对个人和家庭补助。

10. 对社会保障基金补助

对社会保障基金补助反映政府对社会保险基金的补助以及补充全国社会保障基金的支出，包括以下款级科目：对社会保险基金补助和补充全国社会保障基金①。

11. 债务利息及费用支出

债务利息及费用支出反映政府债务利息及费用支出，包括以下款级科目：国内债务付息、国外债务付息、国内债务发行费用和国外债务发行费用。

12. 债务还本支出

债务还本支出反映政府债务还本支出，包括以下款级科目：国内债务还本和国外债务还本。

13. 转移性支出

转移性支出反映政府间和不同性质预算间的转移性支出，包括以下款级科目：上下级政府间转移性支出、援助其他地区支出、债务转贷和调出资金（反映不同性质预算间的转移性支出）。

14. 预备费及预留

预备费及预留反映预备费及预留，包括预备费和预留两个款级科目：

预备费反映依法设置的预备费。预备费是各级总预算中不规定具体用途的当年后备基金，主要用于解决在预算执行中发生的某些临时急需和事前难以预料的特殊开支。

预留是有预算分配权的部门专用的科目。每个财政年度，财政部给有预算分配权的部门"切"一块资金，根据当年具体情况分配使用。目前有预算分配权的部门主要是国家发改委、教育部和科技部，其中国家发改委的预算指标最多，教育部和科技部则规模较小。

15. 其他支出

其他支出反映不能划分到上述经济科目的其他支出，包括以下款级科目：赠与（反映对外国政府、国内外组织等提供的援助、捐赠以及交纳国际组织会费等方面的支出）、国家赔偿费用支出、对民间非营利组织和群众性自治组织补贴和其他支出。

---

① 我国从 1999 年进入了老龄化社会。我国人口老龄化呈现出人口规模大、速度快、高峰持续时间长等特点，同时具有"未富先老""未备先老"的特点。为应对上述问题，中央政府未雨绸缪，2000 年 8 月建立"全国社会保障基金"，同时设立"全国社会保障基金理事会"，负责管理运营全国社会保障基金。全国社会保障基金是中央政府集中的社会保障资金，是国家重要的战略储备，主要用于弥补今后人口老龄化高峰时期的社会保障需要。

（二）部门预算支出经济分类科目

部门预算支出经济分类包括以下类级科目：工资福利支出、商品和服务支出、对个人和家庭的补助、债务利息及费用支出、资本性支出（基本建设）、资本性支出、对企业补助（基本建设）、对企业补助、对社会保障基金补助和其他支出。

六、各类预算之间的关系

2018 年 12 月修订《预算法》第五条规定：一般公共预算、政府性基金预算、国有资本经营预算、社会保险基金预算应当保持完整、独立。一般公共预算是政府预算体系的基础和核心，政府性基金预算、国有资本经营预算和社会保险基金预算应当与一般公共预算相衔接。比如，2012—2015 年，中央国有资本经营预算调入一般公共预算的资金数分别为 50 亿元、65 亿元、184 亿元和 230 亿元。2016 年，中央国有资本经营预算调入一般公共预算统筹使用的比例由 19% 提高至 22%，2016 年和 2017 年分别从中央国有资本经营预算中调入 257 亿元，用于社会保障等民生支出。

第三节　政府预算程序

预算程序又称预算周期或预算过程，它起于一个预算年度开始以前，而终止于一个预算年度结束之后。就整个预算程序来说，根据程序的主体不同，可以分为四个阶段。

一、政府预算编制

预算编制环节是编制预算草案。预算草案是未经法定程序审查和批准的政府年度财政收支计划，由行政机构编制。关于预算草案的具体编制，根据主持具体编制工作的机构的不同可以分为以下类型：

第一，由政府特设的预算机关主持预算编制工作。分开编制的原因是想通过这一方式来加强预算编制工作，保证收入和支出预算的合理性和客观性，避免财政部门统编支出和收入预算可能带来的各种矛盾。例如：美国联邦预算是由总统管理与预算办公室（或译为美国行政管理和预算局）负责，该部门是独立于财政部之外、直接向总统负责的机构。其职能较多，与预算管理有关的职责主要是协助总统编制联邦年度预算并监督预算的执行。其中，收入预算的主要信息资料来源于美国财政部（主要负责征税和国债管理）；支出预算则根据各部门提出的预算方案，经核查后统一汇编成联邦预算，交总统审核。

第二，由财政部门主持预算编制工作。财政部门负责指导政府各部门编制支出预算草案，并审核和协调这些预算草案，同时根据各种经济统计资料和预测数据，编制收入预算草案，最后综合收入和支出两个部分。属于这种类型的国家包括中国、日本等。我国各级财政部门具体编制各级预算草案。各级预算应当根据年度经济社会发展目标、国家宏观调控总体要求和跨年度预算平衡的需要，参考上一年预算执行情况、有关支出绩效评价结果和本年度收支预测，按照规定程序征求各方面意见后，进行编制。

二、政府预算审批

审批政府预算的机构是国家立法机构。立法机构的具体名称随着各国政体的不同而不同。在实行民主共和制的国家中，审批政府预算的立法机构是议会，而在实行人民代表大会制的国家中，审批政府预算的立法机构是人民代表大会。

从议会制的结构看可以分为两种类型：一院制和两院制。在实行一院制的国家中，政府预算直接由其批准，属于这种类型的国家包括瑞典、西班牙、丹麦等国。在实行两院制的国家中，大部分国家议会的两院都有批准政府预算的权力。一般来说，两院中的下议院（或众议院）在预算的批准上拥有比上议院（或参议院）更大的权力，往往拥有预算先议权和最后批准权。属于这种情况的有美国、法国、意大利、日本、荷兰等国。但在另一些国家中，只有下议院才有批准政府预算的权力，上议院仅限于提出建议，属于这种情况的主要是英国。

由于各国的政体不同，各国立法机构的预算控制权也各有不同。议会共和制国家，如英国、德国和日本，在一般情况下，议会的多数派才能组成政府，而且内阁成员本身就是议员，因此，虽然政府编制的预算要经议会的批准，但政府对议会的影响很大，政府总是能够利用其在议会中的多数通过其预算。而在总统共和制国家，如美国，由于总统是选民选举产生的，当选总统与其党派在国会中是否占多数没有必然联系，总统对国会预算审批权的影响相对较小。与英、德、日等国相比较，美国国会拥有的预算权力较大，不仅可以审议行政部门所提交的预算草案，而且可以自由增加或减少支出计划和经费额度，甚至可以自行起草预算案。各州州长与州议会之间也有类似的关系。这难免会导致立法部门和行政部门之间经常发生预算争议与冲突。

我国实行人民代表大会制，各级政府预算由同级人民代表大会审查与批准。中央预算由全国人民代表大会审查和批准，地方各级预算由本级人民代表大会审查和批准。国务院和县级以上地方各级政府对下一级政府依照《预算法》第五十条规定报送备案的预算，认为有同法律、行政法规相抵触或者有其他不适当之处，需要撤销批准预算的决议的，应当提请本级人民代表大会常务委员会审议决定。

三、政府预算执行

预算执行是指经法定程序批准的预算进入具体实施阶段。各级预算由本级政府组织执行，具体工作由本级政府财政部门负责。各部门、各单位是本部门、本单位的预算执行主体，负责本部门、本单位的预算执行，并对执行结果负责。预算执行包括组织预算收入、拨付预算资金和预算调整等内容。

（一）政府预算收入的执行

预算收入征收部门包括：财政、税收、海关和其他部门。预算收入征收部门和单位，必须依照法律、行政法规的规定，及时、足额征收应征的预算收入。不得违反法律、行政法规规定，多征、提前征收或者减征、免征、缓征应征的预算收入，不得截留、占用或者挪用预算收入。各级政府不得向预算收入征收部门和单位下达收入指标。政府的全部收入应当上缴国家金库，任何部门、单位和个人不得截留、占用、挪用或者拖欠。对于法律有明确规定或者经国务院批准的特定专用资金，可以依照国务院的规定设立财政专户。县级以上各级预算必须设立国库；具备条件的乡、民族乡、镇也应当设立国库。中央国库业务由中国人民银行经理，地方国库业务依照国务院的有关规定办理。

（二）政府预算支出的执行

各级政府财政部门必须依照法律、行政法规和国务院财政部门的规定，及时、足额地拨付预算支出资金，加强对预算支出的管理和监督。各级政府、各部门、各单位的支出必须按照预算执行，不得虚假列支。各级政府、各部门、各单位应当对预算支出情况开展绩效评价。为提高预算执行的效率，实行国库集中收缴和集中支付制度，对政府全部收入和支出实行国库集中收付管理。对于商品和劳务的购买实施政府采购制度。

（三）预算执行中的平衡手段

预算是一个年度财政收支计划的安排，虽然预算编制要求准确、可靠，但预算执行过程中，某些情况发生变化是经常发生的，必然对预算产生一定影响。为了保障预算的实现，需要在预算程序中设置预算执行平衡手段。根据新《预算法》，预算执行中的平衡手段包括：

1. 预备费

各级一般公共预算应当按照本级一般公共预算支出额的百分之一至百分之三设置预备费，用于当年预算执行中的自然灾害等突发事件处理增加的支出及其他难以预见的开支。至于预备费的具体比例则由本级政府根据具体情况确定。这是由于各地经济发展水平、财政收入状况、面临的自然环境的差别很大，各地需要预留的财政后备的规模和水平全国不可能有一个统一的标准。各级预算预备费的动用方案，由本级政府财政部门提出，报本级政府决定。

2. 预算周转金

各级一般公共预算按照国务院的规定可以设置预算周转金，用于本级政府调剂预算年度内季节性收支差额。各级预算周转金由本级政府财政部门管理，不得挪作他用。

3. 预算稳定调节基金因素

各级政府应当建立跨年度预算平衡机制。各级一般公共预算按照国务院的规定可以设置预算稳定调节基金，用于弥补以后年度预算资金的不足。各级一般公共预算年度执行中有超收收入的，只能用于冲减赤字或者补充预算稳定调节基金。各级一般公共预算的结余资金，应当补充预算稳定调节基金。省、自治区、直辖市一般公共预算年度执行中出现短收，通过调入预算稳定调节基金、减少支出等方式仍不能实现收支平衡的，省、自治区、直辖市政府报本级人民代表大会或者其常务委员会批准，可以增列赤字，报国务院财政部门备案，并应当在下一年度预算中予以弥补。

4. 预算调整

经全国人民代表大会批准的中央预算和经地方各级人民代表大会批准的地方各级预算，在执行中出现下列情况之一的，应当进行预算调整：需要增加或者减少预算总支出的；需要调入预算稳定调节基金的；需要调减预算安排的重点支出数额的；需要增加举借债务数额的。在预算执行中，各级政府对于必须进行的预算调整，应当编制预算调整方案。预算调整方案应当说明预算调整的理由、项目和数额。中央预算的调整方案应当提请全国人民代表大会常务委员会审查和批准；县级以上地方各级预算的调整方案应当提请本级人民代表大会常务委员会审查和批准；乡、民族乡、镇预算的调整方案应当提请本级人民代表大会审查和批准。未经批准，不得调整预算。

四、政府决算与绩效管理

（一）政府决算

政府决算是预算管理过程中一个必不可少的阶段，是整个预算程序的总结和终结。政府决算是经法定程序批准的年度预算执行结果的会计报告。全国决算包括中央决算和地方决算。各级政府决算草案的审批程序分别是：国务院财政部门编制中央决算草案，经国务院审计部门审计后，报国务院审定，由国务院提请全国人民代表大会常务委员会审查和批准；县级以上地方各级政府财政部门编制本级决算草案，经本级政府审计部门审计后，报本级政府审定，由本级政府提请本级人民代表大会常务委员会审查和批准；乡、民族乡、镇政府编制本级决算草案，提请本级人民代表大会审查和批准。

各级决算经批准后，财政部门应当在二十日内向本级各部门批复决算。各部门应当在接到本级政府财政部门批复的本部门决算后十五日内向所属单位批复决算。财政部门向本级部门批复决算是为了让各部门了解本级财政部门、政府、人大常委会对本部门决算的审查结果，从而更好地总结过去一年预算执行情况，做好本年的预算管理工作。

（二）政府预算绩效管理

"绩效"在《现代汉语词典》中的解释是："成绩；成效"。"绩效"一词最早在工商企业管理过程中使用。20世纪二三十年代左右，"绩效"及"绩效管理"开始被引入政府公共管理领域，并在20世纪八九十年代被广泛用于西方国家政府公共管理过程中。预算绩效管理是以提高财政资金使用效益为目标，绩效目标设定、绩效跟踪、绩效评价及结果运用有机结合的预算管理机制，是政府绩效管理的重要组成部分。

传统的预算管理是以投入为导向。以投入为导向的预算管理关注的中心问题是：花了多少钱？钱花在什么地方？是否按预先设立的规定花钱？"控制"和"合规性"是以投入为导向的预算管理的两个支点。以投入为导向的预算模式虽然在控制预算支出和满足立法机构要求等方面具有优势，但也存在着明显的缺陷：忽视预算资源的使用效果。

预算绩效管理与以投入为导向的预算管理模式不同，是以产出和成果为导向，主要关注预算资源使用的"产出"和"成果"。其中，所谓"产出"是从产品和服务的角度描述公共职能，计算政府提供了多少公共服务，生产了多少公共产品。可以用政府修建的公路的里程数、政府投资的基础教育学校数和当年的毕业生人数等指标来描述。所谓"成果"是指政府部门的工作对社会产生的实际影响。如因改善卫生条件使人口的预期寿命得到提高、因加强社会治安管理使犯罪率下降和因加强义务教育使失学儿童人数减少等。在以"产出"和"成果"为导向的预算管理模式下，虽然许多以投入为基础的预算管理方法中的重要因素仍然存在，但关注的重点主要放在：预算部门有多少产出？预算部门花了纳税人的钱取得了哪些成效？预算部门在多大程度上完成了任务和政策目标？等。可以看出，以"产出"和"成果"为导向的预算管理改革更为关注和重视政府资源配置的效率和政府资源使用的成果，从而可以有效地提高预算资金的使用效益和提升政府部门的施政绩效。

我国于20世纪90年代末开始的政府预算改革，也逐渐将政府预算绩效管理纳入改革范围。2014年9月26日，以国发〔2014〕45号印发《国务院关于深化预算管理制度改革的决定》，提出健全预算绩效管理机制，全面推进预算绩效管理工作，强化支出责任和效率意识，逐步将绩效管理范围覆盖各级预算单位和所有财政资金，将绩效评价重点由项目支出拓展到部门整体支出和政策、制度、管理等方面，加强绩效评价结果应用，将评价结果作为调整支出结构、完善财政政策和科学安排预算的重要依据。2015年5月21日，财政部印发《中央部门预算绩效目标管理办法》财预〔2015〕88号，指出绩效目标是指财政预算资金计划在一定期限内达到的产出和效果。绩效目标是建设项目库、编制部门预算、实施绩效监控、开展绩效评价等的重要基础和依据。该办法对绩效目标的设定，绩效目标的审核，绩效目标的批复、调整与应用等做了明确。

财政部门在预算绩效管理方面积极探索，初步构建了预算绩效管理体系基本框架。在中央层面，形成了以项目支出为主的一般公共预算绩效管理体系，并不断延伸和拓展。绩效目标管理已经覆盖所有中央部门的本级项目、中央对地方专项转移支付以及部分中央政府性基金和中央国有资本经营预算项目。绩效目标执行监控范围逐步扩大，2018年覆盖中央部门所有项目。在中央部门对上年所有本级项目开展绩效自评的基础上，2018 年扩展至中央对地方所有专项转移支付资金。将中央本级一级项目和专项转移支付的绩效目标随同预算批复和下达，使绩效与预算具有同等约束。建立重点绩效评价常态机制，统一安排对重点民生政策和重大项目开展绩效评价，部分评价结果已应用于预算安排和政策调整。以经济建设支出为切入点，有针对性地选取评估对象，采取重点抽评与第三方评估相结合的方式开展绩效评价，推动提升中央财政支出绩效。在地方层面，一些省份结合自身实际，积极探索预算绩效管理新模式。新《预算法》实施后，越来越多的地方将绩效管理作为财政工作重点，加快全过程预算绩效管理改革步伐，在政策或项目事前评估、第三方绩效评价、绩效评价结果应用等方面，积累了一些成功经验。目前，各省级财政部门均出台了预算绩效管理办法，个别地区出台了相关地方性法规。绝大多数省级财政部门细化了预算绩效管理工作规范和操作细则。一些省份还将部门绩效考核结果与公务员绩效工资（奖金）直接挂钩，对资金使用绩效形成正向激励。

随着预算绩效管理的深入推进，中央和地方预算管理规范化、科学化水平不断提高。一是强化了预算绩效意识。"花钱必问效、无效必问责"的意识不断增强。绩效管理也带来了资金分配和管理方式的改变，部门和资金使用单位逐步把预算管理重点从要求加大财政投入转到提高财政资金使用绩效上来。二是促进了政府职能转变。通过实施绩效管理，财政部门更加重视对预算绩效的审查、监督和评价，也调动了各部门将花钱和办事紧密结合的积极性与主动性，促使各部门拿出更多时间和精力加强政策规划和精准编制预算，对政策实施结果跟踪问效，推动优化财政资源配置，提高资金使用效益，努力实现少花钱、多办事、办好事。三是提高了决策科学化、民主化水平。高校、科研机构、第三方评估机构以及民众参与为预算绩效管理提供了强大的智力支持，推动政府决策更加科学、民主、透明。

尽管预算绩效管理工作取得初步成效，但与全面实施绩效管理、加快建立现代财政制度的发展要求相比，还存在一定差距。对存在的问题，要采取有力措施切实加以解决，以更好发挥预算绩效管理的积极作用。2017 年 10 月，党的十九大对加快建立现代财政制度做出重要部署，明确提出要建立全面规范透明、标准科学、约束有力的预算制度，全面实施绩效管理。全面实施预算绩效管理的重点任务是：一是绩效管理全覆盖。即将一般公共预算、政府性基金预算、国有资本经营预算的所有资金或支出项目纳入绩效管理范围，社保基金预算也要参照执行。二是贯穿预算全过程。即不仅预算编制、执行、结果要引入绩效理念和绩效管理，还要对重大项目全周期进行绩效评价，注重成本效益分析，关注支出结果和政策目标实现程度，推动改进预算编制和调整财政政策。三是绩效方法全系列，包括绩效自评、重点评价相结合，并逐步建立起第三方评价体系和评价结果运用机制，形成一套完整绩效管理闭环体系。四是评价对象全方位。由目前对部门项目支出和重大政策绩效评价为主，拓展到对部门整体支出绩效评价；由对地方转移支付绩效评价为主，拓展到对地方财政运行绩效评价，更好地促进部门、地方履职尽责。

□ 本章小结

政府预算管理制度也是研究地方财政相关问题的重要制度基础。地方政府通过编制预算事先算账，能够了解自己的财力，并根据年度行动计划，全面安排年度资金收支，避免顾此失彼。

政府预算是指经法定程序批准的具有法律效力的政府年度财政收支计划。政府预算的功能包括：反映政府的活动范围和方向；对政府收支进行监督与制约。

与多层级的政府组织结构相对应，国家财政的管理组织形式通常表现为分级预算管理体制，大多数国家都实行多级预算。我国实行一级政府一级预算，设立中央，省、自治区、直辖市，设区的市、自治州，县、自治县、不设区的市、市辖区，乡、民族乡、镇五级预算。全国预算由中央预算和地方预算组成。

政府各类收支都应纳入政府预算体系管理，完整的政府预算体系包括一般公共预算、政府性基金预算、国有资本经营预算和社会保险基金预算。一般公共预算是对以税收为主体的财政收入，安排用于保障和改善民生、推动经济社会发展、维护国家安全、维持国家机构正常运转等方面的收支预算。政府性基金预算是对依照法律、行政法规的规定在一定期限内向特定对象征收、收取或者以其他方式筹集的资金，专项用于特定公共事业发展的收支预算。国有资本经营预算是对国有资本收益（国家以所有者身份依法取得）做出支出安排的收支预算。社会保险基金预算是对社会保险缴款、一般公共预算安排和其他方式筹集的资金，专项用于社会保险的收支预算。

预算支出科目采用了两种分类方法：支出功能分类与支出经济分类，从不同侧面、以不同方式反映政府支出活动。支出经济分类科目包括政府预算支出经济分类科目和部门预算支出经济分类科目。各预算单位按照部门预算支出经济分类科目编制部门预算。财政部门根据所有部门预算，按照政府预算支出经济分类编制本级政府预算，向人大报批。两类科目独成体系，却又相辅相成，具有互相对应的关系。

预算程序又称预算周期或预算过程，它起于一个预算年度开始以前，而终止于一个预算年度结束之后。就整个预算程序来说，根据程序的主体不同，可以分为四个阶段：政府预算编制、政府预算审批、政府预算执行、政府决算与绩效管理。

□ 关键概念

政府预算　一般公共预算　政府性基金预算　国有资本经营预算　社会保险基金预算　预备费　预算周转金　预算稳定调节基金　预算调整　预算绩效管理

□ 复习思考题

1. 简述政府预算的含义。

2.简述政府预算的功能。

3.简述现行政府体系包括几类预算并理解各类预算的含义。

4.简述政府预算程序包括的环节。

5.简述预算执行中的平衡手段。

6.试比较以产出和成果为导向的预算管理模式与以投入为导向的预算管理模式。

7.简述全面实施预算绩效管理的重点任务。

第六章

地方财政支出

　　地方财政支出是地方政府在满足地方的公共需求和履行其政治及经济职能的过程中所付出的费用的总和，是地方财政活动中的一项重要内容。地方财政支出涉及范围广、项目多、数额大。2017年，地方一般公共预算支出为173 228.34万亿元。近几年，一般公共预算中，地方财政支出占全国财政支出的比重在85%左右。本章重点分析地方财政支出的分类、主要地方财政支出和地方财政支出的规模与结构。需要说明的是，本章所讲的地方财政支出主要指的是一般公共预算中的地方财政支出，不包括政府性基金预算、国有资本经营预算和社会保险基金预算中的地方财政支出。

第一节　地方财政支出的分类

　　财政支出的分类标准很多，本节主要依据财政管理实践中的财政支出分类标准，根据财政部制定的《2018年政府收支分类科目》进行财政支出分类。

一、按财政支出用途分类

　　中华人民共和国成立以来，我国财政支出分类基本上是遵循马克思的社会产品价值构成理论。根据马克思的社会产品价值构成理论，社会总产品价值由C（生产资料补偿价值）、V（劳动力价值）、M（剩余价值）三部分组成，经过初次分配转化为补偿基金、消费基金和积累基金，经过再分配转化为投资和消费。其中，投资包括重置投资和净投资。

　　由此，财政支出从静态的价值构成上划分，可以分为补偿性支出、积累性支出和消费性支出；而从动态的再生产的角度划分，则可以分为投资性支出（包括补偿性支出和积累性支出）与消费性支出。

　　2007年以前，我国的财政支出就是按上述分类方法安排支出（见表6-1）。

表 6-1　　　　　　　　**财政支出按用途结构分类（2006 年）**　　　　　单位：亿元

项　　目	国家财政支出	中央	地方
1.基本建设支出	4 390.38	1 483.52	2 906.86
2.挖潜改造和科技三项费用	1 744.56	432.19	1 312.37
3.增拨企业流动资金	16.58	15.65	0.93
4.地质勘探费	141.82	37.95	103.87
5.工业、交通、流通部门事业费	581.25	135.13	446.12
6.支农支出	2 161.35	194.39	1 966.96
7.城市维护建设支出	1 698.69	/	1 698.69
8.文教、科学、卫生事业费	7 425.98	719.07	6 706.91
9.抚恤和社会福利救济费	907.68	5.61	902.07
10.社会保障补助支出	2 123.90	241.20	1 882.70
11.国防支出	2 979.38	2 947.34	32.04
12.行政管理费	3 355.81	461.07	2 894.74
13.公检法司支出	2 174.23	98.68	2 075.55
14.武装警察部队支出	388.03	335.38	52.65
15.外交外事支出	109.01	95.40	13.61
16.对外援助支出	82.37	82.37	
17.支援经济不发达地区支出	220.10	4.18	215.92
18.政策性补贴支出	1 387.52	550.22	837.30
19.其他部门的事业费	1 461.60	111.46	1 350.14
20.其他支出	3 721.90	510.77	3 211.13
21.中央预备费	/	/	/
22.地方预备费	/	/	/
23.教育费附加支出	388.64	/	388.64
24.行政事业单位离退休经费	1 330.20	109.40	1 220.80
25.用车购税收入安排的支出	656.36	445.03	211.33
26.预算外资金改革支出	/	/	/
27.国内外债务付息支出	975.39	975.39	/
合　　计	40 422.73	9 991.40	30 431.33

　　若从静态的社会总产品价值构成来归类：挖潜改造资金属于补偿性支出；基本建设支出，挖潜改造和科技三项费用，增拨企业流动资金，地质勘探费，工业、交通、流通部门事业费，支农支出和城市维护建设支出属于积累性支出；文教、科学、卫生事业费，抚恤和社会福利救济费，社会保障补助支出，国防支出，行政管理费，公检法司支出，武装警察部队支出，外交外事支出，对外援助支出，教育费附加支出和行政事业单位离退休经费属于消费性支出。

　　若从动态的再生产的角度来进行归类：基本建设支出，挖潜改造和科技三项费用，增拨企业流动资金，地质勘探费，工业、交通、流通部门事业费，支农支出，城市维护建设支出属于投资性支出。其中，挖潜改造和科技三项费用属于重置投资；文教、科学、卫生事业费，抚恤和社会福利救济费，社会保障补助支出，国防支出，行政管理费，公检法司支出，武装警察部队支出，外交外事支出，对外援助支出，教育费附加支出和行政事业单位离退休经费属于消费性支出。

　　随着社会主义市场经济体制的完善和公共财政体制的逐步确立以及各项预算管理改革的不断深入，传统预算科目体系的弊端也越来越明显，突出地表现在以下方面：

　　1. 与市场经济体制下的政府职能转变不相适应

　　到 2007 年，改革开放已进行了 29 年，社会主义市场经济的建设已进行了 15 年，政府职能发生了很大转变，财政模式也由生产建设型财政向公共财政转变，但作为反映政府职能活动需要的预算收支科目，却明显带有过去计划经济体制下政府代替市场配置资源的色彩，无法体现政府职能转变和公共财政改革的实际。

　　2. 不能清晰反映政府职能活动

　　我国传统的预算支出科目主要是按支出的积累和消费性质进行分类。这种分类方法使政府究竟办了什么事，在政府预算上看不出来，很多政府的重点支出，如农业、教育、科技等都分散在各类科目之中，如教育支出分散在基本建设支出、文教事业费和教育费附加支出中，形不成一个完整的概念，不透明、不清晰，往往造成"外行看不懂，内行说不清"。

　　3. 与国民经济核算体系和国际通行做法不相适应

　　改革开放后，我国国民经济核算体系逐步依据国际通行标准作了调整，而政府预算收支科目体系在 2007 年以前一直未作相应改革，财政部门和国家统计部门每年都要根据工作的需要作大量的口径调整和数据转换工作。尽管如此，还是难以保证数据的准确性（2006 年的其他支出就占 18.72%），也无法保证与其他国家之间具有可比性。

　　为解决传统预算科目体系的弊端，我国从 2007 年 1 月 1 日起在全国范围内实施新的政府收支分类。在支出方面改变了按支出用途分类的方法，改按政府支出功能分类，支出功能分类主要反映政府活动的不同功能和政策目标。

二、按政府支出功能分类

财政支出的直接目的是满足政府执行其职能的资金需要，可以按政府职能对财政支出进行分类。按职能分类是市场经济发达国家常用的支出分类方法。

《2007政府收支分类科目》将支出分为17类，包括：一般公共服务（主要反映政府综合管理部门的支出）；外交；国防；公共安全；教育；科学技术；文化体育与传媒；社会保障和就业；社会保险基金支出；医疗卫生；环境保护；城乡社区事务；农林水事务；交通运输；工业商业金融等事务；其他支出；转移性支出。

《2018政府收支分类科目》将支出分为26类，包括：执行政治职能的一般政府服务支出：一般公共服务支出、外交支出、国防支出、公共安全支出；执行社会职能的社会服务支出：教育支出、科学技术支出、文化体育与传媒支出、社会保障和就业支出、医疗卫生与计划生育支出、节能环保支出、城乡社区事务支出；执行经济职能的经济服务支出：农林水支出、交通运输支出、资源勘探信息等支出、商业服务业等支出、金融支出、援助其他地区支出、国土海洋气象等支出、住房保障支出、粮油物资储备等支出；其他类别支出：预备费、其他支出、转移性支出、债务还本支出、债务付息支出、债务发行费用支出等。

三、按财政支出经济性质分类

我国从2007年1月1日起在全国范围内实施新的政府收支分类。在支出功能分类明确反映政府职能活动的基础上，支出经济分类明细反映政府的钱究竟是怎么花出去的，是付了人员工资，还是买了办公设备，还是无偿转移给了企业和个人等。

按照《2018年政府收支分类科目》，支出经济分类科目包括政府预算支出经济分类科目和部门预算支出经济分类科目。各预算单位按照部门预算支出经济分类科目编制部门预算。财政部门根据所有部门预算，按照政府预算支出经济分类编制本级政府预算，向人大报批。两类科目独成体系，却又相辅相成，具有互相对应的关系。

理论上，以支出是否与商品和服务相交换为标准，可分为购买性支出和转移性支出。

1. 购买性支出

购买性支出直接表现为政府购买商品和服务的支出。政府预算支出经济分类中的机关工资福利支出、机关商品和服务支出、机关资本性支出（一）和机关资本性支出（二）都属于购买性支出。这些支出的目的和用途虽然有所不同，但却有一个共同点：政府一手付出了资金，另一手相应地获得了商品或劳务，并运用这些商品或劳务来履行政府的各项职能，政府如同其他经济主体一样，在市场上从事等价交换活动。

2.转移性支出

转移性支出是指政府按照一定方式，把一部分财政资金无偿、单方面地转移给事业单位（不含参公事业单位）、企业、个人和家庭的支出，政府不能从中获取相应的商品和服务。政府预算支出经济分类中的对事业单位（不含参公事业单位）经常性补助、对事业单位（不含参公事业单位）资本性补助、对企业补助、对企业资本性支出、对个人和家庭的补助、对社会保障基金补助都属于转移性支出。转移性支出的目的和用途各不同，但却有一个共同特点：政府付出了资金，却没有获得任何资源（商品和劳务）。转移性支出所体现的是政府的非市场性再分配活动。其中，社会保障支出主要是为了进行收入再分配；对企事业单位和个人家庭的补助主要是为了实现政府特定的经济社会政策目标。

四、按财政支出级次分类

世界上许多国家均依照地方政权的级次设置相应级次的地方财政支出。美国是一个联邦制国家，其地方政权由州政府和地方政府组成，与之相适应，地方财政支出也由州财政支出和地方财政支出（县、市、村、自治市、镇、乡、学区、特别区）两个级次构成。日本是单一制国家，地方政府机构分为都道府县和市町村两级。相应地，其地方支出由都道府县支出和市町村支出组成。我国地方政权级次由省（自治区、直辖市）、市（自治州、地区行署）、县（不设区的县级市、自治县）和乡（镇）四级构成。与之相对应，我国地方财政支出由省级支出、市级支出、县级支出和乡级支出四个级次组成。

第二节　一般政府服务支出

一般政府服务支出是地方财政用于地方各级权力机关、政党组织、行政管理机关、司法检察机关、外事机构和社会团体行使其职能所需要的费用支出。作为地方财政支出的基本内容之一，一般政府服务支出是维持各级地方政权存在、保障各级地方政府管理机构正常运转所必需的费用，对于维护社会秩序，保障社会安全具有重要意义。这些服务具有纯公共产品特征，是纳税人必须支付的社会成本。

一、一般公共服务支出

一般公共服务支出指政府提供一般公共服务的支出。

根据《2018政府收支分类科目》，一般公共服务支出包括：人大事务、政协事务、政府办公厅（室）及相关机构事务、发展与改革事务、统计信息事务、财政事务、税收事务、审计事务、海关事务、人力资源事务、纪检监察事务、商贸事务、知识产权事务、工商行政管理事务、质量技术监督与检验检疫事务、民族事务、宗教事务、港澳台事务、档案事务、民主党派及工商联事务、群众团体事务、党委办公厅（室）及相关机构事务、组织事务、宣传事务、统战事务、对外联络事务、其他共产党事务支出和其他一般公共服务支出。

二、外交支出

外交支出指政府外交事务支出。

根据《2018 政府收支分类科目》，外交支出包括：外交管理事务、驻外机构、对外援助、国际组织、对外合作与交流、对外宣传、边界勘界联检和其他外交支出。

三、国防支出

国防支出指政府用于国防方面的支出。

根据《2018 政府收支分类科目》，国防支出包括：现役部队、国防科研事业、专项工程、国防动员和其他国防支出等支出。

国防支出是指一国政府为维护国家主权与保护领土完整所必需的费用支出，是一国政府执行对外政治职能的必然结果。国防事务对于一个国家非常重要。我国奉行的是独立自主的和平外交政策和积极防御性的国防政策。目前，同世界上一些国家相比，中国的国防费用无论是绝对数，还是占国内生产总值的比重或占财政支出的比重，在世界上都处于较低水平。

四、公共安全支出

公共安全支出指政府维护社会公共安全方面的支出。

根据《2018 政府收支分类科目》，公共安全支出包括：武装警察、公安、国家安全、检察、法院、司法、监狱、强制隔离戒毒、国家保密、缉私警察、海警和其他公共安全支出等。

第三节　社会服务支出

社会服务是政府直接向社会、家庭和个人提供的服务，如教育、卫生、社会保障等。而社会服务支出是地方政府用于教育、科学技术、文化体育与传媒、社会保障和就业、医疗卫生与计划生育、节能环保、城乡社区事务等社会服务方面的支出。社会服务支出具有重要意义。科学技术是第一生产力；而教育是科学技术这种第一生产力的源泉和基础，教育是国家发展的基础，关系民族的未来；文化体育与传媒、医疗卫生与计划生育、社会保障和就业、节能环保、城乡社区事务的发展直接关系到人民的健康水平与物质文化水平的提高，都是重要的民生支出。

一、教育支出

教育支出是政府教育事务支出。根据《2018 政府收支分类科目》，教育支出包括：教育管理事务、普通教育、职业教育、成人教育、广播电视教育、留学教育、特殊教育、进修及培训、教育费附加安排的支出和其他教育支出等。

（一）政府对教育事业进行投入的原因

教育是可以由微观主体提供的，需要接受教育的人们也可以花钱"买"到这种服务。然而，从世界各国来看，政府在为全社会提供教育服务方面都起着主要作用。第二次世界大战后西方发达国家几十年来的经济发展，无不建立在对教育的高度重视上。

各国政府重视教育投入的原因在于：教育具有公共产品特征，具有较大正外部效益。受教育者接受教育之后，有相当大的一部分教育利益通过受教育者外溢给了社会，从而提高了整个社会的劳动生产率，提高了民众的文化与道德素养，保证了国家的政治制度和经济制度得以在一个更为良好的环境中运行，从而促进了社会文化和经济更快的发展。教育产品的外溢性使得市场配置往往不足，完全依靠市场配置，"有钱的上得起学，无钱的上不起学"。总之，教育不能完全依靠市场来配置，需要政府的大力支持。

（二）政府对不同层次的教育的参与程度

依据教育性质的不同，应将市场收费与政府拨款结合起来，并应根据不同层次教育的公共产品特性来决定政府参与的程度。

1. 义务教育

义务教育是保证公民基本素质的教育，是由国家立法安排的，所以，从理论上讲，每个公民都应该无差别地享受这种教育，这种服务具有纯公共产品特征，应当由政府来提供和保证。义务教育阶段的教育经费主要由财政负担。

2. 高等教育、职业教育、成人教育

高层次教育是提高公民素质的教育，可以为社会培养建设人才，从而促进社会经济的发展。但这些教育比义务教育具有更多的私人产品性质。受教育者可以从中获得更多更高的知识和技能，为将来找到一份较好的职业、获得较高的收入、拥有较多的晋升机会奠定基础。而且，高等教育具有一定的竞争性。一个人接受高等教育，就会减少另一些人接受高等教育的机会。因此，义务教育以外的高层次教育，不属于纯公共产品，而属于混合产品。从理论上讲，可以向受教育者收费，也可以由私人举办。这是我国高校从 20 世纪 90 年代起开始收费的原因。

专栏 6-1

高等教育经费来源的演变

在计划经济体制下，财政拨款是高等教育经费的唯一来源。在计划经济条件下，高等教育系统是政府整个计划体制不可缺少的组成部分。高校的招生和分配都是根据国家的社会经济发展计划和人才需求计划由政府确定的。在这种体制下，国家包揽高等教育办学，财政拨款是高等教育经费的唯一来源，每年由财政部门根据招生计划的定额确定高等教育的拨款数额。

在社会主义市场经济条件下，高等教育经费来源逐渐多样化。20世纪80年代初以来，我国高等教育财政体制进行了一系列改革。高等教育经费来源结构也发生了很大的变化。1998年8月29日，第九届全国人民代表大会常务委员会第四次会议通过《高等教育法》，自1999年1月1日起施行。《高等教育法》第六十条规定：国家建立以财政拨款为主、其他多种渠道筹措高等教育经费为辅的体制，使高等教育事业的发展同经济、社会发展的水平相适应。国务院和省、自治区、直辖市人民政府依照《高等教育法》第五十五条的规定，保证国家举办的高等教育的经费逐步增长。国家鼓励企业事业组织、社会团体及其他社会组织和个人向高等教育投入。2015年12月27日，《全国人民代表大会常务委员会关于修改〈中华人民共和国高等教育法〉的决定》已由中华人民共和国第十二届全国人民代表大会常务委员会第十八次会议通过，修订后的《高等教育法》自2016年6月1日起施行。修订后的《高等教育法》第六十条规定：高等教育实行以举办者投入为主、受教育者合理分担培养成本、高等学校多种渠道筹措经费的机制。

目前高等教育的经费来源具体包括：（1）财政拨款。（2）高等学校向学生收取的合理学费。（3）高等学校按照市场经济的原则从校办企业取得的收入。（4）作为高等教育受益者的社会各界向高等学校提供的捐赠。（5）各种教育基金形成的收入。（6）高等学校通过承接科研课题，或与企事业单位进行科研合作，提供科技开发、科技咨询、科技成果转让等服务所取得的收入。（7）高等学校按照国家政策通过金融机构获得的用于学校发展的贷款。（8）高等学校按照国家政策对临时沉淀资金进行合理的管理运作，从资本市场上取得的利息收入。

3. 企业的职业学校、员工培训等教育

随着科学技术的发展，现代企业之间的市场竞争相当程度上取决于企业科技实力、经营管理能力和服务水平，而这些都与企业员工的文化素质高低密切相关。就此而论，现代企业之间的竞争实质上是人才竞争。为了保证企业的生存和发展，企业就必须定期或不定期地开展企业教育活动，以提高员工的素质、能力和水平，这些教育的基本形式，主要是企业的常设职业学校以及定期或不定期的员工培训班等。这类教育活动是以满足企业生存和发展需要为主要目标的教育活动，最直接的受益者首先是企业本身，因而在财政能力有限的情况下，这类教育经费不应列入财政支出。

（三）中央与地方政府在教育投入方面的分工

1. 义务教育

在计划经济体制下，在以集权为主的财政体制下，中央政府负主要责任。不到30年的时间，初步建立起较为全面的基础教育体系，实现了大规模的群体脱盲。

20世纪80年代实施财政包干制后，中央财力逐步削弱，教育事权下移。

1985 年 5 月，《关于教育体制改革的决定》中提出，"把发展基础教育的责任交给地方，有步骤地实行九年制义务教育。实行基础教育由地方负责，分级管理的原则。"关于地方的职责划分，原则上确定由各省（自治区、直辖市）决定。1986年 4 月，《中华人民共和国义务教育法》颁布后，各省（自治区、直辖市）相继制定实施义务教育法的地方法规。从实际情况看，城市地区的财力相对充裕，基本可以保障义务教育发展的资金需要。在农村地区，各地基本采用"县办高中，乡办初中，村办小学"的做法。这个政策，把发展农村义务教育的责任落到了乡镇政府头上。1994—2001 年期间，中国义务教育经费的 78% 由乡镇负担，9% 左右由县财政负担，省财政负担 11%，中央财政负担很少，不足 2%。而乡镇基本上属于"吃饭"财政。分税制改革后，财力层层集中，乡镇财政处于困境。这样，实际的后果是把农村义务教育的一些负担转嫁到农民身上，造成一些农村出现上学难、上学贵的现象。

为全面解决农村义务教育的困难，国务院于 2001 年下发《关于基础教育改革与发展的决定》，开始实行"以县为主"的农村义务教育管理体制。2001 年起，中国政府对农村义务教育阶段贫困家庭学生就学实施"两免一补"政策。"免除学杂费、免费提供教科书和对家庭经济困难寄宿生补助生活费"。其中，中央财政负责提供免费教科书，地方财政负责免除杂费和补助寄宿生生活费。这种做法使农村义务教育状况有所改善。但是，由于国家未对中央、省、市和县级政府的具体投入责任进行划分，加之大部分县级财政较为困难，农村义务教育经费困难的问题仍旧突出，尤其是经济欠发达地区。

2005 年是中国义务教育体制发生重要变化的一年。国家教育部提出了《关于进一步推进义务教育均衡发展的若干意见》，随后国务院又发出了《关于深化农村义务教育经费保障机制改革的通知》，要求有效遏制城乡之间、地区之间和校际之间教育差距增大的势头；明确提出了推进义务教育均衡发展的措施："明确各级责任、中央地方共担、加大财政投入、提高保障水平、分步组织实施"，逐步将农村义务教育全面纳入公共财政保障范围，建立中央和地方分项目、按比例分担的农村义务教育经费保障机制。

2006 年 9 月 1 日，新修订的《义务教育法》施行。明确规定："国家将义务教育全面纳入财政保障范围，义务教育经费由国务院和地方各级人民政府依照本法规定予以保障。"这是新《义务教育法》的重大突破，从根本上改变了我国义务教育的发展模式。我国农村义务教育经费责任重心逐渐上移，中央政府和省级政府承担起越来越重要的责任。2006 年，全部免除了西部地区农村义务教育阶段中小学生学杂费。2007 年，决定全部免除全国农村义务教育阶段的学杂费。2008 年，决定免除城市义务教育学杂费。我国正式步入"免费义务教育"时代。

2015 年 12 月，国务院印发《关于进一步完善城乡义务教育经费保障机制的通知》（国发〔2015〕67 号，以下简称《通知》），决定从 2016 年起进一步完善城乡义务教育经费保障机制。其主要内容是：

（1）整合农村义务教育经费保障机制和城市义务教育奖补政策。统一城乡义务教育"两免一补"政策。对城乡义务教育学生免除学杂费、免费提供教科书，对家庭经济困难寄宿生补助生活费（统称"两免一补"）。统一城乡义务教育经费保障机制，实现"两免一补"和生均公用经费基准定额资金随学生流动可携带。国家继续实施农村义务教育薄弱学校改造计划等相关项目，着力解决农村义务教育发展中存在的突出问题和薄弱环节。

（2）建立统一的中央和地方分项目、按比例分担的城乡义务教育经费保障机制。

①公用经费保障。中央与地方按比例分担。第一档为8：2，包括：内蒙古、广西、重庆、四川、贵州、云南、西藏、陕西、甘肃、青海、宁夏、新疆等12个省（自治区、直辖市）；第二档为6：4，包括：河北、山西、吉林、黑龙江、安徽、江西、河南、湖北、湖南、海南等10个省；其他为5：5。

②免费提供教科书。免费提供国家规定课程教科书和小学一年级新生所需的正版学生字典，经费由中央财政承担；免费提供地方课程教科书，所需经费由地方财政承担。

③家庭经济困难学生生活补助。中央与地方按比例分担，各地区均为5：5；对人口较少民族寄宿生增加安排生活补助所需经费，由中央财政承担。

④贫困地区学生营养膳食补助。国家试点所需经费，由中央财政承担；地方试点所需经费，由地方财政统筹安排，中央财政给予生均定额奖补。

⑤农村地区义务教育学校校舍安全保障长效机制。中西部农村地区公办义务教育学校校舍安全保障机制所需资金由中央和地方按照5：5比例分担；对东部农村地区，中央继续采取"以奖代补"方式，给予适当奖励。城市地区公办义务教育学校校舍安全保障长效机制由地方建立，所需经费由地方承担。

⑥城乡义务教育教师工资。中央继续对中西部地区及东部部分地区义务教育教师工资经费给予支持，省级人民政府加大对本行政区域内财力薄弱地区的转移支付力度。县级人民政府确保县域内义务教育教师工资按时足额发放，教育部门在分配绩效工资时，要加大对艰苦边远贫困地区和薄弱学校的倾斜力度。

2016年7月12日，国务院印发《关于统筹推进县域内城乡义务教育一体化改革发展的若干意见》，要求按照全面建成小康社会目标，加快缩小城乡教育差距，促进教育公平，统筹推进县域内城乡义务教育一体化改革发展。《意见》提出，加快推进县域内城乡义务教育学校建设标准统一、教师编制标准统一、生均公用经费基准定额统一、基本装备配置标准统一和"两免一补"政策城乡全覆盖。到2020年，城乡二元结构壁垒基本消除，义务教育与城镇化发展基本协调；城乡学校布局更加合理，乡村教师待遇稳步提高、岗位吸引力大幅增强，乡村教育质量明显提升。

随着我国经济社会的发展与财政实力的提升，高中阶段教育将会纳入免费教育，乃至义务教育范围。

2. 高等教育

1999 年，我国开始扩大高等教育规模，我国高等教育取得了跨越式的发展，无论是总量、规模，还是高等教育入学率，发展速度都举世罕见。1978 年，中国的高等教育毛入学率只有 1.55%，1988 年达到 3.7%，1998 年升至 9.76%。1999 年开始大学扩招，高等教育毛入学率快速上升，2002 年达到 15%，高等教育从精英教育阶段进入大众化阶段。2015 年，中国高等教育毛入学率达到 40%。预计到2020 年，中国高等教育毛入学率将达到 50% 以上，进入高等教育普及化阶段。

在高等教育办学规模迅速扩大的同时，我国也不断调整高等教育办学体制机制。在过去的计划经济条件下，高等教育存在"部门分割、条块分割"等现象。为了解决这一问题，自 20 世纪 90 年代以来，我国高等教育的管理体制按照"共建、合作、合并、调整"的方针进行了改革，即采取共建共管、合作办学、合并学校、化转为地方管理等多种方式对公办高等院校进行调整。原国务院 50 多个部委直属的 400 多所高校除极少数改为教育部管理以外，多数院校下放地方或实行中央与地方共建，以地方为主。绝大多数中央部门不再办学，条块分割的办学体制被彻底打破，逐步建立了中央和省两级管理、以省级政府统筹管理为主的新体制。

从高等教育财政投入机制看，目前是以省级投入为重点。在高等教育管理上，中央政府的任务更多是宏观调控和规划。中央投入的重点是部属高校和专项教育经费。地方性高等学校占全国普通高等学校总数 95% 左右，是我国高等教育的主体，承担着培养和造就大批高素质创新人才、服务地方经济社会发展的任务。

二、科学技术支出

科学技术支出是财政用于科学技术方面的支出。根据《2018 年政府收支分类科目》，科学技术支出包括：科学技术管理事务、基础研究、应用研究、技术研究与开发、科技条件与服务、社会科学、科学技术普及、科技交流与合作、科技重大项目和其他科学技术支出等。

（一）政府支持科学技术研究的原因

科学技术支出是政府对科学技术研究所提供的财力支持。那么，政府为什么要支持科学技术研究呢？这是因为科学研究具有极强的正的外部效益。如：牛顿、爱因斯坦的研究对人类社会的进步产生了极大的推动作用。农业科研中的种子改良工程，其成果一经推广，就会产生巨大的经济效益。有人曾经风趣地说，中国人吃饭靠"两平"，一是在邓小平大力支持下推广的家庭联产承包制，二是靠袁隆平的杂交水稻。袁隆平从 20 世纪 60 年代开始研究水稻，成功培育出了"杂交水稻"品种，将水稻单位产量由亩产 300 公斤上升到 1 000 公斤以上，并开发出了海水稻、旱稻等新的水稻品种。袁隆平帮助中国实现了粮食"自给自足"的目标，解决了中国乃至世界的温饱问题。如今，中国大部分地区都种上了袁隆平研制的杂交水稻。杂交水稻品种还被引种到世界上 30 多个国家和地区，缓解了世界的粮食短缺问题。正是因为有着巨大的正外部效益，科学技术研究需要政府的大力支持。

（二）政府在不同性质科学技术研究中承担的职责

科学研究可分为基础研究和应用研究。基础研究是对新理论、新原理的探讨，具有普遍、广泛的适用性，是目标模糊、带有探索性的科研活动。应用研究是将基础研究成果应用于特定目标，具有专用性、局限性，是应用目标明确的科研活动。政府在不同性质的科学技术研究中承担着不同的职责。

1. 基础研究：政府承担主要责任

基础研究投入与产出之间的关系具有不确定性。基础研究的特点是目标模糊，带有探索性。有些基础研究可能只有耕耘而无收获，谁也不能保证投入多少科学家，投入多少研究资源，就一定能产出多少创新知识。基础研究是一条漫漫的充满艰辛的求索之路。基础研究的成本与收益不对称。在市场经济条件下，科技产品市场交易的基础是对科学技术产品市场价值的评估。基础研究往往投入巨大，但在科技产品的交易中，市场只是以科技成果直接可预见的经济效益来进行估价，而不会涉及这一技术的开发中投入人力物力的多少。有些基础研究成果对人类社会的发展意义重大，但无法产生直接的经济效益，是难以进入市场进行交易的，其成本与利益无法通过市场交换对称起来。

基础研究的上述特点决定了纯粹从经济效益角度出发的企业不愿介入基础科学研究。但基础研究对整个科学技术的发展至关重要。没有牛顿发现的"三大定律"，人类不可能计划登陆火星；没有爱因斯坦等所做的"基础研究"，或许就没有 20 世纪科技的突飞猛进。基础研究是一个国家、一个民族，乃至整个人类的科技创新、文明进步的原动力。任何一个国家和社会，没有基础科学研究的突破，也就难有科学技术的真正提高。因此，基础研究必须由政府来支持。

2. 应用研究：企业为投入主体，政府给予扶持

应用研究的应用目标明确，投入与产出的关系相对较为确定，成本与收益较为对称，可以通过市场交换弥补成本，乃至盈利。企业愿意介入，而且企业对市场需求的变化更为敏感和直接，甚至会创造需求。因为应用研究的上述特点，企业可以成为投入主体。从历史经验来看，企业成为应用研究活动的执行主体，是一个国家科学技术快速转化为现实生产力的重要前提，这已被发达国家和新兴工业化国家成功的发展历程所证实。不过，部分应用研究具有较大的外部性和风险性，如核武器的研制、航天技术的开发等，也需要由政府主导。

（三）中央与地方政府在科学技术投入方面的分工

中央政府的事权与支出责任主要是：

（1）负责制定科学技术发展的总体规划。如：2016 年 5 月，中共中央、国务院印发《国家创新驱动发展战略纲要》，明确了实施创新驱动发展战略的指导思想、总体要求、战略任务和保障措施，提出到 2020 年进入创新型国家、到 2030 年跻身

创新型国家前列、到 2050 年建成世界科技创新强国"三步走"目标。2017 年 7 月，国务院印发了《新一代人工智能发展规划》，战略目标是：到 2020 年，人工智能总体技术和应用与世界先进水平同步；到 2025 年，人工智能基础理论实现重大突破，部分技术与应用达到世界领先水平，人工智能成为我国产业升级和经济转型的主要动力，智能社会建设取得积极进展；到 2030 年，人工智能理论、技术与应用总体达到世界领先水平，成为世界主要人工智能创新中心。国务院还要求在中小学阶段设置人工智能相关课程，逐步推广编程教育。2017 年 10 月，十九大报告提出：未来的中国将要建设成为科技强国、质量强国、航天强国、网络强国、交通强国、数字中国。

（2）基础研究。基础研究属于纯公共产品。基础科学研究是建设科技强国的基石，往往要求中央政府在其中发挥主导作用。十九大报告提出：加快建设创新型国家，要瞄准世界科技前沿，强化基础研究，实现前瞻性基础研究、引领性原创成果重大突破。2018 年 2 月，国务院印发《关于全面加强基础科学研究的若干意见》，对全面加强基础科学研究做出部署。《意见》提出到 21 世纪中叶，把我国建设成为世界重要科学中心和创新高地，涌现出一批重大原创性科学成果和国际顶尖水平的科学大师，为建成富强民主文明和谐美丽的社会主义现代化强国和世界科技强国提供强大的科学支撑。《意见》明确了我国基础科学研究"三步走"的发展目标。从完善基础研究布局、建设高水平研究基地、壮大基础研究人才队伍等五个方面提出了全面加强基础科学研究的 20 项重点任务，同时提出了全面加强基础科学研究遵循的原则。近年来，我国加强顶层设计，前瞻部署和组织实施重要科技任务，在多个基础研究领域取得了一系列突破。

专栏 6-2

我国前瞻部署重要科技任务 多个基础研究领域取得突破

央广网北京 2018 年 4 月 6 日消息（记者潘毅） 据中国之声《新闻和报纸摘要》报道，习近平总书记在党的十九大报告中提出"要瞄准世界科技前沿，强化基础研究，实现前瞻性基础研究、引领性原创成果重大突破。"近年来，我国加强顶层设计，前瞻部署和组织实施重要科技任务，在多个基础研究领域取得了一系列突破。

近年来，我国科学家面向国际科技前沿，取得了一大批重要原创成果。

这是世界上首个体细胞克隆猴"中中"和第二个克隆猴"华华"的叫声。中国科学院非人灵长类（苏州）研究平台主任孙强说，这标志着中国率先开启了以体细胞克隆猴作为实验动物模型的新时代。

孙强：克隆猴的遗传背景是相同的，减少个体差异对实验的干扰，形成生物医药产业的发展基地和产业链。

而在拓扑量子计算方面，中国科学家与日本东京大学研究团队等联合攻关，首次发现了超导拓扑表面态，为探索马约拉纳费米子提供了全新平台。

中国科学院物理研究所研究员丁洪：我们今年发现铁基超导体表面是拓扑超导，紧接着我们预言，如果在这种材料中加磁场，在这个磁涡旋中间就会发现马约拉纳零能模。

除此之外，在量子信息、中微子、纳米、空间科学、干细胞等方面，我们的原创性基础研究都取得了长足进展。科技部基础研究司司长叶玉江介绍说，十八大以来，我国基础科学研究的发展进入了快车道。

叶玉江：主要的表现：一是投入大幅度增长；二是科研力量和科研条件大幅度改善；三是从事基础研究的高水平的队伍快速发展；四是在国际上有影响的重大原始创新成果加速涌现。

科学研究需要科学人才的支撑，习近平总书记在党的十九大报告中明确提出，"培养造就一大批具有国际水平的战略科技人才、科技领军人才、青年科技人才和高水平创新团队。" 中国科学院前沿科学与教育局局长高鸿钧说，自 2016 年起，中科院就部署前沿科学重点研究计划，进一步持续稳定支持拔尖人才，为老、中、青三代拔尖科学家提供相对稳定的支持。

高鸿钧：使他们"坐得住冷板凳，敢啃硬骨头"，挑战最前沿的科学问题，冲击国际一流甚至国际顶尖的重大科学问题，潜心探索、长期攻关，实现更多原创发现，提出更多原创理论，开辟更多新的领域方向，产出更多国际领先水平的重大原创成果。

据了解，从 2011 年到 2016 年，五年时间里我国基础科学研究方面的投入增加了一倍，从 411 亿多增加到 820 亿多。但这些投入主要是靠中央财政，科技部资源配置与管理司司长张晓原说，接下来，除了中央财政的投入稳定增加外，还要增加地方财政和企业社会力量对基础研究的投入。

张晓原：我们实际上已经在探索，在基础研究重大项目方面，鼓励企业积极参与进来，鼓励地方政府积极参与进来，已经有比较成功的案例，下一步要在总结经验、完善模式的基础上进一步扩大和推广。

2018 年 1 月 19 日，国务院印发了《关于全面加强基础科学研究的若干意见》，目标是在 21 世纪中叶，把我国建设成为世界重要科学中心和创新高地。科技部基础研究司司长叶玉江介绍说，根据意见的要求，接下来我国将强化基础研究的系统部署。

叶玉江：特别是对我们这样一个大国来讲，对数学、物理等基础学科更加重视，要加大对重大科学问题超前部署，还要建设高水平的科研基地，促进基础研究和应用研究的融通发展。

习近平总书记指出，科技是国之利器，国家赖之以强，企业赖之以赢，人民生活赖之以好。要夯实科技基础，在重要科技领域跻身世界领先行列。中国科学院院长白春礼表示，通过广大科研工作者的努力，这一目标正在逐步实现。

白春礼：应该说过去的五年，中国的科技成果处于一个"井喷期"。原来我们的研究水平大部分都是跟踪，过去五年，我们实现从跟踪到并行到领跑这个三态并存的历史性转变。另外，中国的科技也从世界舞台的边缘，（实现）逐步的走向世界舞台中央的转变。

资料来源：潘毅. 我国前瞻部署重要科技任务 多个基础研究领域取得突破 [EB/OL].〔2018-04-06〕. http://baijiahao.baidu.com/s? id=1596954414132882354&wfr=spider&for=pc.

（3）外部性大、风险性大的应用技术。如我国正在实施的载人航天工程、探月工程、火星探测计划等。

对地方政府而言，财政的科技投入的主要目的是：改善和提高本区域的科技与经济竞争力。因此，地方政府在科学技术方面的事权与支出责任主要是：

（1）共性技术的研发。应用研究分为：共性技术、专用技术。共性技术是一种能够在一个或多个行业中得以广泛应用的技术，对整个行业或产业技术水平、产业质量和生产效率都会发挥迅速的带动作用，具有巨大的经济和社会效益。共性技术有较大的经济效益和社会效益，因此需要地方政府的大力支持。

（2）补贴和鼓励当地企业，尤其是中小企业的研究开发。

三、文化体育与传媒支出

（一）主要内容与特点

文化体育与传媒支出是政府在文化、文物、体育、广播影视、新闻出版等方面的支出。根据《2018年政府收支分类科目》，文化体育与传媒支出包括：文化、文物、体育、新闻出版、广播影视和其他文化体育与传媒支出。

文化体育与传媒产品既有私人性和娱乐性的一面，又有社会性的一面，其受益对整个社会具有外溢性。

文化是一个国家、一个民族的血脉和灵魂。文化兴国运兴，文化强民族强。没有高度的文化自信，没有文化的繁荣兴盛，就没有中华民族伟大复兴。对一个国家和社会而言，文化具有教化功能，能够提升整个社会的文明水平和道德意识。正如十九大报告中所说："人民有信仰，国家有力量，民族有希望。要提高人民思想觉悟、道德水准、文明素养，提高全社会文明程度。"

大众体育能够增强体质、防治疾病、促进社会发展。竞技体育发展的水平是衡量一个国家发展进步的一项重要标志。

传媒，就是传播各种信息的媒体。当社会步入信息时代之后，人们比以往任何时候都更加关注和依赖各种最新、最可靠的资讯。传媒在提供娱乐的同时，又能够发挥反映社会舆论环境、协调社会关系以及传承文化等作用。

上述特点决定了文化体育传媒事务需要政府的介入。需要说明的是，政府投入的重点是公共文化体育服务体系、文物保护利用和文化遗产保护传承、缺乏市场基础的体育项目、对新闻出版广播电视的支持与监管以及中外人文交流和对外文化宣传等市场无法提供，具有公益性的文化体育与传媒事业。而如文艺表演、新闻出版、广播影视、体育产业等具有娱乐性、营利性的文化体育与传媒产业，能投放到市场上自负盈亏的，应当全面推向市场，必要时政府可给予一定的扶持。

（二）中央与地方政府的职责分工

中央与地方在文化体育传媒支出方面的分工主要依据受益范围。如：在文化支出方面，中央政府负责对外文化宣传，地方政府负责地方公共文化服务设施的建设。在文物支出方面，国家博物馆的相关支出由中央政府负责，地方博物馆、历史名城与古迹的相关支出由地方政府负责。

四、社会保障和就业支出

社会保障和就业支出是政府在社会保障和就业方面的支出。根据《2018年政府收支分类科目》，社会保障和就业支出包括：人力资源和社会保障管理事务、民政管理事务、补充全国社会保障基金、行政事业单位离退休、企业改革补助、就业补助、抚恤、退役安置、社会福利、残疾人事业、自然灾害生活救助、红十字事业、最低生活保障、临时救助、特困人员供养、补充道路交通事故社会救助基金、其他生活救助、财政对基本养老保险基金的补助、财政对其他社会保险基金的补助、其他社会保障和就业支出。

（一）我国社会保障制度的改革

1. 计划经济体制下的社会保障制度——国家保障型

在计划经济体制下，中国的社会保障体系事实上被分为两大块。集体所有制单位（包括广大农民及城镇集体单位）是一块。其保障对象只限于集体的成员，保障不稳定。行政机关、事业单位、国营企业是另外一块，实行的是国家保障型社会保障制度。这种社会保障制度强调国家的作用，以公有制为基础，坚持"国家统包"的保障原则，实行"高就业、低工资、高福利"。社会保障费用由国家和用人单位负担，职工个人不必缴纳保障费用，社会保障范围包括了职工的基本生活需要（住房、看病、上学、养老）。社会保障制度同就业制度联系在一起。只要在行政机关、事业单位、国营企业中谋得了一份职业，便意味着获得了一系列社会保障，凡生老病死、伤残孤寡、衣食住行、工作学习都有人过问。例如：在国营会兴棉纺织厂工作可以享受分房子、上学免费、看病公费医疗、电影院、澡堂、图书馆待遇，一个厂就是一个小社会。所以，当时最大的保障，无疑首推一经录用便终身就业的"铁饭碗"制度，因为这一制度，行政机关、事业单位、国营企业职工产生了极强的安全感，对在其他所有制单位就业的机会不屑一顾。

2. 市场经济体制下的社会保障制度改革

随着市场化经济体制改革步伐的加快，各项改革都尖锐地触及社会保障问题。"铁饭碗"被打破，20世纪90年代起，下岗、失业和离退休人员开始增多，人口老龄化趋势逐步加快，居民收入差距也逐渐拉大。总之，经济改革的深化，把建立一个社会化的社会保障体系的任务推上改革的日程。20世纪80年代中期，社会保障改革拉开序幕，20世纪90年代中期以后，社会保障体系建设逐步加快。

进入21世纪后，建立和完善具有中国特色的社会保障体系是我国政府所面临的主要任务（见表6-2）。我国逐步形成了以社会保险为核心，社会救助、社会福利、优抚安置为补充的社会保障体系。李克强总理在2018年3月的全国人大上所做的《政府工作报告》指出：社会养老保险覆盖9亿多人，基本医疗保险覆盖13.5亿人，织就了世界上最大的社会保障网。人均预期寿命达到76.7岁。

表 6-2 我国社会保障制度建设目标设定

十六届六中全会（2006）	到2020年，基本建立覆盖城乡居民的社会保障体系
十二五规划（2011）	健全覆盖城乡居民的社会保障体系 坚持广覆盖、保基本、多层次、可持续方针，加快推进覆盖城乡居民的社会保障体系建设，稳步提高保障水平
十八届三中全会（2013）	建立更加公平可持续的社会保障制度
十三五规划（2016）	坚持全民覆盖、保障适度、权责清晰、运行高效，稳步提高社会保障统筹层次和水平，建立健全更加公平、更可持续的社会保障制度
十九大（2017）	按照兜底线、织密网、建机制的要求，全面建成覆盖全民、城乡统筹、权责清晰、保障适度、可持续的多层次社会保障体系

（二）社会保障事权与支出责任的政府间分工

1. 从世界各国经验来看，养老保险由中央政府统一集中管理。原因在于：第一，基本养老保险具有较强的收入再分配效应，除了在职职工与退休职工之间发生收入再分配外，高收入职工与低收入职工之间也会发生收入再分配，需要中央政府进行统一决策。第二，与其他社会保障项目相比，养老保险中的养老金待遇给付相对来说有一定的客观标准可循，该标准以严格的规定，特别是准予领取养老金的年龄规定为基础，为中央政府进行集中管理创造了条件。长期以来，我国存在着养老保险统筹层次过低的问题，今后，我国应该逐步提高养老保险统筹级次，并将实现全国统筹作为努力的方向。

2. 失业保险、医疗保险多由中央制定政策，地方具体执行。从理论上讲，失业保险应由中央政府负责。因为失业保险和宏观经济稳定密切相关，而宏观经济稳定是中央政府的重要职能。但是从实践来看，由于一方面就业形式多样化导致失业状态的认定十分复杂，另一方面各国逐步倾向于实施积极的就业政策，把促进就业的积极措施融合在失业保险制度里，加大了失业保险管理的实际困难，失业保险由地方政府具体管理效率更高。从理论上讲，医疗保险也应由中央政府负责。因为全国统一的医疗保险计划可以更有效地分散风险。然而，实施医疗保险计划所涉及的复杂性和信息不完全性、不对称性，限制了中央政府集中管理功能的发挥。因此，许多国家的医疗保险是由地方政府具体负责的。

3. 社会救助和社会福利等带有明显地域性的事务，多数国家均从效率的角度考虑主要让地方政府分散管理。社会救助和社会福利的受益范围仅限于某个特定地方，属于较为典型的地方性公共产品。因此，社会救助和社会福利由地方政府提供较为有效。从目前国际的发展趋势看，基层社区服务在提供社会保障服务和加强社会保障管理方面发挥着越来越重要的作用，而社会救助、社会福利与社区服务又有着天然的联系。因此，今后我国应重视发挥社区服务的积极作用。

4.通过政府间转移支付制度的有效实施，实现地区间社会保障水平的均等化。一个国家内各个地区之间，社会经济发展的差异性是必然存在的，当国土面积较大时更是如此。各个地区之间经济发展程度差异，必然导致横向财政失衡问题。在社会保障服务方面，也是如此，各地区存在着较大的差距。实现社会保障服务的均等化，需要中央转移支付的大力支持。

五、医疗卫生与计划生育支出

医疗卫生与计划生育支出是政府在医疗卫生与计划生育管理方面的支出。根据《2018年政府收支分类科目》，医疗卫生与计划生育支出包括：医疗卫生与计划生育管理事务、公立医院、基层医疗卫生机构、公共卫生、医疗保障、中医药、计划生育事务、食品和药品监督管理事务、行政事业单位医疗、财政对基本医疗保险基金的补助、医疗救助、优抚对象医疗和其他医疗卫生与计划生育支出。

（一）医疗卫生支出

从整个社会来看，医疗卫生事业发展水平直接关系着国民健康，直接影响经济发展水平。从个人来看，现代社会中，工作与生活节奏高度紧张，这要求劳动者具有强健的体魄和良好的心理素质。良好的国民身体状况，需要有相应的医疗卫生设施与服务保障。因此，医疗卫生事业关系亿万人民的健康，关系千家万户的幸福，是重大的民生问题。

1.医疗卫生服务的种类

从世界各国来看，政府对医疗卫生事业的参与相当普遍。卫生事业实际上由医疗和卫生两个部分组成，它们的经济性质是有区别的：

（1）公共卫生服务。公共卫生领域是具有很大外部效应的纯公共产品。公共卫生服务的目的是提高整个人口的健康水平，具有非常强的正的外部效应。由于公共卫生服务的利益是社会公众无差别地享受到的，因此私人是不可能愿意提供该项服务的，它必须由政府免费或低费提供。这包括：传染病的防止、重大医疗课题的研究、卫生信息的教育与宣传、卫生执法与监督、食品药品的监督管理、计划防疫、社区卫生和安全饮用水的监管等。

（2）医疗服务。医疗服务的利益具有私人化、内在性的特点。如：治疗牙疼。因此，医疗服务并不必然要求政府出资提供，医疗服务可以进入市场，由社会和个人负担部分成本。但由于医疗服务领域存在着以下"市场失灵"现象，政府也应出面担负一定责任。原因在于：一是供需双方的信息不对称。医生在专业知识上比病人了解得多，而且还掌握了病人的患病信息，而病人则对医生很依赖，为了能早日摆脱疾病的困扰，就要接受医生的治疗方案，这就是医生与病人之间的信息不对称。二是实现公平的收入分配。一个人获取劳动收入是以个人的健康为前提的，疾病是对健康和劳动能力的极大威胁。在市场规则下，疾病会使劳动者的收入减少甚至丧失劳动能力，而贫困者又难以抵御疾病风险的侵袭，这样会陷入"贫困的循环"。现在，人们越来越认识到，卫生保健是一种人人应有的权利，而不是一种基于经济基础上的特权。三是疾病风险具有不确定性。在私人市场上，人们化解风险的办法是购买商业保险，但商业保险的趋利性必然产生"逆向选择"，即选择低风险的保险对象，而政府的介入（医疗保险），让疾病的社会风险在更大的范围内由政府承担，高风险者不受排斥，为劳动者提供可靠的后盾。

总之，这两个领域充满"市场失灵"。大多数市场经济发达国家之所以避免让市场力量支配医疗卫生领域，道理就在于此。尤其是在基本医疗服务方面，大多数国家都以政府投入为主，针对绝大部分的常见病、多发病，为全民提供所需药品和诊疗手段的基本医疗服务，以满足全体公民的基本健康需要。

2.医疗卫生事权与支出责任的政府间分工

（1）计划经济时期：中央政府在医疗方面承担着主要责任

我国1949年后在较短时间内迅速建立起了比较全面的公共卫生体系。这一体系分为城市和农村两大子系统：城市居民的卫生保健基本上由国家和集体以公费医疗或劳保医疗的形式来实现；农村居民的初级卫生保健则以合作医疗的形式由县、乡、村三级医疗保健网负担，本质上依靠农村集体经济的支撑，以赤脚医生（"半农半医"的农村医疗人员，一度达到150多万名）为网点来运作。这一医疗卫生体系为全民提供了初级保健服务和比较有效的预防保健卫生教育，在城市覆盖了约1.5亿人左右，在农村覆盖了大部分人口。当时各级、各类医疗卫生机构的服务目标很明确，即提高公众健康水平、不以营利为目的。我国在30多年的时间里迅速完成了西方国家花了上百年才实现的，从防治传染病急性病为主的传统医疗转变为以防治慢性病和保健为主的现代医疗。大规模流行病和地方疾病基本消灭、分娩死亡率和婴儿死亡率大为下降、预期寿命从1949年的35岁上升至70年代末的69岁。我国用占GDP 3%左右的卫生投入，大体上满足了几乎所有社会成员的基本医疗卫生服务要求。这种医疗卫生体制被联合国树为典范。然而，这一体系本质上是在公有经济和集体经济基础上，依靠政治动员和行政命令来运转的。在改革开放后，难以为继。

（2）改革开放后至2009年：事权下放和市场化改革

从20世纪80年代起，我国开始实施医改。改革的基本走向是事权下放以及商业化、市场化。20世纪80年代后，我国财政体制由集权走向分权，各级政府间的支出责任重新划分，中央政府将更多的医疗卫生支出职责交给了地方政府。基层政府成为卫生支出的主体。计划经济时代的公费医疗，医疗部门人浮于事，机构臃肿，效率低下，给政府财政带来了巨大的压力，城市公费医疗难以维系。基层政府在财力拮据的情况下，采取了"甩包袱"的改革模式，把筹资的主要任务推给了卫生机构，实质上是把难题交给了市场。如果单从"经济判断"出发，医疗改革确实让政府甩了个沉重的"包袱"，财政的压力大大减轻了，可是医院却开始向科室、医生下达具体的创收指标，各种"宰"病人的现象也就不可避免。

　　虽然经过多年的发展，医疗机构能向病人提供更多的床位，医院技术装备水平和医生素质也大大提高，但也带来了公平性下降和看病难、看病贵等后果。中国卫生部公布的《2008 年中国卫生统计提要》显示，改革开放后，中国公众个人卫生支出巨幅攀升。1980 年，卫生总费用中政府、社会和个人卫生支出所占比重依次是 36.2％、42.6％和 21.2％，到了 2006 年，三者比例则变为 18.1％、32.6％和 49.3％。此外，事权的下移造成医疗卫生发展极不平衡，本就有限的医疗卫生资源在城乡之间、地区之间的分配存在很大差距。从城乡来看，城乡之间医疗卫生服务差距也日渐拉大。改革开放以来，中国大城市的医院密集程度和拥有的高端服务设备数量纷纷达到西方发达国家的水平，而农村三级合作医疗体系则逐步走向崩溃，广大农村地区则重新回到了缺医少药的状态。根据《2008 年中国卫生统计年鉴》，1990 年，城乡卫生费用分别为 396 亿元和 351.39 亿元，而到 2006 年，城乡卫生费用则分别为 6 581.31 亿元和 3 262.02 亿元。从地区来看，由于我国医疗卫生事权的划分过于偏重地方，卫生事业费主要依赖地方财政，造成地区间医疗卫生投入的巨大差距。例如，1998 年，上海人均卫生事业费最高，为 90 元，河南人均卫生事业费最低，还不到 9 元。

　　（3）2009 年至今：新医改

　　针对上述问题，2009 年 4 月，中共中央、国务院印发《关于深化医药卫生体制改革的意见》，启动了新一轮医疗改革。《意见》提出到 2020 年建立覆盖城乡居民基本医疗卫生制度，提供安全有效方便价廉的医疗卫生服务。新医改的亮点主要体现在：

　　第一，新医改重新明确了医疗卫生事业的公益性。过去市场化的医改方向导致公众个体的卫生支出大幅增长，城乡和区域医疗资源配置严重不均衡。新医改明确了医疗卫生事业的"公益性"，将基本医疗卫生制度所提供的基本医疗卫生保障看作一种惠及全民、人人受益的公共产品，并且勾勒出中国到 2020 年的改革方向和框架，提出实现向民众提供"安全有效方便价廉"医疗卫生服务的目标。

　　第二，新医改确立了政府在提供公共卫生和基本医疗服务中的主导地位。公共卫生服务主要通过政府筹资，向城乡居民均等化提供。专业公共卫生服务机构的人员经费、发展建设和业务经费由政府全额安排。基本医疗服务由政府、社会和个人三方合理分担费用。政府所要做的是：一是完善政府对城乡基层医疗卫生机构的投入机制，保障乡镇卫生院、城市社区卫生服务中心（站）的正常运行。二是落实公立医院政府补助政策。逐步加大政府投入，形成规范合理的公立医院政府投入机制。特需医疗服务由个人直接付费或通过商业健康保险支付。总之，应强调政府的主导作用，逐步提高政府卫生投入占卫生总费用的比重，使居民个人基本医疗卫生费用负担有效减轻。

　　第三，新医改提出"按照分级负担的原则合理划分中央和地方各级政府卫生投入责任"。总体而言，由地方政府承担主要责任。中央政府主要对国家免疫规划、跨地区的重大传染疾病预防控制等公共卫生事务、城乡居民的基本医疗保障以及有关公立医疗卫生机构建设等给予补助。同时，加大中央、省级财政对困难地区的专项转移支付力度。

（4）新医改仍然在路上

自 2009 年新医改启动以来，我国医药卫生体制改革取得了重大阶段性成效，人民的健康水平和人均预期寿命进一步提高，但与人民群众的期盼相比还有不小差距，"看病难""看病贵"的问题还没有从根本上解决，还需要多举措推进医药卫生体制改革。

2016 年 11 月，国务院印发《深化医药卫生体制改革领导小组关于进一步推广深化医药卫生体制改革经验的若干意见》。意见强调，当前，深化医改已进入深水区和攻坚区，利益调整更加复杂，体制机制矛盾凸显。总结推广前期深化医改创造的好做法和成熟经验，有利于加快完善基本医疗卫生制度、实现人人享有基本医疗卫生服务的目标，为推进健康中国建设和全面建成小康社会奠定坚实基础。从 8 个方面运用典型经验，推动医改向纵深发展：建立强有力的领导体制和医疗、医保、医药的"三医"联动工作机制，为深化医改提供组织保障；破除以药补医，建立健全公立医院运行新机制；发挥医保基础性作用，加强对医疗服务的外部制约；推进政事分开、管办分开，建立现代医院管理制度；建立符合行业特点的人事薪酬制度，调动医务人员积极性；以家庭医生签约服务和医疗联合体为重要抓手，加快分级诊疗制度建设；充分利用互联网技术，改善群众就医体验；发展和规范社会办医，满足多元化医疗服务需求。

2016 年 12 月，国务院明确了"十三五"期间深化医改重点任务。一是以基层首诊为导向，在居民自愿前提下大力推广家庭医生签约服务。2017 年在 85% 以上的地市开展多种形式的分级诊疗试点。二是 2017 年在各级各类公立医院全面推开综合改革，建立纵向医联体、医共体，降低药品、医用耗材、检查检验等价格，控制医疗费用不合理增长，合理提高诊疗、手术、康复、护理、中医等体现技术劳务价值的项目价格，调动医务人员积极性。三是健全基本医保稳定可持续筹资和报销比例调整机制，全面推行按病种付费为主、多种付费方式结合的医保支付方式改革。更好发挥大病保险等制度的托底保障作用。四是健全药品供应保障体系，扶持低价药、"孤儿药"、儿童用药等生产。加快推动医院门诊患者凭处方到零售药店购药。五是创新综合监管，放宽社会力量举办医疗机构准入要求，加强事中事后监管。用更加优质、便利的医疗服务推进建设健康中国。

2017 年 10 月，十九大报告提出实施健康中国战略。强调深化医药卫生体制改革，全面建立中国特色基本医疗卫生制度、医疗保障制度和优质高效的医疗卫生服务体系，健全现代医院管理制度。加强基层医疗卫生服务体系和全科医生队伍建设。全面取消以药养医，健全药品供应保障制度。坚持预防为主，深入开展爱国卫生运动，倡导健康文明生活方式，预防控制重大疾病。实施食品安全战略，让人民吃得放心。坚持中西医并重，传承发展中医药事业。支持社会办医，发展健康产业。促进生育政策和相关经济社会政策配套衔接，加强人口发展战略研究。积极应对人口老龄化，构建养老、孝老、敬老政策体系和社会环境，推进医养结合，加快老龄事业和产业发展。

总之，医药卫生体制改革是一个世界性难题。中国的基本国情决定了深化医药卫生体制改革是一项十分复杂艰巨的任务，是一个渐进的过程，需要在明确方向和框架的基础上，经过长期艰苦努力和坚持不懈的探索，才能逐步建立符合中国国情的医药卫生体制。

（二）计划生育支出

1949—1979 年，我国人口呈现高出生率、低死亡率、高自然增长率的特点。1982 年，我国将计划生育确定为基本国策。计划生育主要内容及目的是，提倡晚婚、晚育，少生、优生，从而有计划地控制人口。计划生育这一基本国策自制定以来，对中国的人口问题和发展问题的积极作用不可忽视。但进入 21 世纪，随着人口老龄化加速、男女比例失调加剧等问题的出现，中国的计划生育政策又做出了一些调整，由 2013 年启动实施"单独二孩"政策，到 2015 年开始"全面实施一对夫妇可生育两个孩子"政策。

六、节能环保支出

2007 年 1 月 1 日，我国为了更好实施政府的环境保护职能，首次设立了"环境保护"类级科目，之后于 2011 年正式将"环境保护"更名为"节能环保"。节能环保支出是政府在节能环保方面的支出。根据《2018 年政府收支分类科目》，节能环保支出包括：环境保护管理事务、环境监测与监察、污染防治、自然生态保护、天然林保护、退耕还林、风沙荒漠治理、退牧还草、已垦草原退耕还草、能源节约利用、污染减排、可再生能源、循环经济、能源管理事务和其他节能环保支出。

我国经济多年高速增长，但随之也造成了能源消耗过大、资源枯竭、生态恶化、环境污染严重等问题。因此，节能环保越来越受到各界关注。节约能源与环境保护关系人民生活，关乎国家未来。我们的幸福不仅在于丰衣足食，还在于天蓝水绿。

（一）节能支出

能源是人类社会赖以生存和发展的重要物质基础。纵观人类社会发展的历史，人类文明的每一次重大进步都伴随着能源的改进和更替。过去 100 多年里，发达国家先后完成了工业化，消耗了地球上大量的能源。当前，一些发展中国家（如中国）正处于工业化阶段，能源消费增加是经济社会发展的客观必然。我国的能源资源有以下特点：

1.我国拥有较为丰富的化石能源资源，其中煤炭占主导地位。2017 年我国煤炭剩余探明可采储量为 1 338.19 亿吨，约占世界的 13.4%，列世界第四位。我国已探明的石油、天然气资源储量相对不足。2017 年度，我国石油的探明储量为 35 亿吨，约占世界的 1.5%；天然气的探明储量为 5.5 万亿立方米，约占世界的 2.8%。根据国家统计局数据，2017 年我国原油进口量与国内产量之比为 2.2∶1；天然气进口量与国内产量之比为 0.6∶1，油气资源对外依存度较高。

2. 我国能源资源赋存分布不均衡。我国主要的能源消费地区集中在东南沿海经济发达地区，而能源资源主要赋存在中西部地区。大规模、长距离的北煤南运、北油南运、西气东输、西电东送，是中国能源流向的显著特征和能源运输的基本格局。

3. 我国能源资源开发难度较大。与世界相比，我国煤炭资源地质开采条件较差，大部分储量需要井工开采，极少量可供露天开采。石油天然气资源地质条件复杂、埋藏深、勘探开发技术要求较高。未开发的水力资源多集中在西南部的高山深谷，远离负荷中心，开发难度和成本较大。

4. 我国能源消耗量高，能源效率偏低。随着我国经济的较快发展和工业化、城镇化进程的加快，能源的消耗也越来越多。我国能源消费在 2010 年已经占全球能源消费的 21%，成为世界上第二大能源消费国。而且长期以来，我国经济增长方式粗放、能源结构不合理、能源技术装备水平低和管理水平相对落后，导致单位国内生产总值能耗和主要耗能产品能耗高于主要能源消费国家平均水平，进一步加剧了能源供需矛盾。

从长期来看，我国仍处于快速城市化、工业化的进程当中，单纯依靠增加能源供应，难以满足我国持续增长的消费需求。因此，节约能源，是缓解资源约束的现实选择。从现实国情出发，我国应坚持政府为主导、市场为基础、企业为主体，在全社会共同参与下全面推进能源节约。

从财政政策的角度，促进能源节约的措施有：一是积极发挥政府采购的政策导向作用。建立政府强制采购节能产品制度，选择部分节能效果显著、性能比较成熟的产品予以强制采购。积极发挥政府采购的政策导向作用，带动社会生产和使用节能产品。二是运用财政补贴和税收优惠政策鼓励节能产业的发展和资源的综合利用。

在节能支出方面，中央政府主要负责制定节能减排目标与政策。如：2017 年 1 月，国务院印发《"十三五"节能减排综合工作方案》，明确了"十三五"节能减排工作的主要目标和重点任务，对全国节能减排工作进行全面部署。《方案》指出，要落实节约资源和保护环境基本国策。到 2020 年，全国万元国内生产总值能耗比 2015 年下降 15%，能源消费总量控制在 50 亿吨标准煤以内。全国挥发性有机物排放总量比 2015 年下降 10% 以上。地方政府负责具体执行；中央通过专项资金对一些重大项目给予补助。

（二）环保支出

工业革命以来，特别是第二次世界大战以来，发达国家的工业化、城市化迅速推进，在创造了巨大物质财富的同时，也付出了沉重的环境代价。从发达国家情况来看，发达国家走过了一条先污染后治理、以牺牲环境换取经济增长的道路，造成了严重的环境危害。二战后，欧洲的莱茵河一度被称为"欧洲最浪漫的臭水沟"，因为两岸密集排放的城市生活、工业污水使河道严重污染，鱼虾几近绝迹。二战后，美国经济进入一个快速发展时期，但工业的快速发展对环境造成了严重破坏。到 20 世纪 60 年代末，环境已经非常恶劣，在一些大的城市，比如洛杉矶，天总是灰蒙蒙的。流经克利夫兰大型钢铁企业附近的卡荷加河竟然多次发生火灾，因为里面油脂太多，如果一个人掉入河中不会淹死而是会腐烂掉。从 20 世纪 30 年代到 60 年代间，发生了震惊世界的八大环境公害：比利时马斯河谷烟雾事件、美国多诺拉烟雾事件、伦敦烟雾事件、美国洛杉矶光化学烟雾事件、日本水俣病事件、日本富山县骨痛病事件、日本四日市哮喘病事件和日本米糠油事件。在环境污染越来越严重的情况下，各国抗议活动此起彼伏。1970 年 4 月 22 日，从美国的西海岸到东海岸，2 000 多万人走上街头，抗议环境污染，要求政府加强环境保护。此后，这一天被定为地球日。随着对环境问题的觉醒，环境保护工作不断深入，发达国家采取了严厉的环境保护措施，增加环保投入，建立起较为完善的环境基础设施，环境大大改善。

而我国在改革开放后也走过了一条同样的道路。改革开放以来，中国经济成就举世瞩目，我国是世界上经济增长速度最快的国家。但我国长期以来的粗放型经济增长，一方面带来了经济资源的巨大浪费，另一方面也造成了严重的环境污染和生态退化，粗放型发展方式使得我们付出了沉重的环境代价，污水、雾霾、被污染的土地日渐增多。随着我国全面进入工业化、城市化高速发展阶段，未来几十年间，污染治理和生态保护的任务更为繁重。在经济发展的同时，我国还要加大环境保护的力度。习近平说："既要金山银山，又要绿水青山。宁可要绿水青山，不要金山银山，因为绿水青山就是金山银山"，生动地阐述了经济发展与环境保护的内在统一。支持环保是公共财政责无旁贷的重要职责。

1. 政府介入环境问题的相关措施

（1）环境污染的负外部性。环境污染具有很强的负外部性。所谓负外部性是指某个人或某个企业的活动对其他人或其他企业产生了不利影响，却没有因此而承担相应的成本。例如，上游企业向下游排放污水造成环境污染，会严重地影响到下游企业的生产和居民生活。对于具有负外部性的产品来说，私人边际成本小于社会边际成本。由于提供者的成本低于应有水准，该种产品的提供规模将大于应有的规模。

对具有负外部性的环境污染，政府应当采取限制措施：一是政府管制，制定严格的环保法规和环保标准。不允许企业直接将污水排入河流和土地、将废气排入大气当中。二是征庇古税，对造成环境污染的企业征税，数额等于该企业所造成的环境损害，使其私人边际成本等于社会边际成本。这是开征环保税的理论依据。

（2）环境治理的正外部性。环境治理具有很强的正外部性。所谓正外部性是指某个人或某个企业的行为对其他人或其他企业产生了有益的影响，并没有因此获得完全的收益。如：在院子里种花，路过的行人觉得赏心悦目；对污染的河水、空气进行整理。对于具有正外部性的产品来说，私人边际收益小于社会边际收益。对于环境治理而言，正的外部性的存在使环境保护者无法因其给其他人提供了好处而获得相应的报酬。其结果是，在市场机制中，作为具有正外部性特征的环境保护，其供给量经常严重不足，有时甚至会出现供给为零的情况。

在供给不足的情况下，政府可以提供补贴或直接提供，实现对资源的合理配置。一是加大环保投入，进行环境污染治理。1987 年，欧洲相关国家通过了全面整治莱茵河的"莱茵河行动计划"，2003 年，排入莱茵河的水已达标，莱茵河水终于变得清澈；今天，莱茵河的生物多样性，已恢复到二战前水平，"拯救莱茵河"获得成功。二是对环保产业实施扶持。用减免税、专项资金补贴、财政贴息等财政工具，对具有正外部性的资源节约型、环境友好型的产品和行为的供给进行鼓励。

2. 中央与地方政府的环境保护支出分工

环境保护的事权范围应当与环境问题的影响范围相对应。影响范围限于特定行政管辖区的环境问题，属于地方性环境服务，应该由地方政府负责；如果环境影响范围是跨行政区的，甚至是全国范围的，就是全国公共产品，应该由中央政府管理。

具体来说，中央政府的环保事权包括：（1）全国性环保统一规划、标准和政策的制定。（2）全国环境保护工作的宏观调控与指导监督。（3）具有全国性及跨区域的环境保护事务。例如跨省跨流域（大江、大河）水环境治理、国家级自然保护区管理、历史遗留污染物的处理处置、跨地区、跨流域的污染综合治理以及大气污染、温室效应的监测和应对、突发性环境事件的处理和应对。（4）组织开展全国性的环保科学研究与宣传教育。（5）通过转移支付，平衡地区间的环保投入能力。只要对中国的经济地理状况稍加分析就会发现，向社会提供大量环保与生态服务的地区，基本上是贫困地区或欠发达地区，如长江、黄河等河流的上游地区，云南、贵州等省生物多样性丰富的山林地区和西北农牧交错带等。由于种种原因，我国地区经济发展很不平衡，经济发达地区与贫困地区之间存在着巨大的横向财政缺口。与富裕地区相比，贫困地区通常没有能力筹措到提供大量环境保护所需的自有财政资源。为了更好地保护环境，实行财政转移支付制度，由中央政府给予一定的财政补助，便是一种较为有效的干预方式。

地方政府负责具有地方公共产品性质的环境保护事务。我国《环境保护法》第十六条明确规定："地方各级人民政府，应当对本辖区的环境质量负责，采取措施改善环境质量"。具体来说，地方环保事权可包括：（1）辖区环境规划、地区性环保标准的制定和实施。（2）辖区内的环境污染治理，如水环境治理、垃圾处理。（3）辖区内环保基础设施和环保管理能力建设，包括环保执法、监测、监督等。（4）辖区内的环保宣传教育与科研等。

七、城乡社区支出

城乡社区支出是政府在城乡社区事务方面的支出。根据《2018 年政府收支分类科目》，城乡社区支出包括：城乡社区管理事务、城乡社区规划与管理、城乡社区公共设施、城乡社区环境卫生、建设市场管理与监督、其他城乡社区事务支出。

专栏 6-3

《农村人居环境整治三年行动方案》

2018 年 2 月，中共中央办公厅、国务院办公厅印发《农村人居环境整治三年行动方案》。根据《方案》提出的行动目标，到 2020 年，实现农村人居环境明显改善，村庄环境基本干净整洁有序，村民环境与健康意识普遍增强。东部地区、中西部城市近郊区等有基础、有条件的地区，人居环境质量全面提升，基本实现农村生活垃圾处置体系全覆盖，基本完成农村户用厕所无害化改造，厕所粪污基本得到处理或资源化利用，农村生活污水治理率明显提高，村容村貌显著提升，管护长效机制初步建立。中西部有较好基础、基本具备条件的地区，人居环境质量较大提升，力争实现 90% 左右的村庄生活垃圾得到治理，卫生厕所普及率达到 85% 左右，生活污水乱排乱放得到管控，村内道路通行条件明显改善。地处偏远、经济欠发达的地区，在优先保障农民基本生活条件基础上，实现人居环境干净整洁的基本要求。

第四节　经济服务支出

经济服务支出主要包括政府经济管理、提高经济运行效率的支出。根据《2018 年政府收支分类科目》，经济服务支出包括：农林水支出、交通运输支出、资源勘探信息等支出、商业服务业等支出、金融支出、援助其他地区支出、国土海洋气象等支出、住房保障支出和粮油物资储备支出。

一、政府经济服务支出的特点

（一）公共性、基础性

政府经济服务支出的着眼点，首先在于为全体居民的生活和各类企业的生产提供必要的社会性、基础性条件。

专栏 6-4

新一轮农网改造升级三大任务完成 家电销量大增

央广网北京 2018 年 1 月 10 日消息（记者吕红桥）据经济之声《天下财经》报道，2016 年，我国启动实施新一轮农村电网改造升级，小城镇中心村农网改造升级、农村机井通电和贫困村通动力电是三大重点任务。记者从国家能源局了解到，这三大任务目前已经全部完成，给农村带来的改变让人印象深刻。

新一轮农网改造升级中，农村机井通电在 2017 年 9 月就提前完成。通电机井接近 160 万个，惠及 1.5 亿亩农田，年节约燃油大约 300 万吨。而小城镇中心村农网改造升级任务在 2017 年年底全面完成，涉及农村居民 1.6 亿人。农网改造升级之后，家电消费火了。

国家能源局新能源和可再生能源司副司长李创军表示："农村电力条件的改善，带动了农村家用电器和生产设施消费的增加。据不完全统计，电冰箱、洗衣机，还有其他一些家电设施，消费都得到了进一步的增长，都是好几百万台的这样一个增量。"

截止到 2017 年 12 月，贫困村通动力电工程共为 33 000 多个自然村通了动力电，涉及农村居民约 800 万人。这项任务的完成，带动了农村富民产业的快速兴起。"贫困村通动力电为贫困村发展农村相关产业，比如农产品加工业、农村旅游业，包括一些电商、微商，还有设施农业，都提供了相应的条件。"李创军说。

以四川大凉山广为人知的悬崖村为例，在通电之后，村子接入了互联网，打开了村民和外界连通的另一条通道。目前，悬崖村的年轻人里已经产生了第一批"网红"，他们有的直播野外冒险，有的直播田间地头的劳作，也有的通过直播做起了山货生意，收入明显增加。

据了解，新一轮农网改造三大任务完成后，农村供电的可靠性不断提升。李创军说："现在初步统计，户均的配电容量已经从原来的 1.3 千伏安，上升到了 2.6 千伏安，低压线路的损失也下降了 30%，供电可靠性得到了进一步提升，非计划停电的时间也短了，农村用电和城市用电的差距在缩小，农村用电供电的可靠性在提高。"

与此同时，农村和农民的电力消费也大幅增长。"2017 年 1—10 月份，农村用电量较 2015 年同期增长了 13.2%。农村居民的生活用电比 2015 年同期增长了18.8%，比全社会用电量增速快了两倍以上。这就说明农网改造三大任务的实施，对农村生产的发展和农民生活的改善起到了十分积极的作用。"李创军介绍道。

（二）开发性和战略性

某些新兴产业门类的开发，还有对经济落后地区的开发、地震灾后重建等，都具有耗资大、耗时长、风险高等特点，致使私人部门望而却步，市场机制无能为力，只能或主要由政府的投资来解决。如：2008 年汶川地震后，中央财政制定并实施了 2008—2010 年三年对地震灾后恢复重建投入 3 000 亿元的规划，汶川地震灾后恢复重建三年任务两年基本完成。

（三）注重社会效益

政府经济服务支出的着眼点往往是社会效益，政府经济服务支出的出发点及其归宿不应该把是否盈利和盈利高低作为投资选择的前提条件。

二、主要经济服务支出

(一) 农业支出

1. 农业支出的重要意义

农业是民生的命脉，关系到国家的长治久安。我们经常讲："民以食为天。"各国政府都对农业进行扶持和保护，即使是发达国家，在粮食过剩的背景下，仍对农业进行支持与保护。农业对于我国更为重要。作为一个拥有13.9亿人口的农业大国，如果农业出了问题，就要出大问题，没有哪个国家可以依靠。因此，中国人的饭碗一定要装中国粮。解决农业问题只能立足于自给，不能寄希望于外援。十九大报告提出：确保国家粮食安全，把中国人的饭碗牢牢端在自己手中。

2013年末，中央农村工作会议提出我国的粮食安全战略："以我为主，立足国内，确保产能，适度进口，科技支撑。"一方面，中国人的饭碗要装中国粮，"确保谷物基本自给，口粮绝对安全"；另一方面，要适当扩大粮食进口。这两方面并不矛盾。因为谷物、口粮和粮食的概念不同。口粮是指小麦和稻谷；谷物包括小麦、稻谷和玉米；而粮食的概念则更为广泛，包括大豆、花生等。近些年来，我国的进口粮食有所增加，而从进口粮食的品种结构来说，最主要的是大豆。我们国家人多地少，受到资源的限制，受到生态环境的限制，今后农产品扩大进口也是不可避免的。但是，以我为主，适度进口是我国基本国情决定的必然选择，小麦、稻谷和玉米等基本的农产品必须依靠国内生产。

总之，要确保"谷物基本自给，口粮绝对安全"这一目标的实现，必须切实加大对农业的投入。在发展农业的过程中，国家财力的支持是责无旁贷的，支持和保证农业的发展是政府和财政的一项基本职责。

2. 农业财政支出范围

凡是具有"外部经济"以及牵涉面广、规模巨大的农业投资，原则上都应由政府承担。具体包括：一是农业固定资产投资。以水利设施为核心的农业基础设施建设，其特点是投资量大、投资期限长、牵涉面广、投资以后产生的效益不易分割，应主要由政府投资。二是像农业科研、科学技术推广、农户教育之类的对农业发展至关重要的农业投资，具有极强的外溢性，依靠单个的甚至是组织的较大集体的农户来办是很困难的，政府也应积极参与。

适宜由农户来承担的投资主要是流动资金投资，用于购买农药、化肥、薄膜、除草剂等，以及类如农机具等小型固定资产的投资。为提高农民种粮的积极性，各级财政给予农业支持保护补贴。

3. 我国农业政策的演进

农业劳动生产率的提高是工业化的起点和基础。从世界各国的历史发展来看，实现工业化有两条差异甚大的途径可供选择：一条是首先发展农业，在农业劳动生产率大大提高的基础上，再展开轰轰烈烈的工业化过程。从历史上看，18世纪末的工业革命，首先是从农业生产率最高的英国开始的，以后相继发生工业革命的国家，农业生产率水平也都比较高。另一条是不顾及农业的发展，首先设法发展工业，在工业获得相当发展的基础上，再回过头来改造传统农业。如亚洲和非洲，工业化进程并不是很顺利。我国走的是第二条道路。我国在工业化过程中走的是"农业支持工业，农村支持城市"的发展之路。在中华人民共和国成立时，一穷二白，百废待兴，工业基础极度薄弱，连一辆拖拉机、卡车都生产不出来。因此，将资源集中于发展工业，尤其是重工业。发展工业的资金来自于农业的支持。自 20 世纪50 年代，实行城乡分治。城市中以公有经济为主，实行高就业、低工资、高福利制度；在农村，压低农产品价格，维持农民的基本生存，用户口制度将农民约束在土地之上。虽然说"农业是国民经济的基础"，然而，在很长一段时间内，农业发展问题并非始终如一地排在国家经济发展战略的优先地位，往往是每当农业发展滞后，构成国民经济发展的"瓶颈"制约时，政府才不得不一次又一次地"回过头"来解决棘手的农业问题。

随着时间的推移，在国民经济迅速发展的同时，也出现了农村的进步、农业的发展、农民的小康相对滞后的问题。进入 21 世纪后，"三农"问题（农业、农村、农民）被提到前所未有的高度。中央先后制定了工业反哺农业、城市支持农村和多予少取放活的指导方针，农业、农村的发展进入"黄金期"。2004—2018 年，中央连续 15 个一号文件都锁定"三农"，其主题不断在变。从 2004 年"促进农民增收"、2006 年"推进社会主义新农村建设"，到 2010 年"加大统筹城乡发展力度，进一步夯实农业农村发展基础"、2014 年"全面深化农村改革，加快推进农业现代化"，再到 2017 年"深入推进农业供给侧结构性改革加快培育农业农村发展新动能"，2018 年"关于实施乡村振兴战略的意见"。

专栏 6-5

解读 2018 年中央一号文件：既管全面 又管长远

央广网北京 2018 年 2 月 4 日消息（记者沈静文）　据中国之声《全国新闻联播》报道，2018 年中央一号文件，《中共中央国务院关于实施乡村振兴战略的意见》今天（4 日）发布。《意见》明确实施乡村振兴战略的目标任务、基本原则，对当前和长远的农业农村工作做出总体规划，提出提升农业发展质量、推进乡村绿色发展、繁荣兴盛农村文化、推进体制机制创新等一系列要求。

《中共中央国务院关于实施乡村振兴战略的意见》提出，到 2020 年，乡村振兴取得重要进展，制度框架和政策体系基本形成；到 2035 年，乡村振兴取得决定性进展，农业农村现代化基本实现；到 2050 年，乡村全面振兴，农业强、农村美、农民富全面实现。中央农村工作领导小组办公室主任韩俊介绍，既管全面，又管长远，是今年中央一号文件相比此前 14 份一号文件最大的不同。

韩俊表示，中央一号文件 2004 年以后已经发了 14 个，包括农民增收、农业现代化、现代农业等等，它聚焦一个具体方面。乡村振兴战略包含了农村的经济、政治、文化、社会、生态和党的建设各个方面，它是要对整个三农工作，对解决农业农村农民问题作全面部署。

党的十九大报告提出乡村振兴战略"产业兴旺、生态宜居、乡风文明、治理有效、生活富裕"的总要求，韩俊强调，作为乡村振兴的重点，在实现"产业兴旺"的过程中，要确保乡村经济的多元化。要鼓励在乡村发展环境友好型的企业。没有多元化的经济结构，乡村就靠农业的话，农民就固守在这一亩三分地上，只能是受穷。新的表述是挖掘乡村多种功能和价值，实现乡村经济多元化，鼓励在乡村兴办环境友好型的企业。

产业要兴旺，"质量兴农"战略必不可少。《意见》指出，要制定和实施国家质量兴农战略规划，建立健全质量兴农评价体系、政策体系、工作体系和考核体系。深入推进农业绿色化、优质化、特色化、品牌化，调整优化农业生产力布局，推动农业由增产导向转向提质导向。

中国社科院农村发展研究所研究员党国英认为，我国农业经济中农民的经营规模比较小，和专业农户相比，与现代农业结合就处于一个不利的状态。让留在农村的农民逐渐转变为新型的主体，成为专业农户。

《意见》要求，统筹兼顾培育新型农业经营主体和扶持小农户。政策要如何助力小农户对接现代农业？农业部部长韩长赋表示，我国人多地少的国情决定了不能追求大规模经营，但目前一家一户小规模确实难有高效益。下一步，对新型经营主体扶持力度将与其带动小农户数量挂钩，以此促进小农户增收，"鼓励家庭农场、种养大户等新型经营主体通过土地流转、土地互换、土地入股等，扩大土地经营规模，提高规模效益。要把对新型经营主体的政策扶持力度与其带动小农户数量挂钩，鼓励各地将政府补贴量化到小农户、折股到合作社，引导推动龙头企业与合作社、小农户建立紧密利益联结关系，通过保底分红、股份合作、利润返还等，带动农民分享农业产业链增值收益。"

《意见》明确，要巩固和完善农村基本经营制度，深化农村土地制度改革。针对农村承包地，要衔接落实好第二轮土地承包到期后再延长 30 年的政策；针对农民宅基地，将探索所有权、资格权、使用权"三权分置"。

韩俊指出，适度放活宅基地和房屋的使用权，不是让城里人到农村买房置地。强调吸引资金技术人才等要素流向农村，使农民闲置住房成为发展乡村旅游、养老、文化、教育等产业的有效载体。要严格实行土地的用途管制，不得违规违法买卖宅基地，严格禁止下乡利用农村宅基地建设别墅大院和私人会馆。

4.中央与地方政府的分工

保障农业的稳定发展，需要合理界定中央与各级地方政府的基本职责。

中央政府主要发展受益范围遍及全国或跨地区，地方无力承担或不适宜由地方承担的支出主要应由中央政府负责，如：农业发展规划、大型生态农业保护工程、带有全局性和方向性的重点农业科技开发、全国性的农业技术推广、农业良种开发与培育、大型粮棉基地建设和农村环境保护和农业信息服务等。

地方政府主要发展受益范围局限于某一地区的基本公共服务，如区域性的农田水利建设、农业技术推广、农业防灾与救灾等。地方政府还负责落实中央政府制定的总体规划。

（二）交通运输支出

1. 交通运输支出的内容和意义

交通运输支出主要是用于推进公路水路运输、铁路运输、民用航空运输等项目建设，目的是改善城乡交通运输条件，使居民出行更加方便，企业物流成本更低，从而提高经济运行效率。交通运输是国民经济的基础产业，是社会和经济运转的重要基础，对工业、农业、商业的发展和人民的生活有着重大影响。一国的交通运输业越发达，该国的国民经济运行就越顺畅、越有效，人民的生活也越便利，生活质量相对来说也就越高。

交通运输基础设施的建设大都具有技术资本密集、管理环节多、占用资源多、建设周期长、投资回收慢的共同特征。这些特征决定了其很难由个别企业的独立投资来完成，只有政府才有足够权威、资源和组织力来提供这种社会需要的公共产品。尤其在经济发展初期和中期阶段，没有政府的强有力支持，很难有效地推动交通运输基础设施的发展。

20世纪80、90年代，在我国经济发展过程中，由于经济发展速度较快、地域面积大、人口众多，交通运输能力严重不足，在很长一段时期内影响经济发展。自20世纪末，我国开始大力兴建高速公路和高速铁路网、机场和港口，我国交通运输建设取得了跨越式的发展，并在经济发展中起到了关键性的作用。1988年，沪嘉高速公路的建成通车实现了中国大陆高速公路零的突破，到2014年年底，中国高速公路通车总里程达到11.2万公里，超过美国居于世界第一。2017年，世界上最繁忙的10个港口中有7个在中国。2018年年底，我国高速铁路营业里程已达到2.9万公里，超过全球高铁总里程的2/3，成为世界上高铁里程最长、运输密度最高、成网运营场景最复杂的国家。

2. 中央与地方政府的职责分工

中央政府负责：（1）制定交通运输发展规划；（2）组织建设受益范围涉及全国的交通运输基础设施。如：八横八纵高铁网。（3）大力支持经济欠发达地区的交通运输基础设施建设。

地方政府投资于受益范围限于本地区的交通运输项目，如：地区性的铁路、公路、港口、机场等。

（三）住房保障支出

住房问题是一个重要的民生问题。住有所居，安居乐业，是古今中外各国人民的共同梦想。1948年通过的《世界人权宣言》指出，拥有适当住房是享有适当生活标准这一权利的一个组成部分。为确保这项基本人权——住房权的充分实现，各国在促进住房市场化的同时，也纷纷构建起各具特色的住房保障制度。住房保障制度最直白地讲就是住房领域的社会保障，是政府为弥补市场"失灵"，运用经济、行政和法律手段，以保障国民基本住房需求所做出的多种制度安排。

1. 国外经验

（1）新加坡

"居者有其屋"是新加坡政府住房政策的理念核心。新加坡政府于1960年成立建屋发展局，负责解决公共住房问题，并于1964年推出"居者有其屋计划"。经过50多年的发展，新加坡已形成了以公共住房为主、商品房为辅的房地产市场格局。新加坡的公共住房即政府组屋，类似于中国的经济适用房和公租房，由政府投资修建并以低价出售或出租。在过去50多年中，新加坡政府建造了100万套公共住房，解决了80％人口的住房问题。组屋之外最多人居住的是共管式公寓，属于私人的公寓住宅，价格一般是政府组屋的四五倍之多。此外还有少部分的排屋（即联体别墅）或独栋别墅。购买者主要是高收入者、投资者或外国公民。

（2）德国

德国政府一直在用行动强化房屋的消费品角色、弱化其资本属性，强化房地产行业的福利性质、弱化其营利性。

手段一：运用高税制遏制炒房。德国没有真正意义上的房产税，由于对20世纪八九十年代的房地产泡沫心有余悸，各种类似的税收名目繁多，从事地产买卖经营者涉及缴纳的税种主要包括土地购置税、土地税、二套房税、收入所得税、资本利得税等，这些遏制措施多管齐下，重重高税负挤压了经营者的利润空间，在一定程度上有效地压制了炒房现象。

手段二：大力繁荣租赁市场。在德国，居民大多没有自有房，而选择租房住。德国自有住房率为42％，租赁住房率为58％，其中77％的年轻人都是租房居住。租房市场的繁荣，很大一点在于德国法律对于房客一边倒的利益保障。德国有非常完善的《租房法》，从居住者的利益角度来讲，租房和买房的差别不是很大，这样有效保证了市场的租房需求。

手段三：建立特殊住房金融体系。在德国，政府为了针对不同地域的发展情况，满足不同阶层的居民需要，建立了一个多模式构成的住房金融体系，给中低收入阶层的购房者提供了很大便利。

手段四：推行合作建房。在德国，合作建房在德国有150年的历史，合作建房的高比例（占比35％）拓展了多种住房获取渠道。19世纪的工业革命使得大量劳动力从农村涌入城市，为解决这部分人的住房问题，企业就开始自建住宅。到现在，仍有很多人一起融资建房，按每个人住房占整个楼房的比例成立一个合作社型的公司，由所有业主来选举成立管理委员会。每个地区政府可能会给合作建房一些税收上的优惠，政府在贷款、土地资源等方面也会提供一定的优惠政策。

（3）美国

美国在1949年至1968间年曾经大规模建设公共住房，但在后续运行中出现了很多问题：运行维护成本高，财力难以支撑；新建住房被大量闲置，对私人房地产投资形成挤出效应。公共住房最终在1970年初逐步退出历史舞台。目前，美国的住房保障主要是从供给和需求两个方面进行：一是供给端的税收抵免计划。采取政府参与和私人主导的方式，对私人开发商为低收入家庭建设的廉租房，政府给予税收抵免，鼓励供给。二是需求端的租房券计划。从需求端入手，直接对低收入家庭进行财政补贴。

2. 我国的住房保障体系

在计划经济体制下，我国城镇实行住房产权公有、实物分配、低租金使用的福利性住房制度。国有土地使用权行政划拨，无偿、无限期提供给用地者，不允许流转。政府和职工单位承担职工住房建设、管理和维修养护的全部责任。从运行状态看，计划经济时代对城市居民近乎"福利式"的分房政策造成了城市住房的普遍紧张，住房问题十分严重。由于人口众多，住房建设投资不足、住房供应短缺，城镇居民住房条件长期得不到改善，1978 年城镇人均住房建筑面积仅 6.7 平方米，住房困难成为较严重的社会问题。

1998 年以来，中国住房制度改革取得了突破性的进展，国务院下发《关于进一步深化城镇住房制度改革加快住房建设的通知》（国发〔1998〕23 号）要求停止住房实物分配，逐步实行住房分配货币化，标志着中国住房市场的基本确立。住房制度由福利制度向社会化、货币化、商品化、市场化新体制稳步推进。

随着住房商品化改革政策的实施及住房投资建设的快速发展，我国居民的居住条件得到了大幅度的改善。伴随着城镇人口的增长，城镇居民人均住房建筑面积大幅提升。2016 年，城镇居民人均住房建筑面积为 36.6 平方米，农村居民人均住房建筑面积为 45.8 平方米。但是，住房改革后，面对日益高企的房价，众多低收入者、工薪阶层"望房兴叹"。因此构建住房保障体系成为当务之急。

（1）住房保障体系的目标设定：人人享有适当住房

很多人认为，住房保障体系的目标应当是"人人买得起房"（居者有产权），这个认识有很大片面性。人们常说，住房是生活必需品。这个说法无须论证。但住房是生活必需品并不等于人人都必须通过"买"这种经济行为来满足这种基本需求。事实上，除非在物质极大丰富的理想社会，否则"人人买得起房"，或者"人人在需要的时候就能买得起房"是个永远不可能办到的事，即使在发达国家，自有住房比率也就是 70% 左右。因为社会中总会有一部分低收入群体、特困群体因为种种原因一辈子也无法获取足够的收入来买房子。还有一个占比重更大的工薪阶层，他们虽然有可能积攒起一些买房子的钱，但他们的购买力累积程度相对于其需求存在着时滞，即需要满足住房需求的时间在前，逐步有能力支付购房款在后。各国都是这样的情况。根据国际经验和我国国情，住房保障体系的目标应是"人人享有适当住房"。

（2）我国住房保障体系的主要内容

从现实情况看，我国住房保障制度分为两个层次：

一是"普遍保障"，指对广大社会成员提高住房消费可支付能力的一种扶持。它主要包括住房公积金和住房货币补贴。住房公积金制度是一种覆盖全体城镇在职职工的住房储蓄与融资机制，即在职职工按比例缴存、所在单位按比例补贴、均归个人所有的长期住房储蓄资金。对公积金免征个人所得税；职工在购买自住住房时可提取使用其个人账户内的公积金，还可申请公积金个人贷款，公积金贷款实行政策性优惠利率；可以用公积金还房贷。住房货币补贴是国家停止住房实物分配后，为解决无房职工住房问题而实行的住房货币化分配政策。

二是"特殊保障"，指对少数低收入住房困难群体，以及部分支付能力不足的中等收入群体所提供的特殊保障。按照产权是否出售，又可以将这一体系划分为出售型保障性住房和租赁型保障性住房两大类。出售型保障性住房主要包括经济适用住房、限价商品住房、共有产权住房等；租赁型保障性住房主要包括廉租住房和公共租赁住房。

按照时间顺序，我国住房保障体系的发展脉络大致如下：

1998—2006 年，以经济适用房为主要形式，同时为"夹心层"提供限价房。经济适用房是具有保障性质的政策性商品住房。经济适用房具有经济性和适用性的特点。经济性，是指住房的价格相对同期市场价格来说是适中的，适合中等及低收入家庭的负担能力。政府通过降低土地划拨费用、减免行政事业性收费、控制开发利润等措施，降低经济适用住房建设成本。适用性，是指在房屋的建筑标准上不能削减和降低，要达到一定的使用效果。限价房，即限制价格、限定面积的普通商品房。限价房是国家在商品房价格奇高、面积过大，工薪阶层对此望洋兴叹的情况下出台的宏观调控政策，是国家专门为解决"夹心层"（即买不起商品房，又不符合购买经济适用房条件的中等收入者）的住房问题而强制推行建设的中小套型、中低价位的普通商品房。其价格比经济适用房高。

在 1998 年实施住房市场化改革时，国家为了解决中低收入家庭住房困难的问题和启动市场消费，适时推出了经济适用房。从 1998 年经济适用房开始兴建以后，各地高度重视住房保障工作，全国各地的经济适用房在短短几年内如雨后春笋般快速发展，无论开工面积和项目数量都在成倍增加，经济适用房迎来高速发展时期。房价的相对低廉，逐渐成为中低收入家庭住房的重要选择。可以看出，我国第一阶段住房保障体系的目标是：人人买得起房，但这是不现实的。对于很多低收入家庭，仍买不起经济适用房和限价房。同时，经济适用房也面临着越来越多的质疑声：一是经济适用房难买，需要摇号排队，中签率低；二是不符合条件的家庭购买了经济适用房，已售经济适用房呈现"高租售率"。

2007 年起，各地开始着力推出公租房和廉租房。住房保障体系的目标变为：人人享有适当住房。公共租赁住房不是归个人所有，而是由政府或公共机构所有，用低于市场价的价格向中低收入群体、新就业职工（包括大学毕业生）和进城务工人员出租。廉租房是由政府向符合城镇居民最低生活保障标准且住房困难的家庭提供社会保障性质的住房。保障形式主要有两种：对已经租住住房的家庭，由政府发给其一定数量的租金补贴；对无住房的家庭，由政府建设并提供能够满足其基本居住需要的面积适当、租金较低的廉租房。

2013 年 12 月，住房和城乡建设部、财政部、国家发展改革委联合发出通知，明确要求推进公租房、廉租房并轨运行。推进公租房和廉租房并轨运行的原因是廉租房和公租房在平行运行过程中遇到了以下问题：一是两种保障房都属于租赁房，但面向的群体不完全一样（公租房面向中低收入群体、新就业职工和进城务工人员；廉租房面向符合城镇居民最低生活保障标准且住房困难的家庭），需要分别申请、分别排队，申请人不容易搞清楚自己适用哪种保障方式，导致申请不够方便。二是部分地方出现了保障房与保障对象不相匹配的情况。如果廉租房或公租房房源在满足保障对象需求后仍有剩余，受限于两项制度准入门槛、保障标准不同，不能调剂使用，在一定程度上造成了资源闲置浪费。三是对于因收入等发生变化需要从廉租房对象转换成公租房对象的家庭，需退出原廉租房保障后再申请新的公租房保障，给老百姓造成不必要的麻烦。公租房和廉租房并轨运行主要包括四方面内容：一是统筹建设；二是统一受理；三是统一轮候规则；四是完善租金定价机制。公租房租金原则上按照适当低于同地段、同类型住房市场租金水平确定。廉租房和公租房并轨运行有利于提高效率，避免房源闲置浪费。与之相关，饱受各界非议的经济适用房供应将逐步减少直至在全国全部取消。住建部开始考虑重新调整住房保障的供应结构。在加大公租房供应的同时，逐步削减销售型经济适用房供应量，并最终停止供应经济适用房，地方政府可以根据当地情况，制定有关调整的政策。

2014 年，根据住建部要求，北京、上海、深圳、成都、淮安、黄石积极推进共有产权住房试点。所谓共有产权住房，即政府和市民双方共同拥有房屋的产权。中低收入住房困难家庭购房时，可按个人与政府的出资比例，共同拥有房屋产权。政府出资主要是通过让渡部分土地出让金、税费减免等方式。当市民有购买能力后，则可以向政府"赎回"另一部分产权，变"共有产权"为"自有产权"。

2016 年，"十三五"规划提出，完善购租并举的住房制度，提高住房保障水平。构建以政府为主提供基本保障、以市场为主满足多层次需求的住房供应体系，优化住房供需结构，稳步提高居民住房水平，更好保障住有所居。

2017 年，十九大报告提出，坚持房子是用来住的、不是用来炒的定位，加快建立多主体供给、多渠道保障、租购并举的住房制度，让全体人民住有所居。依据十九大精神，如果将 2002 年到 2016 年这段时期房地产市场化改革特征归纳为"全面市场化，土地招拍挂，推进金融化，房产投资化"，那么 2017 年以后的房地产改革应该是"房住不炒，租购并举，多主体供给，多渠道保障"。

第五节　　地方财政支出规模与结构

地方财政支出的总量占社会资源配置的比重是否适当、支出结构是否合理，不仅直接影响地方政府职能的实现，并且直接制约着社会资源配置的优化程度，因此，地方财政支出的规模与结构的研究，是地方财政支出的重要任务。需要说明的是：本节所讲的地方财政支出指的是一般公共预算中的地方财政支出。

一、地方财政支出规模

（一）衡量地方财政支出规模的指标

衡量地方财政支出规模的指标通常有绝对指标和相对指标。

绝对指标是指以一国货币单位表示的地方财政支出的实际数额。绝对指标的优点是可以直观地反映某一财政年度内地方政府所支配的社会资源的总量。但绝对指标的缺点也很明显，主要表现在：一是这一指标不能反映地方财政支出在全国财政支出以及社会资源总量中所占的比重，因而不能充分反映地方财政在整体财政活动中和整个社会经济发展中的地位。二是由于这一指标是以现价反映地方财政支出的数额，没有考虑通货膨胀因素对支出总量的影响，因而所反映的只是名义上的地方财政支出规模，与以前年度，特别是在币值变化比较大的年份的财政支出绝对额缺少可比性。由于汇率问题，也无法进行横向的比较。

为弥补绝对指标的缺点，还需要引入相对指标。衡量地方财政支出规模的相对指标通常有两类：地方财政支出占全国财政支出的比重和地方财政支出占 GDP 的比重。相对指标一方面可以全面衡量地方财政支出在全国财政支出中的重要性，另一方面反映了一定时期内地方政府经济活动在整个国民经济活动中的比例和份额。相对指标通过计算地方财政支出占 GDP 的比重、地方财政支出占全国财政支出的比重来衡量地方财政支出规模，剔除了通货膨胀因素的影响，可以与以前年度的地方财政支出规模进行纵向比较，也可以与其他国家进行横向的比较。

（二）地方财政支出的总体规模

1. 地方财政支出绝对规模的变化

自改革开放以来，地方财政支出的绝对规模不断增加。1978 年，地方财政支出的绝对规模为 589.97 亿元，1994 年上升至 4 038.19 亿元，2017 年上升至 173 228.34 亿元，为 1978 年的 294 倍、1994 年的 43 倍。

地方财政支出的绝对规模不断增加原因主要在于：

（1）改革开放后我国城镇化加速进展。改革开放前，由于工农业生产落后、经济基础薄弱以及城乡分治、限制城市发展等原因，直到 1978 年我国的城镇化水平仍低于 18%。改革开放后，我国城镇化进程加快，2000 年城镇化率达到 36.09%，2011 年超过 50%，2017 年城镇化水平达到 58.52%。在我国城镇化加速进展的过程中，随着社会经济的发展，居民收入水平和生活水平的提高，社会公众对地方公共产品的需求也在不断提升，地方政府需要为本地居民提供一系列提高生活质量和促进社会发展的公共产品和公共服务，地方财政支出的规模随之扩大。

（2）改革开放后我国经济持续稳定增长。1979—2017 年，我国国内生产总值由 3 679 亿元增长到 2017 年的 82.7 万亿元，年均实际增长 9.5%，远高于同期世界经济 2.9% 左右的年均增速。在我国经济持续稳定增长的背景下，地方财政收入的绝对规模不断增加，地方财政支出的绝对规模也随之增加。

（3）财政体制改革。1994 年分税制改革后，中央把更多的事权下放给了地方政府，地方政府要全面负责本地的行政管理、公共安全、经济社会发展等方面的地方性公共事务。

（4）通货膨胀的影响。改革开放至今，我国的物价水平也在不断上升，地方财政支出的绝对规模没有考虑通货膨胀因素对支出总量的影响，因而所反映的只是名义上的地方财政支出规模。

2. 地方财政支出相对规模的变化

（1）地方财政支出占全国财政支出的比重在 1994 年分税制改革后有了明显上升

1978—1993 年间，地方财政支出占全国财政支出的比重平均为 58%。1994 年分税制改革后，地方财政支出占全国财政支出的比重一直稳定在 70% 左右，2009年后更是在 80% 以上，2017 年为 85.30%。

地方财政支出占全国财政支出的比重上升的原因主要在于：1994 年分税制改革后，地方政府承担了更多的事权和支出责任。分税制改革后，中央政府主要承担涉及全国及跨区域，较为宏观的事权，如国防，外交，中央国家机关运转所需经费，调整国民经济结构、协调地区发展、实施宏观调控所必需的支出，由中央直接管理的科教文卫等事业发展支出。而地方政府则要负责本地的行政管理、公共安全、文化教育卫生、社会保障与就业、节能环保、城乡社区事务、城乡基本建设、促进经济发展等全部的地方性公共事务。

（2）地方财政支出占 GDP 的比重呈 "U" 型变化

地方财政支出占 GDP 的比重从 1978 年的 16.18% 下降至 1995 年的 7.94%，1995 年后又开始缓慢上升，从 1995 年的 7.94% 上升至 2017 年的 20.94%。

地方财政支出占 GDP 的比重呈 "U" 型变化的原因主要在于：1978—1993年，经济体制改革的主基调是 "放权让利"，通过 "放权让利" 激发各方面的改革积极性，提高被传统计划经济体制所窒息的国民经济活力。当时，"放权" 主要是下放财政管理权，"让利" 主要是降低财政在国民收入分配格局中的份额，政府配置的资源总量逐步下降。全国财政收入占 GDP 的比重由 1978 年 31.02%下降到 1995 年的 10.18%。地方财政收入占 GDP 的比重以及地方财政支出占 GDP的比重也随之下降。地方财政支出占 GDP 比重从 1978 年的 16.04% 下降到 1995年的 7.87%。

财政支出占 GDP 的比重过低影响到政府职能的正常实现。1994 年分税制改革的目标主要设定为提高 "两个比重"，其中之一就是要提高全国财政收入占 GDP 的比重。分税制改革显现出良好的效果，全国财政收入占 GDP 的比重和地方财政收入占 GDP 的比重不断提高，地方财政支出占 GDP 的比重也随之增加；再加上地方财政支出占全国财政支出的比重在分税制改革后有了明显上升，地方财政支出占 GDP 的比重进一步提升，自 1995 年的 7.94% 上升至 2017 年的 20.94%（见第一章表 1-4）。

（三）地方财政支出的地区规模

我国各地区 2017 年财政支出及排序情况见表 6-3。

表 6-3　　　　　　　我国各地区 2017 年财政支出及排序情况

地区	财政支出总量 （亿元）	按总支出 排　序	人均财政支出 （元/人）	按人均 排序	总人口 （万人）
北　京	6 824.53	9	31 435.0	2	2 171
天　津	3 282.54	27	21 082.5	5	1 557
河　北	6 639.18	11	8 828.7	30	7 520
山　西	3 756.42	24	10 147.0	25	3 702
内蒙古	4 529.93	22	17 911.9	8	2 529
辽　宁	4 879.42	16	11 168.3	22	4 369
吉　林	3 725.72	25	13 712.6	11	2 717
黑龙江	4 641.08	19	12 248.8	18	3 789
上　海	7 547.62	6	31 214.3	3	2 418
江　苏	10 621.03	2	13 228.3	14	8 029
浙　江	7 530.32	7	13 311.5	13	5 657
安　徽	6 203.81	12	9 918.2	28	6 255
福　建	4 684.15	18	11 976.9	19	3 911
江　西	5 111.47	14	11 059.0	23	4 622
山　东	9 258.40	3	9 252.8	29	10 006
河　南	8 215.52	5	8 594.5	31	9 559
湖　北	6 801.26	10	11 523.7	21	5 902
湖　南	6 869.39	8	10 013.7	27	6 860
广　东	15 037.48	1	13 463.6	12	11 169
广　西	4 908.55	15	10 048.2	26	4 885
海　南	1 443.97	30	15 593.6	9	926
重　庆	4 336.28	23	14 101.7	10	3 075
四　川	8 694.76	4	10 473.1	24	8 302
贵　州	4 612.52	21	12 884.1	15	3 580
云　南	5 712.97	13	11 899.5	20	4 801
西　藏	1 681.94	28	49 909.2	1	337
陕　西	4 833.19	17	12 602.8	16	3 835
甘　肃	3 304.44	26	12 583.5	17	2 626
青　海	1 530.44	29	25 592.6	4	598
宁　夏	1 372.78	31	20 128.7	6	682
新　疆	4 637.24	20	18 966.2	7	2 445

从表 6-4 可以看出，地区财政支出总量较大的地区一般是经济较为发达、经济总量较大的地区，如广东、江苏、山东等。人均财政支出还要受到财政支出总量、人口总数、转移支付数额等因素的影响。人均财政支出较高的地区是西藏、北京、上海、青海等地区。从总体上看，财政支出的地区差距很大，无论是支出总数还是人均支出，东部地区都要远远高于中部、西部地区。

二、地方财政支出结构

地方财政支出结构是指地方财政支出总额中各类支出的组合以及各类支出在支出总额中的比重。地方财政支出结构的变化反映着财政支出政策的趋向和变化。改革开放后，尤其是在分税制改革后，地方政府成为推动经济发展的巨大动力，对经济增长热情高涨的地方政府有力地推动着我国市场化进程和经济效率改善。地方政府也逐步从许多私人产品领域退出，把基本职责定位在地方公共产品的供给上，地方公共产品供给数量不断增加，质量也有很大的提高。但在一段时期内，在地方财政支出结构方面出现了"结构偏向"问题，偏重于基础设施等硬件的建设。在城市基础设施建设上，中国大大领先于同水平发展中国家，即便是在内地城镇，宽广的马路、开阔的市容规划也常常令人吃惊，但在教育、医疗卫生、社会保障等社会服务方面却动力不足。其原因主要在于：

第一，基础设施是国民经济的先行部门，是社会和经济运转的重要基础，对工业、农业、商业的发展和人民的生活有着重大影响。基础设施建设大都具有技术资本密集、管理环节多、占用资源多、建设周期长、投资回收慢的共同特征。这些特征决定了其很难由个别企业的独立投资来完成。只有政府才有足够权威、资源和组织力来提供这种社会需要的公共产品。尤其在经济发展初期和中期阶段，没有政府的强有力支持，很难有效地推动交通运输基础设施的发展。改革开放后，为推动经济发展，各地对基础设施进行了大力投入。

第二，在以 GDP 增长为政绩指标的激励机制下，地方政府热衷于 GDP、招商引资等指标。不同类型的财政支出对推动地区经济增长（尤其是任期内的增长）的作用是不同的。基础设施建设能起到立竿见影的效果，而教育、卫生等公共领域的投入则见效较慢。因此，追求"政绩最大化"的地方政府就有可能把更大比重的支出用于能够直接推动经济增长和吸引外商直接投资的基本建设上，而对于教育、医疗等公共服务则缺乏投入动力、供给不足。

第三，一段时期里，在基本公共服务领域，如教育、卫生医疗、社会保障等方面，走了一些弯路，曾经误以为市场经济万能，市场手段配置资源可以扩展到各个领域，包括公共服务领域。这样一来，在公共服务领域，采取了过分市场化的改革路径，结果造成 20 世纪 90 年代出现了一系列问题：广大百姓看病难、看病贵、上学难、学费高，特别是广大农村义务教育长期得不到落实，各种社会保障机制不健全，困难群体、弱势群体得不到有效保护等。

到 20 世纪末，经济高速发展的代价日益显现，如何解决社会矛盾加剧、环境污染、贫富不均、城乡发展不均衡、区域发展不均衡等问题在政府议事日程上的优先位置越来越高。2004 年，党的十六届四中全会第一次明确提出了构建社会主义和谐社会的重大战略任务。2012 年，十八大报告提出推进中国特色社会主义事业经济建设、政治建设、文化建设、社会建设、生态文明建设"五位一体"总体布局。我国财政运行模式逐步由"生产建设财政"转向"公共财政"和"民生财政"，财政支出越来越注重公共性和普惠性。

十九大报告指出，中国特色社会主义进入新时代，我国社会主要矛盾已经转化为人民日益增长的美好生活需要和不平衡不充分的发展之间的矛盾。不平衡就包括城乡间和地区间经济社会发展的不平衡。社会主要矛盾的变化对财政支出也提出了新的要求。

在上述背景下，财政支出结构逐步优化。目前，我国各级政府正在加大对农业、教育、卫生、社会保障、住房保障、环境保护等民生领域的投入力度（见表6-4）。当然，由于历史因素的积累，民生领域的欠账较大，加上我国人口众多，要达到符合社会发展和公众的要求，还需要一个长期的过程。

表 6-4　　　　　　　　　　2017 年我国地方财政支出结构

项　目	数额（亿元）	比重（%）	排序
一般公共服务	15 238.90	8.80	5
外交	2.08	0.00	23
国防	206.02	0.12	21
公共安全	10 612.33	6.13	7
教育支出	28 604.79	16.51	1
科学技术支出	4 440.02	2.56	12
文化体育与传媒支出	3 121.01	1.80	13
社会保障和就业支出	23 610.57	13.63	2
医疗卫生与计划生育支出	14 343.03	8.28	6
节能环保支出	5 266.77	3.04	10
城乡社区支出	20 561.55	11.87	3
农林水支出	18 380.25	10.61	4
交通运输支出	9 517.56	5.49	8
资源勘探信息等支出	4 660.21	2.69	11

项　目	数额（亿元）	比重（%）	排序
商业服务业等支出	1 519.66	0.88	16
金融支出	294.83	0.17	20
援助其他地区支出	398.99	0.23	19
国土海洋气象等支出	2 005.8	1.16	15
住房保障支出	6 131.82	3.54	9
粮油物资储备支出	653.3	0.38	18
其他支出	1 139.19	0.66	17
债务付息支出	2 495.38	1.44	14
债务发行费用支出	24.28	0.01	22

▢ 本章小结

地方财政支出是地方政府在满足地方的公共需求和履行其政治及经济职能的过程中所付出的费用的总和，是地方财政活动中的一项重要内容。地方财政支出涉及范围广、项目多、数额大。

2007 年前，我国的财政支出分类主要是遵循马克思的社会产品价值构成理论，按照财政支出用途分类。随着社会主义市场经济体制的完善和公共财政体制的逐步确立以及各项预算管理改革的不断深入，传统按照财政支出用途分类的弊端也越来越明显，突出地表现在以下方面：与市场经济体制下的政府职能转变不相适应；不能清晰反映政府职能活动；与国民经济核算体系和国际通行做法不相适应。

我国从 2007 年 1 月 1 日起在全国范围内实施新的政府收支分类。在支出方面改变了按支出用途分类的方法，改按政府支出功能分类和支出经济分类，支出功能分类主要反映政府活动的不同功能和政策目标。在支出功能分类明确反映政府职能活动的基础上，支出经济分类明细反映政府的钱究竟是怎么花出去的，是付了人员工资，还是买了办公设备等，还是无偿转移给了企业和个人。

世界许多国家均依照地方政权的级次设置相应级次的地方财政支出，因此，财政支出还可以按财政支出级次进行分类。我国地方财政支出由省级支出、市级支出、县级支出和乡级支出四个级次组成。

地方一般政府服务支出是地方政府用于执行政治职能的支出，包括：一般公共服务支出、外交支出、国防支出和公共安全支出。

地方社会服务支出是地方政府用于执行社会职能的支出，包括：教育支出、科学技术支出、文化体育与传媒支出、社会保障和就业支出、医疗卫生与计划生育支出、节能环保支出和城乡社区事务支出。

地方经济服务支出是地方政府执行经济职能的支出，包括：农林水支出、交通运输支出、资源勘探信息等支出、商业服务业等支出、金融支出、援助其他地区支出、国土海洋气象等支出、住房保障支出和粮油物资储备支出。

衡量地方财政支出的规模可以用绝对指标和相对指标。绝对指标是指以一国货币单位表示的地方财政支出的实际数额。衡量地方财政支出规模的相对指标通常有两类：地方财政支出占 GDP 的比重和地方财政支出占全国财政支出的比重。

自改革开放以来，地方财政支出的绝对规模不断增加。地方财政支出占全国财政支出的比重在 1994 年分税制改革后有了明显上升；地方财政支出占 GDP 的比重呈"U"型变化。地区财政支出总量较大的地区一般是经济较为发达、经济总量较大的地区。而人均财政支出还要受到财政支出总量、人口总数、转移支付数额等因素的影响。从总体上看，财政支出的地区差距很大，无论是支出总数还是人均支出，东部地区都要远远高于中部、西部地区。

地方财政支出结构是指地方财政支出总额中各类支出的组合以及各类支出占支出总额的比重。地方财政支出结构的变化反映着财政支出政策的趋向和变化。

一段时期内，地方财政支出结构方面出现了"结构偏向"问题，偏重于基础设施等硬件的建设，而在教育、医疗卫生、社会保障等社会服务方面却动力不足。进入 21 世纪，我国各级财政支出结构逐步优化，目前各级政府正在加大对农业、教育、卫生、社会保障、住房保障、环境保护等民生领域的投入力度。

□ 关键概念

地方财政支出　购买性支出　转移性支出　一般政府服务支出　社会服务支出　经济服务支出　地方财政支出总量　地方财政支出结构

□ 复习思考题

1. 简述 2007 年以前我国财政支出分类的理论依据以及这种分类方法存在哪些弊端。

2. 简述我国自 2007 年 1 月 1 日起在全国范围内实施的政府收支分类改革主要内容。

3. 简述财政支出的功能分类与经济分类。

4. 简述执行社会职能的社会服务支出。

5. 简述执行经济职能的经济服务支出。

6. 简述各类社会服务支出和经济服务支出在政府间的支出责任划分。

7. 简述政府经济服务支出的特点。

8.简述我国住房保障体系的目标设定与主要内容。

9.简述改革开放后地方财政支出绝对规模的变化情况及原因。

10.简述改革开放后地方财政支出相对规模的变化情况及原因。

11.简述影响各地区财政支出总量和人均财政支出的相关因素。

第七章

地方财政收入

地方财政支出种类多、数量大，对地方经济增长和社会发展有着重要的影响。保障地方支出需要，地方政府需要有稳定、充足的收入来源。地方财政收入是指地方政府为履行其职能，保证地方财政支出的需要，在预算年度内通过一定的形式和程序，有计划地筹措归地方政府支配的财政资金。地方财政收入是各级地方政府履行职能的财力保障。由于中央政府与地方政府在财政体系运行中的地位和所承担的财政职能的侧重点有所不同，因而地方财政收入的构成、规模与结构与中央财政收入也有所差异。

第一节　地方财政收入的构成

从我国的地方财政收入实际情况来看，地方政府的收入有多种来源。根据《2018 年政府收支分类科目》，地方财政收入包括六大类：税收收入、社会保险基金收入、非税收入、贷款转贷回收本金收入、债务收入和转移性收入。

一、税收收入

从理论上讲，税收是国家为了实现其职能，凭借政治权力、依照法律规定标准取得财政收入的一种比较固定的形式。税收收入是现代社会中政府最为重要的财政收入，具有一般报偿性、确定性和强制性等基本特征[1]。税收的一般报偿性包括两层含义：第一层含义是，税收所体现的政府与经济活动主体之间的利益关系是一种互利关系。第二层含义是，政府与各个经济主体之间的互利关系并不像商品的等价交换那样是一种完全对等的互利关系，而是一种不完全对等的互利关系。纳税多的经济活动主体并不必然享受较大的利益，纳税少的经济活动主体并不必然享受较小

---

[1]　马国强. 中国税收 [M]. 8 版. 大连：东北财经大学出版社，2018.

的利益。税收的确定性是指税收是按事先确定的范围和标准征收的，包括事先确定了征税对象和纳税人、确定了税基和税率、确定了纳税时间和地点等。税收的强制性是指经济活动主体必须按照税收法律、法规的要求，准确、及时地履行纳税义务，否则就要受到法律的制裁。作为一种稳定、可靠、规范的财政收入来源，在地方一般公共预算收入中，税收收入占地方本级财政收入的比例一般为 80% 左右。

在我国现行税收体系中，按照税收归属和征收管辖权限的不同，可以分为中央税、地方税、中央与地方共享税。地方税和共享税中划归地方政府的收入构成地方税收收入。目前，我国地方税收收入的具体构成如下：

（一）地方税

按照现行的税收划分办法，税收收入完全划归地方政府的税种包括：城市维护建设税、房产税、印花税（不包含证券交易印花税）、城镇土地使用税、土地增值税、车船税、耕地占用税、契税、烟叶税和环境保护税。

（二）共享税中划归地方政府的收入

按照现行的税收划分办法，国内增值税、资源税和分享范围内的所得税属于中央与地方共享税。

1. 国内增值税

1994 年分税制改革时，将海关代征的消费税和增值税划为中央税，将国内增值税划为中央与地方共享税。地方政府就国内增值税部分与中央政府按 1∶3 的比例分享，即中央政府分享 75%，地方政府分享 25%。

自 2012 年 1 月 1 日起，"营改增"改革首先在上海市的交通运输业和部分现代服务业中开始试点，2016 年 5 月 1 日，我国开始全面实施"营改增"改革试点。

为保障地方政府财力，全面实施"营改增"后，中央调整了中央与地方增值税收入划分比例。国务院 2016 年 4 月 30 日印发《关于全面推开营改增试点后调整中央与地方增值税收入划分过渡方案》（以下简称《方案》），《方案》自 2016 年 5 月 1 日起执行，过渡期暂定 2～3 年。《方案》规定，以 2014 年为基数核定中央返还和地方上缴基数，所有行业企业缴纳的增值税均纳入中央和地方共享范围。中央分享增值税的 50%，地方按税收缴纳地分享增值税的 50%。调整后，收入增量分配向中西部地区倾斜，重点加大对欠发达地区的支持力度，推进基本公共服务均等化。

2. 资源税

资源税按不同的资源品种划分。海洋石油资源税作为中央收入，由国税部门征收；其他资源税作为地方收入，由地税部门征收。

3. 分享范围内的所得税

1994 年分税制改革时，企业所得税收入是按照隶属关系在中央与地方政府间划分。随着社会主义市场经济体制的不断完善，依照隶属关系划分企业所得税收入的弊端逐步凸显。中央决定自 2002 年 1 月 1 日起，实施所得税收入分享改革，改革原来按企业的行政隶属关系划分所得税收入的办法，对企业所得税和个人所得税收入实行中央和地方按比例分享。

（1）分享范围。除铁路运输、国家邮政、中国工商银行、中国农业银行、中国银行、中国建设银行、国家开发银行、中国农业发展银行、中国进出口银行以及中海油、中石油、中石化缴纳的所得税作为中央收入外，其他企业所得税和个人所得税收入由中央与地方按比例分享。

（2）分享比例。2002 年，中央分享 50%，地方分享 50%；2003 年后，中央分享 60%，地方分享 40%。

二、社会保险基金收入

社会保险是由政府举办的、主要由单位和职工缴费筹资的社会保障计划，其缴费收入是政府重要的财政收入。社会保险基金收入是一种强制性的专款专用的财政收入形式，其收入要专项用于政府社会保险计划的开支。

目前，我国的社会保险按项目划分，可分为：企业职工基本养老保险基金收入、失业保险基金收入、职工基本医疗保险基金收入、工伤保险基金收入、生育保险基金收入、新型农村合作医疗保险基金收入、城镇居民基本医疗保险基金收入、城乡居民基本养老保险基金收入、机关事业单位基本养老保险基金收入和其他社会保险基金收入。

按收入来源，社保基金收入目前主要包括缴费收入和财政补助。财政直接补助是保证社保基金安全性的必不可少的手段。自 2006 年以来，各级政府优化财政支出结构，加大对社会保险基金的投入力度。2017 年，财政对基本养老保险基金的补助为 7 448.66 亿元，财政对基本医疗保险基金的补助为 5 024.08 亿元，合计 12 472.74 亿元，占全国一般公共预算支出的比重为 6.14%。

三、非税收入

非税收入是指各级政府及其所属部门和单位依法利用行政权力、政府信誉、国家资源、国有资产或提供特定公共服务征收、收取、提取、募集的除税收和政府债务收入以外的财政收入。具体包括：政府性基金收入、专项收入、行政事业性收费收入、罚没收入、国有资本经营收入、国有资源（资产）有偿使用收入、捐赠收入、政府住房基金收入和其他收入（见表 7-1）。

表 7-1　　　　　　　　　　按照收入依据划分各类非税收入

收入依据	非税收入
利用行政权力、政府信誉	政府性基金收入 专项收入 罚没收入 捐赠收入 政府住房基金收入 专项债券对应项目专项收入
提供特定公共服务	行政事业性收费收入
利用国家资源、国有资产	国有资本经营收入 国有资源（资产）有偿使用收入

（一）利用行政权力、政府信誉取得的非税收入

1. 政府性基金收入

政府性基金收入是指各级政府及其所属部门根据法律、行政法规规定并经国务院或财政部批准，向公民、法人和其他组织征收的政府性基金，以及参照政府性基金管理或纳入基金预算、具有特定用途的财政资金。政府性基金收入主要是为了支持特定基础设施建设和社会事业发展，纳入政府性基金预算。

2. 专项收入

专项收入是纳入一般公共预算管理的有专项用途的非税收入。专项收入有着专门的用途。与地方政府相关的专项收入包括：教育费附加收入、场外核应急准备收入、地方教育附加收入、文化事业建设费收入、残疾人就业保障金收入、教育资金收入、农田水利建设资金收入、育林基金收入、森林植被恢复费和水利建设专项收入。

专栏 7-1

教育费附加收入

教育费附加收入是为了多渠道筹集教育资金，加快我国教育事业发展，根据 1986 年国务院公布的《征收教育费附加的暂行规定》开征的。

教育费附加以各单位和个人实际缴纳的增值税、营业税和消费税（以下简称"三税"）的税额为计征依据，分别与"三税"同时缴纳。

1986 年至 2005 年 9 月 30 日，教育费附加率为 1.5%。2005 年 10 月 1 日起，教育费附加率提高到 3%。

教育费附加开征时，不对外商投资企业、外国企业及外籍个人征收，自 2010 年 12 月 1 日起，为了进一步统一税制、公平税负、创造平等竞争的外部环境，开始对外商投资企业、外国企业及外籍个人征收教育费附加。

一般公共预算支出中的类级科目"教育支出"专门设有款级科目"教育费附加安排的支出"。主要用于：农村中小学校舍建设、农村中小学教学设施、城市中小学校舍建设、城市中小学教学设施、中等职业学校教学设施和其他教育费附加安排的支出。2016 年"教育费附加安排的支出"为 1 494.37 亿元。

3. 罚没收入

罚没收入是执法机关依法收缴的罚款（罚金）、没收款、赃款和没收物资、赃物的变价款收入。具体包括：

（1）一般罚没收入。这包括：公安罚没收入、检察院罚没收入、法院罚没收入、工商罚没收入、新闻出版罚没收入、技术监督罚没收入、税务部门罚没收入、海关罚没收入、食品药品监督罚没收入、卫生罚没收入、检验检疫罚没收入、证监会罚没收入、保监会罚没收入、交通罚没收入、铁道罚没收入、审计罚没收入、渔政罚没收入、银行监督罚没收入、民航罚没收入、电力监管罚没收入、交强险罚没收入、物价罚没收入、其他一般罚没收入。

（2）缉私罚没收入。海关、公安（含武警边防）、工商行政管理等部门取得的

缉私罚没收入。这包括：公安缉私罚没收入、工商缉私罚没收入、海关缉私罚没收入、边防武警缉私罚没收入、其他部门缉私罚没收入。

（3）缉毒罚没收入。反映公安（含武警边防）、海关等部门取得的缉毒罚没收入。

罚没收入的目的不是为了增加政府收入，而是为了对违法违规的行为进行惩戒，维持良好的社会秩序。

4. 捐赠收入

捐赠收入是按《财政部关于加强非税收入管理的通知》（财综〔2004〕53 号）规定的以政府名义接受的收入。包括：（1）国外捐赠收入。反映来自外国政府和非政府机构的捐赠收入。（2）国内捐赠收入。反映以各级政府、国家机关、实行公务员管理的事业单位、代行政府职能的社会团体以及其他组织名义接受的非定向捐赠货币收入，不包括定向捐赠货币收入、实物捐赠收入以及以不实行公务员管理的事业单位、不代行政府职能的社会团体、企业、个人或者其他民间组织名义接受的捐赠收入。

5. 政府住房基金收入

政府住房基金收入是按《住房公积金条例》等规定收取的收入。这包括：（1）上缴管理费用。住房公积金管理机构按照《住房公积金管理条例》规定，从住房公积金增值收益中上缴同级财政的管理费用。（2）计提公共租赁住房资金。住房公积金管理机构从住房公积金增值收益中计提用于公共租赁住房的资金。（3）公共租赁住房租金收入。按照《财政部国家发展改革委住房城乡建设部关于保障性安居工程资金使用管理有关问题的通知》规定取得的公共租赁住房收入。（4）配套商业设置租售收入。政府投资建设廉租住房和公共租赁住房项目中配建的商业设施出租出售收入。（5）其他政府住房基金收入。除上述项目以外的其他住房基金收入。

（二）政府提供特定公共服务取得的非税收入——行政事业性收费收入

行政事业性收费是国家机关、事业单位、代行政府职能的社会团体及其他组织根据法律、行政法规、地方性法规等有关规定，依照国务院规定程序批准，在向公民、法人提供特定服务的过程中，按照成本补偿和非盈利原则向特定服务对象收取的费用。

行政事业性收费的分类：

1. 按收费对象分为涉企收费、涉农收费和其他收费等三类。

2. 按收费性质分为行政性收费和事业性收费等两类。"行政性收费"指根据法律、法规等有关规定，在履行政府行政管理职能时，向公民、法人和其他组织收取的费用。"事业性收费"指根据法律、法规等有关规定，在向公民、法人和其他组织提供特定服务时收取的费用。

3. 按管理权限分为中央设立的行政事业性收费和各省（自治区、直辖市）设立的行政事业性收费。

4. 按收费部门分为公安行政事业性收费收入、法院行政事业性收费收入、司法行政事业性收费收入、外交行政事业性收费收入、工商行政事业性收费收入、财政行政事业性收费收入、税务行政事业性收费收入、海关行政事业性收费收入、审计行政事业性收费收入、人口和计划生育行政事业性收费收入、保密行政事业性收费收入、质量监督检验检疫行政事业性收费收入、新闻出版广电部门行政事业性收费收入、安全生产行政事业性收费收入、档案行政事业性收费收入、文化行政事业性收费收入、教育行政事业性收费收入、科技行政事业性收费收入、体育行政事业性收费收入、发展与改革（物价）行政事业性收费收入、统计行政事业性收费收入、国土资源行政事业性收费收入、建设行政事业性收费收入、知识产权行政事业性收费收入、环保行政事业性收费收入、旅游行政事业性收费收入、测绘行政事业性收费收入、铁路行政事业性收费收入、交通运输行政事业性收费收入、工业和信息产业行政事业性收费收入、农业行政事业性收费收入、林业行政事业性收费收入、水利行政事业性收费收入、卫生行政事业性收费收入、食品药品监管行政事业性收费收入、民政行政事业性收费收入、电力市场监管行政事业性收费收入、监察行政事业性收费收入等。

（5）按收费类别分为行政管理类收费、资源补偿类收费、鉴定类收费、考试类收费、培训类收费、其他类收费等六类。

行政管理类收费是国家行政机关依据有关法律、法规规定，在行使国家管理职能时，向被管理对象收取的费用。它主要包括注册费、登记费、手续费、审验费、审查费、签证费以及各种证照收费。如："公安行政事业性收费收入"中的"中国国籍申请手续费""居民身份证工本费""驾驶证工本费"；"工商行政事业性收费收入"中的"商标注册收费"；"民政行政事业性收费收入"中的"婚姻登记证书工本费"。

资源补偿类收费是开采、利用自然和社会公共资源，按照法律、法规规定缴纳的费用。它包括："工业和信息产业行政事业性收费收入"的"无线电频率占用费"、"水利行政事业性收费收入"中的"河道采砂管理费"等资源类收费和特许权使用费；"建设行政事业性收费收入"中的"城市道路占用挖掘费""城镇垃圾处理费"；"人口和计划生育行政事业性收费收入"中的"社会抚养费"等补偿和治理类收费。

鉴定类收费是按照法律、法规规定，从事检验、检测、鉴定、检定、认证、检疫等活动而收取的费用。例如："质量监督检验检疫行政事业性收费收入"中的"出入境检验检疫收费""锅炉、压力容器检验费"；"农业行政事业性收费收入"中的"农业转基因生物检测费"。

考试类收费是国家行政机关、事业单位和社会团体按照法律、法规以及国务院或省级政府文件规定组织的考试，或实施经人事部批准的专业技术资格和执业资格考试，以及经劳动和社会保障部批准的职业资格考试而收取的费用。例如："司法行政事业性收费收入"中的"司法考试考务费"；"教育行政事业性收费收入"中的"教师资格考试费""普通话水平测试费"。

　　培训类收费是根据法律、法规规定开展强制性培训活动而收取的费用。例如："法院行政事业性收费收入"中的"培训费、资料工本费和住宿费"（反映国家法官学院收取的培训费、资料工本费和住宿费）。

　　其他类收费指上述五类收费以外的行政事业性收费。

　　从实际来看，收费收入是世界各国政府财政收入的重要来源。我国的行政事业性收费收入也是各级政府，特别是地方政府的重要收入来源。行政事业性收费广泛存在于百姓日常生活和企业生产经营中。过去由于财政缺口较大，行政事业性收费一度项目繁多、标准偏高。近年来随着财力的增强和政府公共服务职能的强化，2013年以来，按照中央政府的统一部署，我国开始深入推进收费清理改革，取缔和停止执行没有依据、越权设立或擅自提高征收标准、扩大征收范围的收费，公布全国性、中央部门和单位及省级收费目录清单。2014年10月，财政部公布了《全国性及中央部门和单位行政事业性收费目录清单》《全国性及中央部门和单位涉企行政事业性收费目录清单》《全国政府性基金目录清单》。2014年年底，各省（自治区、直辖市）也陆续公布了本地行政事业性收费目录清单。通过建立和实施收费目录清单制度，将依法合规设立的收费项目全部纳入清单并主动公开，给社会一本"明白账"，有助于从源头上防止各类乱收费、乱摊派。

　　经过持续清理规范，截至2017年6月，中央设立的行政事业性收费由185项减少至51项，减少幅度为72%，其中，涉企收费由106项减少到33项，减少幅度为69%；政府性基金由30项减少到21项，减少幅度为30%。各省（自治区、直辖市）设立的行政事业性收费平均约14项，其中涉企收费平均约3项。总体来看，政府性收费项目已大幅减少，企业缴费负担明显减轻。行政事业性收费收入由2011年的7 911亿元减少至2017年的4 305.20亿元。

专栏7-2

财政部税政司有关负责人就全国政府性基金和行政事业性收费
目录清单"一张网"答记者问

　　问：请介绍全国收费基金项目基本情况？

　　答：按照国务院有关规定，政府性基金实行中央一级审批，由财政部审核后报国务院批准；行政事业性收费项目和标准分别由中央和省两级财政、价格部门批准，重要的报国务院或省级人民政府批准。新设立的涉企政府性基金和行政事业性收费项目，必须依据法律、行政法规的规定；对没有法律、行政法规依据但按照国际惯例或对等原则确需设立的，由财政部会同有关部门报国务院批准。

　　2013年以来，按照党中央、国务院决策部署，经过持续清理规范，中央设立的行政事业性收费由185项减少至51项，减少幅度为72%，其中，涉企收费由106项减少到33项，减少幅度为69%；政府性基金由30项减少到21项，减少幅度为30%。各省（自治区、直辖市）设立的行政事业性收费平均约14项，其中涉企收费平均约3项。总体来看，政府性收费项目已大幅减少，企业缴费负担明显减轻。

　　问：请介绍建立和实施收费目录清单的背景？

答：党中央、国务院高度重视清理规范涉企收费、减轻企业负担相关工作，要求拿出制度性、管长远、见实效的清费措施，建立科学规范、公开透明的管理制度。2014 年 6 月，国务院办公厅印发《关于进一步加强涉企收费管理减轻企业负担的通知》，明确要求建立和实施涉企收费目录清单制度。对按照法律、行政法规和国家有关政策规定设立的涉企行政事业性收费、政府性基金和实施政府定价或指导价的经营服务性收费实施目录清单管理。

按照国务院有关要求，2014 年 8 月，财政部、国家发展改革委印发《关于进一步完善行政事业性收费项目目录公开制度的通知》，明确财政部和省级财政部门按照收费项目审批管理权限，分级编制并公布收费目录清单。2014 年 10 月，财政部公布了《全国性及中央部门和单位行政事业性收费目录清单》《全国性及中央部门和单位涉企行政事业性收费目录清单》《全国政府性基金目录清单》。2014 年年底，各省（自治区、直辖市）也陆续公布了本地行政事业性收费目录清单。

通过建立和实施收费目录清单制度，将依法合规设立的收费项目全部纳入清单并主动公开，给社会一本"明白账"，有助于从源头上防止各类乱收费、乱摊派。

问：请介绍收费目录清单"一张网"有哪些特点？

答：收费目录清单制度建立和实施以来，得到了社会各界的关注和好评，但也存在清单查找不方便、格式不统一等问题。为加强社会监督，按照国务院的有关部署和要求，财政部在门户网站上集中公布了中央和省两级收费目录清单，打造全国政府性基金和行政事业性收费"一张网"。"一张网"之外的收费项目，一律不得执行，公民、法人和其他组织有权拒绝缴纳并向有关部门举报。

一是开设了专栏。为方便社会查询，在财政部门户网站首页开设了"全国政府性基金和行政事业性收费目录清单"专栏，对以往公布的收费目录清单相关网页进行了重新设计，栏目更加醒目，更具吸引力和可读性。

二是统一了格式。公布内容包括政府性基金、行政事业性收费、涉企行政事业性收费三个目录清单，每个清单涵盖收费项目、政策依据、执收部门及资金管理方式等。

三是实现了全覆盖。将全国 31 个省（自治区、直辖市）设立的收费项目和中央设立的收费项目全部纳入"一张网"公示，确保收费项目公布全覆盖，不留死角。

四是丰富了内容。除公布收费目录清单外，还新设了"2013 年以来的降费措施"和"政策规定及解读"两个栏目，更方便社会公众查询和了解相关收费政策。

问：财政部将采取哪些措施，确保"一张网"有效运行？

答：实施收费目录清单管理是一项长期工作，需中央和地方持续推进。下一步，财政部将重点做好以下工作：一是实施动态管理。为确保收费目录清单的时效性和准确性，在政策执行过程中收费基金项目和政策内容发生变化时，财政部和省级财政部门将及时更新收费目录清单。二是加强上下联动。各省（自治区、直辖市）对本地区目录清单承担主体责任，因政策变动需对收费目录清单进行调整的，应将相关调整依据等政策文件及时报送财政部。财政部审核后调整相关收费目录清单，各省（自治区、直辖市）财政部门同步调整本地区收费目录清单。三是加强监督检查。各级财政部门将按照职责分工，以清单为依据，对各地区、各部门收费基金项目政策执行情况加强监督检查，坚决查处清单之外的各种乱收费，确保收费目录清单执行到位。

资料来源：财政部税政司.财政部税政司有关负责人就全国政府性基金和行政事业性收费目录清单"一张网"答记者问［EB/OL］.［2017-06-29］. http://szs.mof.gov.cn/mlqd_8464/zcgd/201706/t20170629_2634204.html.

（三）政府利用国家资源、国有资产收入取得的非税收入

1. 国有资本经营收入

国有资产按性质可以划分为三种：（1）经营性国有资产，是指以保值为基础，以增值为目的，直接投入生产经营过程中的国有资产。经营性国有资产具有增值性的特点，即通过对经营性资产的运用，可创造出新的价值。（2）非经营性国有资产，是指不直接投入生产经营过程，由国家机关、军队、社会团体、文化教育、学校和科研机构等行政事业单位占有使用的国有资产。非经营性国有资产具有非增值性的特点，即非经营性国有资产的占有使用不是为了自身价值的增值，而是为政府履行行政管理职能和社会管理职能提供物质基础。（3）资源性国有资产，是指在人们现有的知识、科技水平条件下，对某种资源的开发，能带来一定经济价值的国有资源。

国有资本经营收入来自于经营性国有资产。政府与国有企业的分配关系有两层：第一层是税收征纳关系；另一层是资产收益分配关系。根据财政部制定的《2018年政府收支分类科目》，国有资本经营收入反映各级人民政府及其部门、机构履行出资人职责的企业（即一级企业）上缴的国有资本收益。具体包括：

（1）利润收入。反映中国人民银行、国有独资企业等按规定上交国家的利润。按照《财政部关于进一步提高中央企业国有资本收益收取比例的通知》（财企〔2014〕59号）和《财政部关于印发〈中央企业国有资本收益收取管理办法〉的通知》（财资〔2016〕32号）等规定，纳入2017年中央国有资本经营预算实施范围的中央企业税后利润（净利润扣除以前年度未弥补亏损和提取的法定公积金）的收取比例分为五类执行：第一类为烟草企业，收取比例25%；第二类为石油石化、电力、电信、煤炭等资源型企业，收取比例20%；第三类为钢铁、运输、电子、贸易、施工等一般竞争型企业，收取比例15%；第四类为军工企业、转制科研院所、中国邮政集团公司、中国铁路总公司、中央文化企业、中央部门所属企业，收取比例10%；第五类为政策性企业，免交当年应交利润。符合小型微型企业规定标准的国有独资企业，应交利润不足10万元的，比照第五类政策性企业，免交当年应交利润。

（2）股利、股息收入。反映国有控股、参股企业国有股权（股份）上缴的股利、股息收入。

（3）产权转让收入。反映国有资产（含国有股权）转让或出售收入。

（4）清算收入。反映国有独资企业清算收入（扣除清算费用），以及国有控股、参股企业国有股权（股份）分享的公司清算收入（扣除清算费用）。

（5）国有资本经营收入退库。反映按有关政策审批退库的国有资本经营收入。

（6）国有企业计划亏损补贴。反映按规定通过收入退库安排的国有企业计划亏损补贴。它包括：工业企业计划亏损补贴、农业企业计划亏损补贴和其他国有企业计划亏损补贴。

（7）其他国有资本经营收入。

在过去的计划经济体制下，我国的投资体制决定了政府是投资的主体，而政府这个投资主体又分为中央、省、市、县等多级，相应地由多级政府投资主体投资形成的国有资产、国有企业也就分多级所有。所以，地方政府的财政收入中也就有地方政府所拥有的经营性国有资产所带来的国有资本经营收入。

2.国有资源（资产）有偿使用收入

国有资源（资产）有偿使用收入来自于非经营性国有资产和资源性国有资产。根据《2018年政府收支分类科目》，国有资源（资产）有偿使用收入反映有偿转让国有资源（资产）使用费而取得的收入。

与地方政府相关的收入科目包括：海域使用金收入、场地和矿区使用费收入、专项储备物资销售收入、利息收入（反映国库存款利息、有价证券利息及其他利息收入）、非经营性国有资产收入①、出租车经营权有偿出让和转让收入、无居民海岛使用金收入、转让政府还贷道路收费权收入、动用国家储备物资上缴财政收入、矿产资源专项收入、排污权出让收入、农村集体经营性建设用地土地增值收益调节金收入、新增建设用地土地有偿使用费收入、水资源费收入、其他国有资源（资产）有偿使用收入。

四、贷款转贷回收本金收入

根据《2018年政府收支分类科目》，贷款转贷回收本金收入反映各类贷款转贷回收本金收入。它包括：（1）国内贷款回收本金收入（中央与地方共用收入科目）。反映收回的技改贷款及其他财政贷款本金收入等。（2）国外贷款回收本金收入（中央与地方共用收入科目）。反映国外贷款回收本金收入。具体包括：外国政府贷款回收本金收入（反映收回的我国政府向外国政府贷款的本金收入）；国际组织贷款回收本金收入（反映收回的我国政府向国际组织贷款的本金收入）；其他国外贷款回收本金收入。（3）国内转贷回收本金收入（中央与地方共用收入科目）。反映收回的政府部门向外国政府、国际金融机构借款转贷给地方政府、相关部门和企业的款项。（4）国外转贷回收本金收入（中央收入科目）。反映收回的中央政府部门向外国政府、国际金融机构借款转贷给国外有关机构和企业的款项。

---

① 反映行政事业单位上缴的非经营性国有资产出租、出借及处置收入。它包括：行政单位国有资产出租、出借收入，行政单位国有资产处置收入，事业单位国有资产处置收入，事业单位国有资产出租、出借收入。

五、债务收入

地方政府债务不仅是整个政府债务体系的有机组成部分，而且是地方政府财政活动中的一个重要环节。进入 21 世纪后，我国地方政府债务呈现上升、积累和扩大的趋势，引起了各方的关注。特别是 2008 年以后，为应对国际金融危机，我国政府启动了 4 万亿的投资计划，在此背景下，地方政府负债总额急剧膨胀。随着地方政府债务规模越来越大、形式越来越复杂，地方政府的举债活动对地方财政运行、地方社会经济发展乃至整个国民经济运行的影响也越来越深刻和广泛。

（一）地方政府债务的构成

狭义上的地方政府债务是地方政府以债务人的身份，采取信用的方式，通过借款或发行债券等取得资金的行为。但在社会经济生活日益复杂的背景下，狭义上的地方政府债务概念已经难以涵盖现实中全部的地方政府债务，需要从更为宽泛的意义上界定地方政府债务。

广义上的地方政府债务，指的是由地方政府财政承担最终偿还责任的债务。广义的地方政府债务可以从直接债务、或有债务、显性债务和隐性债务四个不同的维度来进行考察。按照债务发生是否需要特定的条件，可分为：（1）直接债务。不需要特定事项的发生，在任何情况下都需要承担支付责任的债务。（2）或有债务。基于特定事件发生的地方政府债务。按照债务的发生是否属于法定义务，可分为：（1）显性债务。建立在某一法律或者合同基础之上的地方政府债务。（2）隐性债务。不以某一法律或者合同为基础的，产生于公众预期、政治压力或社会道义，由地方政府承担偿付责任的债务。这两种分类形式相互交叉，组成地方政府债务的四种基本类型，即直接显性债务、直接隐性债务、或有显性债务和或有隐性债务（如表 7-2 所示）。

表 7-2　　　　　　　　　　　　地方政府债务的构成

	直接债务	或有债务
显性债务	地方政府债券	地方政府负有担保责任的债务
隐性债务	社会保险基金缺口	地方事业单位、国有企业难以偿还的债务 某些地方金融机构风险的转嫁 特殊事件，如：非法集资的理赔

1. 直接显性债务，是建立在某一法律或者合同基础之上，地方政府在任何情况下都需要承担支付责任的债务。如地方政府发行的地方政府债券。

2. 直接隐性债务，是产生于公众预期或者政治压力的，地方政府在任何情况下都需要承担支付责任的债务。如我国人口老龄化加快、新型城镇化发展所带来的养老、医疗等社会保险支出的增长和社会保险基金收支缺口。

3. 或有显性债务，是建立在某一法律或者合同基础之上，但是基于特定事件发生的地方政府债务。如地方政府担保形成的负有担保责任的债务。

4.或有隐性债务，是产生于公众预期、政治压力或是社会道义，基于特定事件发生的地方政府债务。例如：地方事业单位和国有企业难以偿还的债务、某些地方金融机构风险的转嫁、特殊事件，如非法集资的理赔等造成的地方政府债务。

（二）2011—2013 年：审计署对地方政府债务的三次专项审计

2011 年之前，地方政府债务究竟有多少让很多人陷入迷茫。为弄清楚地方政府到底借了多少债。自 2011 年，审计署曾三次针对地方政府债务进行了专项审计。

1.2011 年审计署地方政府债务普查

审计署于 2011 年上半年对地方债务情况进行了普查。这是我国自 20 世纪 80 年代审计机关成立以来开展的最大规模的一次审计工作，全国一半以上的约 4.13 万名审计人员参与了这次审计。

审计结果显示，地方政府负有偿还责任的债务最早发生在 1979 年，当年有 8 个县区举借了政府负有偿还责任的债务，到 2010 年年底，全国除 54 个县区没有政府债务外，其他地方都有政府债务。

截至 2010 年年底，全国地方政府债务余额为 10.7 万亿元。其中，政府负有偿还责任的债务余额 67 109.51 亿元，占 62.62%；政府负有担保责任的或有债务余额 23 369.74 亿元，占 21.80%；政府可能承担一定救助责任的其他相关债务余额 16 695.66 亿元，占 15.58%。①

将地方政府负有偿还责任和担保责任的债务全部考虑在内，截至 2010 年年底，我国省、市、县三级地方政府的债务率（债务余额÷地方政府综合财力）为 70.45%。总体看，中国地方政府债务负担尚未超出其偿债能力。

债务的资金投向主要是：投入市政建设 35 301.04 亿元，占比 36.72%；投入交通运输 23 924.46 亿元，占比 24.89%；投入土地收储 10 208.83 亿元，占比 10.62%；投入教科文卫、保障性住房 9 169.02 亿元，占比 9.54%；投入农林水利建设、节能减排、生态建设、工业等领域达 8 600.12 亿元，占比为 10.17%。

2.2012 年 11 月至 2013 年 2 月审计抽查

审计署继 2011 年普查公布全国地方政府债务后，2012 年 11 月至 2013 年 2 月，又对 36 个地方政府本级 2011 年以来政府债务情况进行了抽查。

（1）审计范围：3 个直辖市本级及所属辖区：天津市、天津市南开区；上海市、上海市虹口区；重庆市、重庆市合川区；15 个省本级及所属 15 个省会城市本级：河北省、石家庄市；辽宁省、沈阳市；吉林省、长春市；黑龙江省、哈尔滨市；江苏省、南京市；安徽省、合肥市；福建省、福州市；山东省、济南市；湖北省、武汉市；湖南省、长沙市；广东省、广州市；四川省、成都市；云南省、昆明

---

① 审计署对地方政府债务进行审计时，将地方政府债务分为：政府负有偿还责任的债务、政府负有担保责任的或有债务、政府可能承担一定救助责任的债务。其中，政府负有偿还责任的债务属于直接显性债务，是地方政府在任何情况下都需要承担支付责任的债务。政府负有担保责任的或有债务属于或有显性债务。比如：有一些有收入来源的市政的项目，在向银行借款的时候，政府出具了担保函，这个就是负有担保责任的债务。政府可能承担一定救助责任的债务属于或有隐性债务。比如，一些企事业单位举债用于公益性的项目，这些项目一般都是用单位自身的收益偿还的，向银行借款的时候，政府既没有承诺还款，也没有出具担保函，但是当其债务出现偿债困难的时候，政府有可能根据需要给予一定的救助。

市；陕西省、西安市；甘肃省、兰州市。

（2）债务规模：截至 2012 年年底，36 个地方政府本级政府性债务余额 38 475.81 亿元，比 2010 年增加 4 409.81 亿元（其中 12 个地方政府本级减少 1 417.42 亿元，24 个地方政府本级增加 5 827.23 亿元），增长 12.94%。

（3）债务资金投向：用于交通运输、市政建设、土地收储、教科文卫、农林水利建设、生态建设和环境保护、保障性住房等支出占已支出债务额 36 434.47 亿元的 92.14%。

3.2013 年 8 月至 9 月第二次普查审计署

审计署于 2013 年 8 月至 9 月组织全国审计机关 5.44 万名审计人员，按照"见人、见账、见物，逐笔、逐项审核"的原则，对中央、31 个省（自治区、直辖市）和 5 个计划单列市、391 个市（地、州、盟、区）、2 778 个县（市、区、旗）、33 091 个乡（镇、苏木）的政府债务情况进行了全面审计。此次共审计 62 215 个政府部门和机构、7 170 个融资平台公司、68 621 个经费补助事业单位、2 235 个公用事业单位和 14 219 个其他单位，涉及 730 065（73 万）个项目、2 454 635（245.46 万）笔债务。

审计结果显示，到 2013 年 6 月底，全国各级政府负有偿还责任的债务余额为 206 988.65 亿元，其中：地方政府负有偿还责任的债务余额 108 859.17 亿元；地方政府负有担保责任的债务余额 26 655.77 亿元；地方政府可能承担一定救助责任的债务余额 43 393.72 亿元。

从政府层级看，省级、市级、县级、乡镇政府负有偿还责任的债务余额分别为 17 780.84 亿元、48 434.61 亿元、39 573.60 亿元和 3 070.12 亿元。

从举借主体看，融资平台公司、政府部门和机构、经费补助事业单位是政府负有偿还责任债务的主要举借主体。设置地方融资平台公司举借债务是地方政府变相举债的主要形式。

从债务资金投向看，主要用于基础设施建设和公益性项目。在已支出的政府负有偿还责任的债务余额 101 188.77 亿元中，用于市政建设、土地收储、交通运输、保障性住房、教科文卫、农林水利、生态建设等基础性、公益性项目的支出 87 806.13 亿元，占 86.77%。

审计结果表明，政府性债务是经过多年形成的，在我国经济社会发展、加快基础设施建设和改善民生等方面发挥了重要作用。同时，从我国经济发展水平、政府性债务的现状和资产与负债的相互关系看，目前我国政府性债务风险总体可控，但有的地方也存在一定的风险隐患。

（三）2014 年至今：中央对地方政府债务的规范与监管

为化解地方政府债务风险，自 2014 年起，中央政府采取了一系列的措施：

1.构建地方政府债务管理的制度框架

（1）2014 年 8 月 31 日，中华人民共和国第十二届全国人民代表大会常务委员会第十次会议通过《全国人民代表大会常务委员会关于修改〈中华人民共和国预算法〉的决定》，新修订的《预算法》自 2015 年 1 月 1 日起施行。《预算法》在修订之前规定，"地方各级预算按照量入为出、收支平衡的原则编制，不列赤字。除法律和国务院另有规定外，地方政府不得发行地方政府债券。"但实际上，地方政府出于发展需要，采取多种方式融资，已经形成较大规模的地方政府债务。这些债务多数未纳入预算管理，脱离中央和同级人大监督，存在一定的风险隐患。为规范地方政府债务管理，修订后的《预算法》按照疏堵结合、"开前门、堵后门、筑围墙"的改革思路，增加了允许地方政府举借债务的规定，同时从五个方面做出限制性规定：①限制主体。经国务院批准的省、自治区、直辖市政府可以举借债务。②限制用途。举借债务只能用于公益性资本支出，不得用于经常性支出。③限制规模。举借债务的规模，由国务院报全国人民代表大会或者全国人民代表大会常务委员会批准。省、自治区、直辖市依照国务院下达的限额举借的债务，列入本级预算调整方案，报本级人民代表大会常务委员会批准。④限制方式。举借债务只能采取发行地方政府债券的方式。除发行地方政府债券外，地方政府及其所属部门不得以任何方式举借债务。除法律另有规定外，不得为任何单位和个人的债务以任何方式提供担保。⑤控制风险。举借的债务应当有偿还计划和稳定的偿还资金来源。国务院建立地方政府债务风险评估和预警机制、应急处置机制以及责任追究制度。国务院财政部门对地方政府债务实施监督。这样既坚持了从严控制地方政府债务的原则，又适应了地方经济社会发展的需要，从法律上解决了地方政府债务怎么借、怎么管、怎么还的问题，有利于把地方政府融资引导到阳光下，建立起规范合理的地方政府举债融资机制；有利于人大和社会监督，防范和化解债务风险。

（2）2014 年 9 月，国务院印发《关于加强地方政府性债务管理的意见》（国发〔2014〕43 号）。这是国务院首次发文全面规范地方政府性债务管理。该《意见》与新修订的预算法相对接，跳出了以往出台的有关地方债管理政策法规"更侧重于如何堵后门"的局限性，更强调"疏堵结合"。《意见》在基本原则中明确："修明渠、堵暗道，赋予地方政府依法适度举债融资权限，加快建立规范的地方政府举债融资机制。同时，坚决制止地方政府违法违规举债。"《意见》围绕建立规范的"借、用、还"相统一的地方政府举债融资机制做出规定，明确举债主体、规范举债方式、严格举债程序等措施，建立了我国地方政府债务管理的新框架。针对地方政府通过融资平台变相举债问题，《意见》明确规定，"剥离融资平台公司政府融资职能，融资平台公司不得新增政府债务。"

（3）2014 年 10 月，国务院发布《关于深化预算管理制度改革的决定》（国发〔2014〕45 号）。《决定》明确提出，规范地方政府债务管理，防范化解财政风险。其主要内容包括：一是赋予地方政府依法适度举债权限，建立规范的地方政府举债融资机制。二是对地方政府债务实行规模控制和分类管理。地方政府债务分为一般债务、专项债务两类，分类纳入预算管理。一般债务通过发行一般债券融资，纳入一般公共预算管理。专项债务通过发行专项债券融资，纳入政府性基金预算管理。三是严格限定政府举债程序和资金用途。四是建立债务风险预警及化解机制。五是建立考核问责机制。

2. 对地方存量债务进行清理甄别和债务置换

（1）清理甄别

2014 年 10 月，财政部印发《地方政府存量债务纳入预算管理清理甄别办法》（财预〔2014〕351 号）。清理甄别工作的目的，是清理存量债务，甄别政府债务，为将政府债务分门别类纳入全口径预算管理奠定基础。本办法所指存量债务是指截至 2014 年 12 月 31 日尚未清偿完毕的债务。清理甄别工作由地方政府统一领导，财政部门具体牵头，部门单位各负其责。

财政部门与有关部门对地方政府负有偿还责任的存量债务进行逐笔甄别。其中：①通过 PPP 模式转化为企业债务的，不纳入政府债务。②项目没有收益，计划偿债来源主要依靠一般公共预算收入的，甄别为一般债务。如义务教育债务。③项目有一定收益，计划偿债来源依靠项目收益对应的政府性基金收入或专项收入，能够实现风险内部化的，甄别为专项债务。如土地储备债务。④项目有一定收益但项目收益无法完全覆盖的，无法覆盖的部分列入一般债务，其他部分列入专项债务。

据财政部统计，截至 2014 年末，全国地方政府债务存量余额 15.4 万亿元。其中：1.06 万亿元是中央批准发行的地方政府债券[①]；14.34 万亿元（93.1%）是通过银行贷款、城投债、信托、理财等非政府债券方式举措的债务，平均成本 10% 左右。此外，还有 8 万亿负有担保责任和可能承担一定救助责任的债务。

（2）地方政府债务置换

对于 14.34 万亿以非政府债券方式举措的债务，为切实减轻地方政府利息负担，并将存量债务分门别类纳入全口径预算管理，自 2015 年，经国务院批准开始实施地方政府债务置换。地方政府债务置换是在财政部甄别存量债务的基础上，将原来政府融资平台的 3~5 年期城投债、短期银行贷款、1~2 年信托等期限短、利率高的债务，置换成期限长、利率低的地方政府债券。

2015 年，经国务院批准，发行地方政府债券置换存量债务 3.2 万亿元。债务成本由置换前的 10% 左右下降到 3.5%，降低利息负担约 2 000 亿元，大大减轻了偿债压力。2016 年，地方政府债务置换发行 5 万亿元。2017 年，置换债券 2.7 万亿元。

经过地方政府债务置换，存量债务中属于政府直接债务的部分，将从短期、高息中解脱出来，变成长期、低成本的地方政府债券。地方政府债务置换其实是一个借新还旧的金融游戏，牵涉到多个市场主体，政府、商业银行、央行都置身其中。地方政府债务置换减轻了地方政府的债务压力，释放了地方政府债券风险。对于商业银行而言，相当于一大块短期高息的资产在逐渐转换为长期低息的资产，收益下

---

① 2009 年，在应对国际金融危机冲击的背景下，为实施好新一轮积极的财政政策，增强地方安排配套资金和扩大政府投资的能力，国务院同意地方发行 2 000 亿元债券，由财政部代理发行。2009—2011 年，财政部每年代理发行 2 000 亿地方债券；2012 年增至 2 500 亿元；2013 年增至 3 500 亿元；2014 年增至 4 000 亿元。

降，但化解了银行面临的信贷风险，由此可以降低银行的不良资产比例。对于央行而言，为货币政策的实施提供了更多工具。将地方融资平台债务转化为信用更高的地方政府直接债务，再加上期限较长，这使得商业银行可以用地方政府债券向央行做抵押贷款，从而为央行提供了更多货币政策工具，向商业银行注入流动性。总体而言，地方债务置换方案化解了外界担心的地方政府债务危机。

3．"开前门"：规范发行地方政府债券

2016 年 11 月，财政部印发《地方政府一般债务预算管理办法》（财预〔2016〕154 号）和《地方政府专项债务预算管理办法》（财预〔2016〕155 号）。《办法》依据法律法规和现行财政管理有关规定，从债务限额确定、预算编制和批复、预算执行和决算、非债券形式债务纳入预算、监督管理等方面，提出了规范地方政府债务预算管理的工作要求。《预算法》（2014 年修订）、《国务院关于加强地方政府性债务管理的意见》（国发〔2014〕43 号）和《关于深化预算管理制度改革的决定》（国发〔2014〕45 号）都提出把地方政府债务分门别类纳入政府预算管理，而《地方政府一般债务管理办法》和《地方政府专项债务管理办法》是对地方政府债务如何纳入预算管理的细化。

截至 2018 年 11 月末，全国地方政府债务余额 182 903 亿元，控制在全国人大批准的限额之内。其中，一般债务余额 108 616 亿元，专项债务余额 74 287 亿元；政府债券余额 180 338 亿元，非政府债券形式存量政府债务余额 2 565 亿元。

4．"堵后门"：进一步加强对地方政府举债融资行为的监管

2014 年，新预算法开始实施，放开了省级地方政府（含计划单列市）举债权。同时国务院《关于加强地方政府性债务管理意见》（简称 43 号文）正式提出"剥离平台公司政府融资职能，平台公司不得新增政府债务"。融资平台的政府性融资功能正式剥离。2015 年之后，财政部多次表态，融资平台的举债不属于地方政府债务。但是"上有政策、下有对策"，各类平台违规举债的手法依然眼花缭乱，这包括表外业务、PPP、政府购买服务、设立政府引导基金等渠道。从表面来看，这些债务是作为融资平台自身的债务，但是事实上，这些债务更多仍然是地方政府的债务，一旦未来地方融资平台无法偿还债务，这些债务将会转嫁到地方政府，成为地方政府未来的债务。在上述背景下，中央进一步加强对地方政府举债融资行为的监管。

2016 年 11 月，国务院办公厅印发《地方政府性债务风险应急处置预案的通知》（国办函〔2016〕88 号）。为确保债务风险"早发现、早报告、早处置"，预案按照政府性债务风险事件的性质、影响范围和危害程度等情况，将政府性债务风险事件划分为 IV 级（一般）、III 级（较大）、II 级（重大）、I 级（特大）四个等级，相应实行分级响应和应急处置。地方政府对其举借的债务负有偿还责任，中央实行不救助原则。《通知》再次强调对地方政府债务中央实行不救助原则，同时再次明确地方政府存量债务和相关方的责权利，从而倒逼地方政府规范举债。

2017 年 5 月 5 日，财政部、国家发改委、司法部、人民银行、银监会、证监会等六部委近日联合印发《关于进一步规范地方政府举债融资行为的通知》（财预

〔2017〕50号）。《通知》从组织清理整改地方政府融资担保行为、切实加强融资平台公司融资管理、规范政府与社会资本方的合作行为、进一步健全规范地方政府举债融资机制、建立跨部门联合监测和防控机制、大力推进信息公开等六个方面，提出了下一步工作要求，明确了规范的举债融资行为的政策边界和负面清单，坚决制止违法违规举债担保行为。

2017年5月28日，财政部印发《关于坚决制止地方以政府购买服务名义违法违规融资的通知》（财预〔2017〕87号）。《通知》依据有关法律规定，以正面清单、负面清单的方式对政府购买服务范围做出界定。《通知》要求政府购买服务内容应当严格限制在属于政府职责范围、适合采取市场化方式提供、社会力量能够承担的服务事项，重点是有预算安排的基本公共服务项目。要求各地科学制定并适时完善分级分部门政府购买服务指导性目录，增强指导性目录的约束力。《通知》要求各地严格按照政府采购法确定的服务范围实施政府购买服务，不得将原材料、燃料、设备、产品等货物，以及建筑物和构筑物的新建、改建、扩建及其相关的装修、拆除、修缮等建设工程作为政府购买服务项目。严禁将铁路、公路、机场、通讯、水电煤气，以及教育、科技、医疗卫生、文化、体育等领域的基础设施建设，储备土地前期开发，农田水利等建设工程作为政府购买服务项目。严禁将建设工程与服务打包作为政府购买服务项目。严禁将金融机构、融资租赁公司等非金融机构提供的融资行为纳入政府购买服务范围。

2018年8月，中共中央国务院下发《关于防范化解地方政府隐性债务风险的意见》和《地方政府隐性债务问责办法》。这两份文件的出台，说明国家对隐性债务高度重视，着手摸底各地隐性债务，并对隐性债务可能引发的风险采取有效的应对措施，标志着我国将隐性债务纳入政府管控范围，防范隐性债务从被动应对到主动防范。

此外，各级政府对地方政府违法违规举债问题也进行了问责处理。2018年7月—9月，财政部通报了云南、广西、安徽、宁波和湖南省邵阳市、湘阴县、长沙县违法违规举债问题；2018年11月，河南省对新郑市违法举债问题进行了问责处理；2018年11月，山东省问责处理了沂南县违法举债问题。

总之，中央政府政策越来越明确：地方政府举债的正路只有一条，就是发行地方政府债券。

专栏7-3
2018年3月时任财政部部长肖捷就地方债务管理相关问题答记者问

2018年3月7日十三届全国人大一次会议召开时，财政部部长肖捷，副部长史耀斌、胡静林就"财税改革和财政工作"相关问题回答中外记者提问。

香港商报记者：有国际机构预测2018年中国政府的直接债务将达到GDP总量的40%，2020年有可能要上升到45%，请问财政部对此有何评论？下一步怎样加强地方债务的管理？还有控制债务的风险。谢谢。

肖捷：中国政府高度重视政府债务管理工作，特别是在新的预算法实施之后，连续出台了一系列政策措施，这些措施覆盖了限额管理、预算管理、风险预警、应急处置以及日常监督等各个环节，可以说已经初步形成了地方政府债务的闭环管理体系。按照新的预算法的规定，发行地方政府债券是地方政府举借债务的唯一合法形式。大家请注意，是唯一合法形式。对于各类违法违规举债问题，我们的态度是坚决的、明确的，也就是发现一起，要查处一起、问责一起。

记者朋友们可能也都注意到，2017年我们已经查处并且公开通报了10批违法违规举债的案例，处理了近百名相关责任人。下一步，我们将继续采取"开前门"和"堵后门"并举的措施，进一步规范和加强地方政府债务管理。

在"开前门"方面，我们考虑是合理增加债务规模，比如说今年我们拟安排地方政府专项债券13 500亿元，比去年增加5 500亿元。同时，我们也将合理确定分地区的地方政府债务限额，稳步推进专项债券管理改革。

在"堵后门"方面，主要是严格执行预算法和担保法，从严整治无序举债乱象。坚持谁举债、谁负责，用我们通俗的话讲就是"谁家的孩子谁抱"，严格落实地方政府的属地管理责任，债务人和债权人依法合理分担风险。同时，将加大督查问责的力度，做到终身问责、倒查责任。我们相信，通过这些措施，在各方面的共同努力下，完全能够确保不发生系统性风险。谢谢。

六、转移性收入

转移性收入是指政府间的转移支付以及不同性质资金之间的调拨收入。一般公共预算、政府性基金预算、国有资本经营预算和社会保险基金预算中都有转移性收入。

一般公共预算中的转移性收入包括以下款级科目：（1）返还性收入。反映下级政府收到上级政府的税收返还收入。具体包括：增值税税收返还收入、消费税税收返还收入、所得税基数返还收入、成品油税费改革税收返还收入、增值税"五五分享"税收返还收入（反映实行增值税收入划分过渡方案后，下级政府收到的上级政府返还的增值税"五五分享"税收返还收入）。（2）一般性转移支付收入。反映政府间一般性转移支付收入。（3）专项转移支付收入。反映政府间专项转移支付收入。（4）上解收入。反映上级政府收到下级政府的体制上解和专项上解收入。（5）上年结余收入。反映各类资金的上年结余。（6）调入资金。反映不同性质资金之间的调入收入。具体包括：调入预算稳定调节基金、从政府性基金预算调入一般公共预算、从国有资本经营预算调入一般公共预算。（7）债务转贷收入。反映下级政府收到的上级政府转贷的债务收入。（8）接受其他地区援助收入。反映受援方政府接受的可统筹使用的各类援助、捐赠等资金收入。

分税制改革，中央财政加大了转移支付的力度，地方财政转移性收入也有所增加。转移性收入是地方财政收入的重要来源。2017年，一般公共预算中，地方财政支出来源于转移性收入的比重为37.04%。

从地区结构来看，各个地方的财政支出中来自于转移性收入的比重有很大差别。转移性收入的多少，既取决于现行财政体制关于各级政府的收支范围的划分，更取决于各地方的经济发展水平和财政收入能力。经济发达地区由于经济基础强、财政收入规模大，中央净补助收入占其地方财政总收入的比重比较低。而经济欠发达地区的省份，其相应的比重就比较高。

在分税制财政体制下，转移性收入对于弥补地方财力差额，平衡地方财政收支，增加地方财政收入具有非常重要的作用。同时，中央财政也可以利用转移支付手段，实现自己的政策意图。如支持教育、医疗卫生、节能环保、社会保障等民生事业发展。

政府性基金预算中的转移性收入包括以下款级科目：政府性基金转移收入、上年结余收入、调入资金和债务转贷收入。

国有资本经营预算中的转移性收入包括以下款级科目：国有资本经营预算转移支付收入。

社会保险基金预算中的转移性收入包括以下款级科目：上年结余收入、社会保险基金上解下拨收入。

第二节　地方税体系

一、地方税收构成

在对地方税按征税对象分类分析之前，我们先来看一下近年来我国地方财政中的各项税收的规模和比重情况。2017 年，地方税收收入为 64 691.69 亿元（见表 7-3）。

表 7-3　　　　　2017 年地方财政各项税收收入规模　　　　　单位：亿元

税种	税 种	归 属	数 额（亿元）	比重（%）
商品课税	国内增值税	共享税	28 212.16	41.08
	城市维护建设税	地方税	4 204.12	6.12
	烟叶税	地方税	115.72	0.17
所得课税	企业所得税	共享税	11 694.50	17.03
	个人所得税	共享税	4 785.64	6.97
财产课税	资源税	共享税	1 310.54	1.91
	房产税	地方税	2 604.33	3.79
	城镇土地使用税	地方税	2 360.55	3.44
	土地增值税	地方税	4 911.28	7.15
	车船税	地方税	773.59	1.13
	耕地占用税	地方税	1 651.89	2.41
	契税	地方税	4 910.42	7.15
其他课税	印花税	地方税	1 137.89	1.66
	其他税收收入		0.09	0.00

二、商品课税

我国自 1994 年开始运行的商品税制，参照了国际通行的做法，以规范化的增值税为核心，以消费税、营业税、关税、车辆购置税、烟叶税、城市维护建设税相互协调配套。在现行商品课税体系中，属于共享税的税种有增值税，属于地方税的税种有城市维护建设税、烟叶税。

（一）增值税

1.含义

增值税是以商品（含应税劳务）在流转过程中产生的增值额作为计税依据而征收的一种流转税。所谓增值额，是指企业或个人在生产经营过程中新创造的那部分价值。

相对而言，增值税是一个比较年轻的税种，始建于法国。1954 年法国改革了生产税，在世界上最早开征了增值税。增值税按增值额征税，与按产品销售收入全额征税的产品税相比，可以避免重复征税和税负不平的问题，有利于专业化协作生产的发展。因此，在此之后的几十年中，增值税在北欧和西欧各国迅速推广，现在已经成为许多发达国家和发展中国家广泛采用的一个国际性税种。到 2017 年，世界上有 175 多个国家和地区实行了增值税。

2.我国的增值税制度

增值税是 1984 年开征的一个税种。1993 年 12 月 13 日国务院颁布了《中华人民共和国增值税暂行条例》，按照国际惯例完善和规范了增值税制度。

（1）增值税类型

1993 年税制改革时，考虑到当时财政收入占 GDP 比重过低以及投资过热的形势，我国采用了生产型增值税。

1998 年亚洲金融危机后，我国实施积极的财政政策，为扩大国内需求、降低企业设备投资的税收负担，促进企业技术进步、产业结构调整和转变经济增长方式，自 2004 年 7 月 1 日起，先后在东北、中部等部分地区进行增值税转型改革试点，在取得预期成效后，自 2009 年 1 月 1 日起，在全国所有地区、所有行业推行增值税转型改革。

自 2009 年 1 月 1 日起，我国开始实行消费型增值税。

专栏 7-4

增值税的类型

增值税的计税依据是商品和劳务销售中各个环节的增值额。增值额＝商品销售额－法定扣除额。由于计税依据的价值构成不同，也就形成了三种不同类型的增值税，其主要区别在于对资本的处理方式不同。根据法定扣除额包括的范围不同，可分为：

（1）生产型增值税。对购进固定资产价值不允许做任何扣除，将其作为增值额的一部分据以课税。作为计税依据的增值额价值构成中包括固定资产。

增值额 = 销售收入总额 - 外购中间产品及劳务支出 = V + M + 固定资产价值

就国民经济总体而言，由于其总值与国内生产总值一致，因此称之为生产型增值税。

（2）收入型增值税。对购进的固定资产价款，只允许抵扣当期应计入产品成本的固定资产折旧部分。将计税依据价值构成中所包括的固定资产部分随折旧逐步排除。

增值额 = 销售收入总额 - 外购中间产品及劳务支出 - 当期固定资产折旧

　　　 = V + M + 固定资产余值

就国民经济总体而言，由于其总值与国民收入一致，因此称之为收入型增值税。

（3）消费型增值税。允许将当期购进的固定资产从当期增值额中一次扣除。将计税依据价值构成中所包括的固定资产部分一次排除。

增值额 = 销售收入总额 - 外购中间产品及劳务支出 - 同期购入的固定资产价值

　　　 = V + M

就国民经济总体而言，由于其总值与全部消费品一致，因此称之为消费型增值税。

由于计税依据有差别，因而不同类型增值税的收入效应和激励效应是不同的：从财政收入着眼，生产型增值税的效应最大，消费型增值税最小；从激励投资着眼，则次序相反。生产型增值税对企业扩大投资、设备更新和技术进步有抑制作用。

在目前实行增值税的国家中，90% 以上实行的都是消费型增值税，只有 10% 的国家实行生产型增值税。

（2）征税范围

根据 1993 年 12 月 13 日国务院颁布的《中华人民共和国增值税暂行条例》，增值税的征税范围包括：销售货物、进口货物及部分加工性劳务，如修理、修配劳务。可以看出，增值税是在工业生产、商品流通领域普遍实行，而对交通运输、建筑安装、金融保险、邮政电信、文化体育、娱乐业、服务业等应税劳务以及无形资产和不动产转让等并没有征收增值税，而是征收营业税。原因在于：1993 年税制改革前，最大的是主体税种——产品税存在着重复征税的弊端，1994 年的税制改革将产品税改为增值税，好处就是只对某个行业的增加值征税，能够避免重复征税。但当时交通运输、建筑安装、金融保险、邮政电信、文化体育、娱乐业、服务业以及无形资产和不动产转让的规模不是很大，征收增值税的难度很大，复杂性非常高。为了解决主要矛盾，对交通运输、建筑安装、金融保险、邮政电信、文化体育、娱乐业、服务业以及无形资产和不动产转让征收营业税。营业税虽然存在着重复征税的现象，但比较便于征收。

2012 年 1 月 1 日起至 2016 年 5 月 1 日，我国实施了营业税改征增值税改革（简称"营改增"）。"营改增"改革自 2012 年元旦起首先在上海市的交通运输业和部分现代服务业中开始试点。2012 年 9 月至 12 月，"营改增"试点地区又逐步扩展至北京、江苏、安徽、福建、广东、厦门、深圳、天津、浙江（含宁波市）、湖北等10 个省市。2013 年 8 月 1 日起，交通运输业和部分现代服务业"营改增"试点在全国范围内推开，部分现代服务业适当扩围，纳入广播影视作品的制作、播映、发行等。自 2014 年 1 月 1 日起，将铁路运输和邮政服务业纳入"营改增"试点，至此交通运输业已全部纳入"营改增"范围，政策进一步完善。2014 年 6 月 1 日起，电信业纳入"营改增"试点。2016 年 5 月 1 日起，全面推开"营改增"改革试点，将建筑业、房地产业、金融业和生活服务业纳入试点范围。2017 年 12 月，国务院废止《中华人民共和国营业税暂行条例》，取消了实施 60 多年的营业税。

全面实施"营改增"具有一举多得的政策效应：一是可以大幅度减轻企业税负。"营改增"作为本届政府最重头的财税改革和减税举措，截至 2018 年 3 月累计减轻企业税负 2.1 万亿元，实现所有行业税负只减不增。这是近年来最大规模的一次减税。而且这次改革把不动产纳入抵扣范围，也会带动企业扩大有效投资。通过"放水养鱼"增强发展的动力和后劲。二是能够发挥对经济转型升级的强大"助推器"作用。"营改增"改革打通了制造业和服务业，尤其是（生产性服务业，如研发和技术服务、信息技术服务、文化创意服务、物流辅助服务等）的抵扣链条，有力促进了产业分工优化，使得企业不再继续追求大而全、小而全，很多服务可以采取外购的形式，从而拉长了产业链，促进了生产性服务业的发展，催生了大量新业态、新商业模式，也加快了新旧动能转化，推动了制造业升级。三是有利于营造公平竞争的市场环境。通过统一税制，实现增值税全覆盖，贯通服务业内部和二、三产业之间抵扣链条，从制度上消除了重复征税。

但对于地方政府而言，营业税作为地方税体系中的主体税种，其收入占地方税收入的比重接近 1/3。"营改增"改革必然影响到地方政府税收收入。作为过渡措施，中央政府调整了增值税的分成比例。国务院印发《关于全面推开营改增试点后调整中央与地方增值税收入划分过渡方案》，自 2016 年 5 月 1 日起执行，过渡期暂定 2~3 年。《方案》明确：以 2014 年为基数核定中央返还和地方上缴基数，所有行业企业缴纳的增值税均纳入中央和地方共享范围。中央分享增值税的 50%，地方按税收缴纳地分享增值税的 50%。增值税地方分享比例过高，不利于有效遏制地方追求数量型经济增长的冲动。因为工业部门主要缴纳的税收就是增值税和企业所得税，这两种税收都是共享税，也均属于对流动性税基征税。地方政府为吸引税源，热衷通过低价出让土地、财政补贴、放松环境监管等措施来招商引资，刺激当地工业尤其是重化工业规模扩张，容易造成产能过剩、环境污染等，不利于产业升级和经济转型。因此，从长远来看，必须尽快培育新的地方主体税种。

（3）税率

1993 年 12 月 13 日国务院颁布的《中华人民共和国增值税暂行条例》，针对一般纳税人确定标准税率 17%；低税率 13%（列入低税率的产品主要是粮食、矿产品、图书杂志、农业生产资料和关系到人民生活的必需品）；除国务院另有规定外的出口货物适用零税率。

2012 年启动营改增改革，增加了 11% 和 6% 两档税率。2016 年 3 月 24 日，财政部和国家税务总局发布《营业税改征增值税试点实施办法》。《办法》规定：（1）提供交通运输、邮政、基础电信、建筑、不动产租赁服务，销售不动产，转让土地使用权，税率为 11%。（2）提供有形动产租赁服务，税率为 17%。（3）境内单位和个人发生的跨境应税行为，税率为零。具体范围由财政部和国家税务总局另行规定。（4）除以上三条外，税率为 6%。具体包括：提供现代服务（有形动产租赁服务除外，税率为 17%）、生活服务、增值电信和金融服务。

从 2017 年 7 月 1 日起，国务院决定将增值税税率由四档减至 17%、11% 和 6% 三档，取消 13% 这一档税率；将农产品、天然气等税率从 13% 降至 11%。

从 2018 年 5 月 1 日起，国务院决定将制造业等行业增值税税率从 17% 降至 16%，将交通运输、建筑、基础电信服务等行业及农产品等货物的增值税税率从 11% 降至 10%。

从 2019 年 4 月 1 日起，国务院决定将制造业等行业增值税税率由 16% 降至 13%，将交通运输和建筑等行业增值税税率由 10% 降至 9%。

（4）应纳税额的计算

应纳税额 = 当期销项税额 − 当期进项税额

（二）城市维护建设税

城市维护建设税是对从事工商经营并缴纳增值税、消费税的单位和个人，按照增值税、消费税的税额征收的一种附加税。城市维护建设税根据 1985 年发布的《中华人民共和国城市维护建设税暂行条例》征收，以缴纳增值税、消费税的单位和个人为纳税义务人，没有自己独立的纳税义务人。

2010 年 12 月 1 日前，城建税只对内资企业和个人征收，对外资企业和个人不征收城建税。为了进一步统一税制、公平税负，创造平等竞争的外部环境，自 2010 年 12 月 1 日起，对外资企业和个人开始征收城建税。2015 年前，城建税的税款专门用于城市的公用事业和公共设施的维护建设。2015 年起，统筹使用。

城建税的征收范围以行政区划作为划分标准，根据纳税人所在地的不同分别设置不同的税率：纳税人所在地在市区的，税率为 7%；纳税人所在地在县城、镇的，税率为 5%；纳税人所在地不在市区、县城或镇的，税率为 1%。

（三）烟叶税

烟叶税是以烟叶为征税对象，以烟叶的收购金额为计税依据，对在我国境内收购烟叶的单位征收的一种税，于 2006 年 4 月在我国正式施行。

1. 烟叶税的作用

一是保障烟叶产区地方政府财政收入的稳定。烟叶是一种特殊产品，历来由政府专卖，同时由政府对烟叶的生产征收较高的税收。1994 年之前，我国对烟叶的征收隶属于产品税和工商统一税。1994 年之后，对烟叶开征的烟叶特产税，隶属于农业税。2006 年，为减轻农民的税收负担，我国废除了农业税，作为农业税组成部分的烟叶特产税随之取消。为了保障烟叶产区地方政府财政收入的稳定，在取消农业税的同时，国家又开征了烟叶税。我国烟叶税的征收主要集中在云南省、贵州省、河南省、四川省等中西部地区，而有些省市没有烟叶税收入（如江苏省、北京市、上海市）。2017 年，烟叶税收入 115.72 亿元，仅占地方税收收入的 0.17%。但由于烟叶税是地方税种，将 115.72 亿收入分到具体的市县，却是一笔很大的地方自主财力，与地方的经济利益密切相关。对于中西部地区的烟叶产区而言，烟叶税的征收可以增加当地财政收入，有利于推动当地经济发展。

二是保持烟草税制的完整，寓禁于征、以税控烟。学术界对烟草消费税的研究由来已久。亚当·斯密曾指出："砂糖、甜酒及烟草，到处都不算作生活必需品，但到处几乎都是普遍的消费对象，因此对它们课税，都是再适当没有了"。早在 20 世纪 20 年代，我国著名经济学家何廉、李锐进一步明确："重课奢侈税，为近世财政上之趋势，烟酒二项，为奢侈品中之要者，故各国多重课之"。2015 年世界卫生组织（WHO）的研究报告显示，全球有超过 11 亿的烟民。烟草是非传染性疾病的最大诱因，全球每年吸烟带来的经济成本超过 14 000 亿美元，占全球年度 GDP 的 1.8%。《世界卫生组织烟草控制框架条约》（FCTC）指出，烟草税收可以减少烟草的需求和消费，呼吁各国利用税收政策控制烟草消费和促进公共卫生。在我国现行税制中，针对烟草行业征收烟草消费税和烟叶税。2015 年 WHO 的全球烟草流行趋势报告显示，我国每包卷烟的烟草消费税占零售价格的 44.43%，低于世界平均水平（58.4%）。不过，2015 年 5 月，我国提高了卷烟批发环节的消费税税率，且在批发环节又加征了从量税。2015 年，我国香烟的综合税收负担为 65% 左右，已然高于世界平均水平。

2. 具体制度

烟叶税的纳税义务人为在我国境内收购烟叶（晾晒烟叶、烤烟叶）的单位。烟叶税实行比例税率，税率为 20%。烟叶税的应纳税额按照纳税人收购烟叶的收购金额乘以 20% 的税率计算，计算公式为：应纳税额 = 烟叶收购金额×税率。

3. 烟叶税的负面效应与改革完善

烟叶税的负面效应也相当明显，主要体现为两个方面：

第一，烟叶税加重了烟农的负担。表面上看，烟叶税是由烟草公司承担的，但烟草公司利用其垄断地位，往往会压级压价收购烟叶，将税负转嫁给烟农，故烟叶税的实际承担者是烟农。此外，我国现行税制中已经取消了农业税和农业特产税，对于非烟农来说，他们已经完全免除了农产品的税费，而对烟农却要征税，这对于烟农来说很不公平，也不符合减轻农民负担的总体税制改革方向。

第二，烟叶税不利于控制烟草消费。由于烟叶税收入归属地方财政，烟叶的种植面积、产量、收购数量与地方财政紧密相关。基于财政增收的激励，地方政府往往会鼓励农民种植烟叶，甚至会出现强制农民种烟的现象。这不仅使得农民丧失了自主选择生产经营的权利，还诱发了烟叶产量的不正常增加。这也从一个侧面说明，大凡具有惩罚性和抑制性色彩的消费税，不管如何加以改造（在生产抑或批发、零售环节征收），都是不能作为地方税或中央地方共享税的。

为完善我国的烟草税制，应适时取消烟叶税，提高烟草消费税。逐步取消烟叶税是实施"以税控烟"的关键。取消烟叶税后，农民可以更为自主地选择种植的农作物，进而减少烟草制品的原料供给，同时还应该适当提高卷烟消费税，提升烟草产品的价格，抑制对烟草产品的需求。

三、所得课税

我国的所得税主要有企业所得税和个人所得税，2002 年实施所得税分享改革后，纳入分享范围的所得税为中央与地方共享税。

（一）企业所得税

企业所得税是对企业取得的所得征收的一种税，是政府直接参与各类企业收入分配的主要形式。2008 年 1 月 1 日前，我国对内资企业征收企业所得税，对外资企业征收外商投资企业和外国企业所得税。在原有内外资两个企业所得税制分立的条件下，由于给予外资企业较大的税收优惠，虽然名义税率同为 33%，但内外资企业所承担的所得税实际负担水平，分别为 24.53% 和 14.89%。

2007 年 3 月 16 日第十届全国人民代表大会第五次会议通过《中华人民共和国企业所得税法》，并于 2008 年 1 月 1 日正式实施。统一的新的企业所得税法将基本税率设定为 25%，并取消对外资企业的税收优惠。2008 年，在新的企业所得税法下，内资企业减少所得税 1 300 亿元，外资企业则增加 400 亿元，两者相抵，实际减少税收收入 900 亿元。

1. 纳税人

在中华人民共和国境内，企业和其他取得收入的组织（以下统称企业）为企业所得税的纳税人，依照该法的规定缴纳企业所得税。个人独资企业、合伙企业不适用该法。企业分为居民企业和非居民企业。居民企业，是指依法在中国境内成立，或者依照外国（地区）法律成立但实际管理机构在中国境内的企业。居民企业应当就其来源于中国境内、境外的所得缴纳企业所得税。非居民企业，是指依照外国（地区）法律成立且实际管理机构不在中国境内，但在中国境内设立机构、场所的，或者在中国境内未设立机构、场所，但有来源于中国境内所得的企业。非居民企业主要就来源于中国境内的所得向中国政府缴纳企业所得税。在中国境内设立机构、场所的，应当就其所设机构、场所取得的来源于中国境内的所得，以及发生在中国境外但与其所设机构、场所有实际联系的所得，缴纳企业所得税。在中国境内未设立机构、场所的，或者虽设立机构、场所，但取得的所得与其所设机构、场所没有实际联系的，应当就其来源于中国境内的所得缴纳企业所得税。

2. 征税对象

企业所得税的征税对象是企业的生产、经营所得和其他所得。

3. 税率

企业所得税实行比例税率，基本税率为 25%；符合条件的小型微利企业，减按 20% 的税率征收企业所得税；国家需要重点扶持的高新技术企业，减按 15% 的税率征收企业所得税。

4.应纳税额计算

应纳税额 = 应纳税所得额×适用税率

其中：应纳税所得额 = 收入总额 − 不征税收入 − 各项扣除 − 允许弥补的以前年度亏损

（1）收入总额：企业以货币形式和非货币形式从各种来源取得的收入，包括：销售货物收入；提供劳务收入；转让财产收入；股息、红利等权益性投资收益；利息收入；租金收入；特许权使用费收入；接受捐赠收入；其他收入。

（2）不征税收入：财政拨款；依法收取并纳入财政管理的行政事业性收费、政府性基金；国务院规定的其他不征税收入。

（3）各项扣除：企业实际发生的与取得收入有关的、合理的支出，包括成本、费用、税金、损失和其他支出，准予在计算应纳税所得额时扣除。在计算应纳税所得额时，下列支出不得扣除：向投资者支付的股息、红利等权益性投资收益款项；企业所得税税款；税收滞纳金；罚金、罚款和被没收财物的损失；该法规定以外的捐赠支出；赞助支出；准备金支出；与取得收入无关的其他支出。

（4）允许弥补的以前年度亏损：企业以前年度发生的亏损，只要在税法规定的弥补期限（5 年）内，都可用当年所得予以弥补，以弥补亏损后的应纳税所得额，确定适用税率。

（二）个人所得税

个人所得税是对个人取得的所得征收的一种税，是政府直接参与个人收入分配的主要形式。个人所得税的作用：一是帮助政府取得收入；二是调节居民间的收入分配差距。就当前中国的经济社会发展情势看，后一方面的功能更趋重要。作为政府手中掌握的一种最为重要的调节收入分配的手段，个人所得税制改革的主要目标，关键在于如何有效地调节居民收入的分配差距。OECD 成员国个人所得税收入占税收总收入的比重平均在 25% 左右，一些发达国家个人所得税占税收总收入的比例更是达 40% 以上。而我国个人所得税占税收总收入的比重还较低，2017 年为 11 966.37 亿元，在税收收入中占比为 8.29%。随着经济发展和个人收入的增加，个人所得税所占比重肯定会逐步上升。

2018 年 8 月 31 日，第十三届全国人大常委会第五次会议通过了新修改的《中华人民共和国个人所得税法》。此次个人所得税法的修改，建立了综合与分类相结合的个人所得税制，对部分劳动性所得实行综合征税，优化调整了税率结构，提高了综合所得基本减除费用标准，设立了专项附加扣除项目，并相应健全了个人所得税征管制度。

1.纳税义务人。我国依据属人主义原则，行使居民管辖权，同时依据属地主义原则，行使地域管辖权。依据住所和居住时间两个标准，将个人所得税纳税人区分为居民个人和非居民个人，分别承担不同的纳税义务。

（1）居民个人。在中国境内有住所，或者无住所而一个纳税年度内在中国境内居住累计满 183 天的个人，为居民个人。居民个人从中国境内和境外取得的所得，依照本法规定缴纳个人所得税。

（2）非居民个人。在中国境内无住所又不居住，或者无住所而一个纳税年度内在中国境内居住累计不满 183 天的个人，为非居民个人。非居民个人从中国境内取得的所得，依照本法规定缴纳个人所得税。

2. 应税所得项目

从世界范围看，个人所得税主要有 3 种征收模式，即分类税制、综合税制、综合和分类相结合的税制。我国目前的个人所得税制属于综合和分类相结合税制。

应当缴纳个人所得税的个人所得包括：（1）工资、薪金所得；（2）劳务报酬所得；（3）稿酬所得；（4）特许权使用费所得；（5）经营所得；（6）利息、股息、红利所得；（7）财产租赁所得；（8）财产转让所得；（9）偶然所得。

居民个人取得的第（1）项至第（4）项所得（综合所得），按纳税年度合并计算个人所得税；非居民个人的第（1）项至第（4）项所得，按月或者按次分项计算个人所得税。纳税人取得的第（5）项至第（9）项所得，依照法律规定分别计算个人所得税。

3. 税率

（1）综合所得，适用 3%～45% 的超额累进税率

级数	全年应纳税所得额	税率（%）
1	不超过 36 000 元的部分	3
2	超过 36 000 元至 144 000 元的部分	10
3	超过 144 000 元至 300 000 元的部分	20
4	超过 300 000 元至 420 000 元的部分	25
5	超过 420 000 元至 660 000 元的部分	30
6	超过 660 000 元至 960 000 元的部分	35
7	超过 960 000 元的部分	45

注 1：本表所称全年应纳税所得额是指依照本法第六条的规定，居民个人取得综合所得以每一纳税年度收入额减除费用 6 万元以及专项扣除、专项附加扣除和依法确定的其他扣除后的余额。

注 2：非居民个人取得工资、薪金所得，劳务报酬所得，稿酬所得和特许权使用费所得，依照本表按月换算后计算应纳税额。

（2）经营所得，适用 5%～35% 的超额累进税率

级数	全年应纳税所得额	税率（%）
1	不超过 30 000 元的部分	5
2	超过 30 000 元至 90 000 元的部分	10
3	超过 90 000 元至 300 000 元的部分	20
4	超过 300 000 元至 500 000 元的部分	30
5	超过 500 000 元的部分	35

注：本表所称全年应纳税所得额是指依照本法第六条的规定，以每一纳税年度的收入总额减除成本、费用以及损失后的余额。

（3）利息、股息、红利所得，财产租赁所得，财产转让所得和偶然所得，适用比例税率，税率为 20%。

4.应纳税所得额

（1）居民个人的综合所得，以每一纳税年度的收入额减除费用 6 万元以及专项扣除、专项附加扣除和依法确定的其他扣除后的余额，为应纳税所得额。

专项扣除包括居民个人按照国家规定的范围和标准缴纳的基本养老保险、基本医疗保险、失业保险等社会保险费和住房公积金等；专项附加扣除，包括子女教育、继续教育、大病医疗、住房贷款利息或者住房租金、赡养老人等支出，具体范围、标准和实施步骤由国务院确定，并报全国人民代表大会常务委员会备案。

（2）非居民个人的工资、薪金所得，以每月收入额减除费用 5 000 元后的余额为应纳税所得额；劳务报酬所得、稿酬所得、特许权使用费所得，以每次收入额为应纳税所得额。

（3）经营所得，以每一纳税年度的收入总额减除成本、费用以及损失后的余额，为应纳税所得额。

（4）财产租赁所得，每次收入不超过 4 000 元的，减除费用 800 元；4 000 元以上的，减除 20% 的费用，其余额为应纳税所得额。

（5）财产转让所得，以转让财产的收入额减除财产原值和合理费用后的余额，为应纳税所得额。

（6）利息、股息、红利所得和偶然所得，以每次收入额为应纳税所得额。

劳务报酬所得、稿酬所得、特许权使用费所得以收入减除 20% 的费用后的余额为收入额。稿酬所得的收入额减按 70% 计算。

个人将其所得对教育、扶贫、济困等公益慈善事业进行捐赠，捐赠额未超过纳税人申报的应纳税所得额 30% 的部分，可以从其应纳税所得额中扣除；国务院规定对公益慈善事业捐赠实行全额税前扣除的，从其规定。

5.纳税方式

个人所得税以所得人为纳税人，以支付所得的单位或者个人为扣缴义务人。

有下列情形之一的，纳税人应当依法办理纳税申报：（1）取得综合所得需要办理汇算清缴；（2）取得应税所得没有扣缴义务人；（3）取得应税所得，扣缴义务人未扣缴税款；（4）取得境外所得；（5）因移居境外注销中国户籍；（6）非居民个人在中国境内从两处以上取得工资、薪金所得；（7）国务院规定的其他情形。扣缴义务人应当按照国家规定办理全员全额扣缴申报，并向纳税人提供其个人所得和已扣缴税款等信息。

四、财产课税

（一）财产税概述

1.财产税的含义

财产税又称财产课税，指以法人和自然人拥有的财产数量或者财产价值为征税对象的一类税收。在税收体系中，财产税属于直接税范畴。财产是指在某个时点上纳税人拥有的财富存量，一般包括两大类：一是不动产，如土地、房屋等；二是动产，又可分为有形动产和无形动产两种。有形动产包括企业的生产设备、商品存货等收益财产和家庭消费品等消费财产。无形动产包括银行存款和各种有价证券等。

2. 财产税的类别

（1）以课税范围为标准，可分为综合财产税和特种财产税

综合财产税也称一般财产税，是对纳税人所拥有的全部财产，按其综合计算的价值进行课征的一种财产税。需要说明的有两点：其一，通常综合财产税是以居民个人、在本国拥有的财产或财产收益权的外国法人公司作为纳税义务人，很少涉及本国公司法人。因为对本国公司法人的财产课税，实际上是以其资本作为课税对象，不利于经济效益的提高，有悖于税收不应课及资本的原则。其二，现实中综合财产税并非将纳税人所有的财产都作为计税依据，在课征时通常要考虑到对一定货币数量以下的财产和纳税人日常生活必需品的免税，以及扣除负债。为便于实际操作，各国的综合财产税对于应税财产和免税财产大都采取列举法做出明确规定：①列举征税的一般财产主要有：不动产，包括土地、房屋等建筑物及土地改良物；个人拥有的存款、发放的贷款、购买的公司债券与股票等；不动产使用的收益权；某些无形资产的长期收益权；金银、珠宝等贵重物品。②列为免税的财产一般有：个人及其家庭日常使用的家具、日用器具、食物等生活必需品；个人及其家庭投保的保险；农业用地、农作物及其他农用资产；个人从事职业的用品；从事科学研究的资产；非营业用的收藏、收集品；个人获得的抚恤金、养老金；专利权、著作权、商标、商誉等无形资产。

特种财产税也称特别财产税或个别财产税，是对纳税人拥有或支配的某种特定财产单独课征的一种财产税。如对土地征收的地产税或土地税，对房屋征收的房产税，对土地和房屋合并征收的房地产税（不动产税）等都属于特种财产税。

综合财产税与特种财产税在税制设计、征管方式、课税对象和作用侧重点等方面存在明显差别。综合财产税课税范围较广、公平性较强、筹集的收入相对较多，但计征方法比较复杂，偷逃税问题比较突出。特种财产税以土地、房屋和其他特定的财产作为课税对象，课税范围相对较窄，但不宜隐匿虚报，计征方法相对简便。

（2）以应税财产的形态为标准，可分为静态财产税和动态财产税

静态财产税是对纳税人一定时点的财产占有额的定期征收。

动态财产税是指在财产所有权转移时对所有权取得者或转移人按财产转移额一次征收的财产税。如遗产与赠与税、资本转移税等。动态财产税是以财产所有权的变动和转移为前提课征的，其特点是在财产交易时一次性征收，如遗产与赠与税是在发生遗产继承行为时一次性征收。

（3）以计税依据为标准，可分为财产价值税和财产增值税

财产价值税是指按财产的全部价值课征；财产增值税是指按财产的增值部分课征。

3. 财产税的特点

第一，财产税对社会财富存量征收，属于直接税，不易转嫁。

第二，财产税比较符合纳税能力原则，有利于调节社会财富存量，缓解社会财富分配不均的矛盾，体现社会分配的公正性。

第三，土地、房产等不动产是财产课税的主要对象。土地、房产的位置固定，当地政府易于掌握，适于地方因地制宜地进行征收管理，不易逃漏。因此，世界许多国家都将财产税作为税制中的辅助税种，划入地方税。

（二）我国的财产税体系

在我国，财产税是一种历史悠久的古老税收形式。中国周代的"廛布"（古代官府征收的商贾储货邸舍和居住房屋之税），即为中国最初的财产税。中华人民共和国成立后，政务院规定设立了房产税、地产税、遗产与赠与税和车船使用牌照税等四种财产税，其中遗产与赠与税一直未开征。我国现阶段的财产课税包括：资源税、房产税、城镇土地使用税、耕地占用税、土地增值税、契税、车船税等税种。可以看出，我国财产税体系属于特种财产税，主要对房屋、土地和车船课征。其中：契税属于动态财产税，其他税种属于静态财产税；土地增值税属于财产增值税，其他税种属于财产价值税。

西方国家的财产课税制度经过多年的发展，财产课税已成为地方政府收入的主要来源。根据OECD组织有关资料，在地方税收中，美国、英国、加拿大等发达国家的财产课税收入的比重普遍高达80%以上。总体上看，我国财产课税的发展较为迟缓，财产课税收入在整个税收收入中的比重也较低，其调节收入分配的作用也没有发挥出来。可以预见，今后随着国民经济的发展和居民收入水平的提高，我国的财产课税收入有不断提高的趋势，其在国民经济中的调节作用也会逐渐得以发挥。

1. 资源税

资源税是指以各种应税的自然资源为课税对象，为体现国有资源有偿使用以及调节资源级差收入为目的而征收的一种税。资源税开征于1984年，对在我国境内从事原油、天然气、煤炭等矿产资源开采的单位和个人征收。1993年12月25日国务院颁布《中华人民共和国资源税暂行条例》，对在我国境内开采应税矿产品和生产盐的单位和个人征收资源税，并确定了普遍征收、从量定额计征方法。

（1）课税对象

资源税的课税对象是应税的矿产品和盐，具体包括：原油、天然气、煤炭、其他非金属矿原矿、黑色矿原矿、有色金属矿原矿和盐（海盐、湖盐、井矿盐）。

（2）纳税人

资源税的纳税人是在我国境内开采上述应税矿产品或者生产盐的单位和个人。资源税实行源泉课征。不论采掘或生产单位是否属于独立核算，资源税均规定在采掘或生产地源泉控制征收，这样既照顾了采掘地的利益，又避免了税款的流失。

（3）税目与税率

资源税主要采用定额幅度税率形式，根据应税资源种类不同分别加以规定。实施"普遍征收、级差调节"的原则。我国的资源税具有一般资源税和级差资源税的性质。一般资源税是指为体现国有资源有偿使用原则，国家对占用开发自然资源的单位和个人普遍征收；而级差资源税是指对级差收入进行征税，需要注意的是，这部分级差收入是因开采资源条件的差异而产生的。资源税按照"资源条件好、收入多的多征；资源条件差、收入少的少征"的原则，根据矿产资源等级分别确定不同的税额，以有效调节资源级差收入。

资源税开征后，收入增长较快，成为资源富集地区重要税收来源。但长期以来，我国依靠资源的高消耗拉动经济的发展，造成了资源的大量浪费和环境的严重恶化。出现这种局面的原因很多，其中资源税税负过低导致很多企业在使用资源上的浪费，是其中一个重要的因素。节约能源已经成为我国的基本国策，利用税收杠杆成为节约能源的重要措施。

为解决原有资源税税收负担偏低、计征方式不合理等问题，新一轮资源税改革于 2010 年 6 月 1 日首先在新疆开始进行试点，并从 2011 年 11 月 1 日起推广至全国。此次资源税改革在从量定额计征基础上增加了从价定率的计征办法，并调整了原油、天然气等品目资源税税率。2014 年 10 月 9 日，财政部下发《关于实施煤炭资源税改革的通知》，从 2014 年 12 月 1 日起，在全国将煤炭资源税由从量计征改为从价计征，税率幅度为 2%~10%，具体适用税率由省级财税部门在上述幅度内，根据本地区清理收费基金、企业承受能力、煤炭资源条件等因素提出建议，报省级人民政府拟定。从 2015 年 5 月 1 号起，将稀土、钨、钼资源税由从量计征改为从价计征，并按照不增加企业税负的原则合理确定税率。

自 2016 年 7 月 1 日起全面推进资源税改革。具体改革内容如下：

（1）逐步扩大征税范围

根据党的十八届三中全会决定关于将资源税扩展到占用各种自然生态空间的要求，逐步将水、森林、草场、滩涂等资源纳入征税范围。

考虑到目前我国水资源短缺、部分地区地下水抽采严重、水资源费征收力度不足等状况，此次先在河北省开展水资源费改税试点。原因是：河北省人均水资源量仅为全国平均水平的 1/7，地下水超采总量及超采面积均占全国 1/3，是超采最为严重的地区，存在地下水位下降、地面沉降和地裂等问题，严重威胁生态环境和可持续发展，必须采取有效措施，加大水资源节约和保护力度。从河北省改革试点运行情况看，居民生活用水、工商企业正常用水、农业生产用水负担保持不变，抽取地下水、超采区、高耗水企业税负增加。倒逼钢铁、高尔夫、洗车、洗浴等高耗水企业强化内部用水管理、节约用水。2017 年 11 月 28 日，财政部、税务总局、水利部联合正式发布了《扩大水资源税改革试点》的通知。自 2017 年 12 月 1 日起，我国在北京、天津、山西、内蒙古、河南、山东、四川、陕西、宁夏 9 个省（自治区、直辖市）试点水资源税改革。这是继 2016 年 7 月 1 日我国在河北率先试点水资源税后，改革试点首次扩围。水资源税实行从量计征，征税对象为江、河、湖泊（含水库）等地表水和地下水。纳税人为直接取用地表水、地下水的单位和个人，但包括家庭生活和零星散养、圈养畜禽饮用等少量取用水在内，有六种情形可不缴纳资源税。扩大水资源税改革试点采取差别征税政策，既抑制不合理用水需求，又不影响社会基本用水需要。改革后，城镇公共供水企业的负担不变，居民正常的生活用水负担不变，工农业正常的社会用水负担不变。改革要提高超采区使用地下水的税负，要提高高耗水特种行业的用水税负，要提高超计划使用水的税负。通过"三不变，三提高"，实现"三促进"，促进限制超采地下水，促进合理利用地表水，促进积极利用中水等非常规水，最终实现促进水资源节约和合理利用的总目标。征收水资源税的主要目的不是为了增加财政收入，2016 年新纳入试点的 9 省（自治区、直辖市）水资源费共计收入 133 亿元，水资源费改税改革的税收收入意义并不大，但生态意义、绿色意义很大，以税收调节作用助推实施最严格的水资源管理制度。水资源税由税务机关依法征收管理，水利部门负责核准取用水量，纳税人依法办理纳税申报。试点期水资源税收入全部留归地方。从"费"到"税"，一字之差，征收部门从水利部门改为了税务部门，增加了"强制性"。

考虑到森林、草场、滩涂等资源在各地区的市场开发利用情况不尽相同，对其全面开征资源税条件尚不成熟，此次改革不在全国范围统一规定对森林、草场、滩涂等资源征税，但对具备征收条件的，授权省级政府可结合本地实际，根据森林、草场、滩涂等资源开发利用情况提出征收资源税具体方案建议，报国务院批准后实施。

（2）全面推开从价计征方式

对绝大部分矿产品实行了从价计征，但从便利征管原则出发，对经营分散、多为现金交易且难以控管的黏土、砂石等少数矿产品，仍实行从量定额计征。改革后，建立税收与资源价格直接挂钩的调节机制，当资源价格上涨、企业效益提高时相应增加税收，当价格下跌、效益降低时企业少纳税。

（3）全面清理收费基金

将全部资源品目矿产资源补偿费费率降为零，停征价格调节基金，取缔地方针对矿产资源违规设立的收费基金项目，进一步规范税费关系，从源头上堵住乱收费的口子，有效减轻企业负担。

（4）合理确定税率水平

鉴于各地区存在资源条件、经济发展水平差异，为避免统一税率造成企业结构性负担增加，由中央统一规定矿产品的税率幅度。在规定的税率幅度内，省级人民政府按照改革前后税费平移原则，并根据资源禀赋、企业承受能力等因素，对主要应税产品提出具体适用税率建议，报财政部、国家税务总局确定核准后实施。

（5）合理设置税收优惠政策

为促进资源综合利用，此次改革对开采难度大、成本高以及综合利用的资源给予税收优惠，包括对符合条件的资源采用充填开采方式、衰竭期矿山采出的矿产资源的资源税分别减征 50% 和 30%。同时，对鼓励利用的低品位矿、废石、尾矿、废渣、废水、废气等提取的矿产品，授权省级人民政府根据实际情况确定是否减税或免税，以便地方政府能够因地制宜地精准施策。

实践表明，资源税改革总体顺利推进，税收的杠杆调节作用得到了更为有效的发挥，在促进资源行业持续健康发展，推动经济结构调整和发展方式转变的同时，还大幅增加了地方税收收入。

2. 房产税

房产税是为中外各国政府广为开征的古老的税种。欧洲中世纪时，房产税就是封建君主敛财的一项重要手段，且名目繁多，大多以房屋的某种外部标志作为确定负担的标准，如"窗户税""灶税""烟囱税"等。中国周代的"廛布"即为最初的房产税，唐代的间架税、清代和中华民国时期的房捐，均属房产税性质。

2009 年 1 月 1 日前，我国实行的是内外有别的房产税体系。对外商投资企业、外国企业、台湾同胞和华侨投资兴办的企业以及外籍人员依据 1951 年 8 月政务院发布的《中华人民共和国城市房地产税暂行条例》征收城市房地产税；对国内单位和个人依据 1986 年 9 月 15 日国务院发布的《中华人民共和国房产税暂行条例》征收房产税。

2009 年 1 月 1 日后，我国开始实行统一的房产税。2008 年 12 月 31 日国务院发布了第 546 号令，宣布自 2009 年 1 月 1 日起废止《城市房地产税暂行条例》，外商投资企业、外国企业和组织以及外籍个人，依据 1986 年发布的《中华人民共和国房产税暂行条例》缴纳房产税。根据《中华人民共和国房产税暂行条例》，房产税是以房产为征税对象，依据房产的计税价值或房产的租金收入向房屋产权所有人征收的一种税。具体税收制度如下：

（1）课税对象

房产税的课税对象为房产，即以房屋形态表现的财产。

（2）征税范围

房产税是在城市、县城、建制镇和工矿区征收。

（3）纳税义务人

房产税由产权所有人缴纳。

（4）计税依据与税率

对于纳税人自用的房产，按照房产的计税价值征税，实行从价计征。具体计税依据为房产的计税余值，即房产原值一次减除 10% 至 30% 的自然损耗等因素后的余额。依照房产余值计算缴纳的房产税，税率为 1.2%。对于纳税人出租的房产，按照房产的租金收入计征，实行从租计征。其计税依据为纳税人出租房产所取得的各种形式的报酬，主要包括各种货币收入和实物收入。依照房产租金收入计算缴纳的房产税，税率为 12%。从 2001 年 1 月 1 日起，对个人按市场价格出租的居民住房，按 4% 征收。

（5）税收优惠

下列房产免纳房产税：国家机关、人民团体、军队自用的房产；由国家财政部门拨付事业经费的单位自用的房产；宗教寺庙、公园、名胜古迹自用的房产；个人所有非营业用的房产；经财政部批准免税的其他房产。

（6）房产税改革

房地产的三个环节：开发、交易、保有。现行房地产税主要是在开发和交易环节征收。改革方向是主要在保有环节征收。2003 年 10 月，党的十六届三中全会提出"实施城镇建设税费改革，条件具备时对不动产开征统一规范的物业税，相应取消有关收费"。作为房地产税改革的前身——物业税首次被提出。依据当时的改革思路，是将房产税、城市房地产税、城镇土地使用税、土地增值税，以及土地出让金等合并，转化为房产保有阶段统一收取的物业税（或叫房地产税、不动产税），每年按照房产的评估价值征收，由房屋产权人分年缴纳。2003 年起，财政部与国家税务总局先后批准了北京、江苏、深圳、重庆、辽宁和宁夏等六个省市作为试点先行单位，进行房地产模拟评税试点。2005 年 10 月，物业税被正式列入中国"十一五"发展规划。2005 年年底，原财政部部长金人庆明确提出物业税开征时间表，将在"十一五"期间推出物业税。2007 年又增加了河南（濮阳、焦作）、安徽（芜湖、马鞍山）、福建（龙海、沙县）和大连四个地区的部分区域，开展房地产模拟评税试点。2010 年 10 月，《中共中央关于制定国民经济和社会发展的第十二个五年规划的建议》提出"研究推进房地产税改革"。物业税的提法逐渐被淡化。在中央政府对房地产业进行大力调控的背景下，2011 年 1 月 28 日，上海、重庆开始实施房产税改革试点。2013 年党的十八届三中全会提出的《中共中央关于全面深化改革若干重大问题的决定》中指出"加快房地产税立法并适时推进改革"。房地产税提法的出现充分说明中央政府已经准备将房产和地产统筹管理，将现行的房地产税收和收费统筹考虑。2015 年 8 月，十二届全国人大常委会将房地产税法纳入立法规划。2016 年年底，在中央明确"房子是用来住的，不是用来炒的"这一房地产的定位后，各地调控政策陆续出台，房地产税再次成为关注的焦点。2017 年 1 月，国务院出台的《关于创新政府配置资源方式的指导意见》提出，支持各地区在房地产税等方面探索创新。2018 年 3 月 4 日，全国人大一次会议新闻发言人张业遂在新闻发布会上指出，房地产税立法是社会普遍关注的一个问题，加快房地产税立法是党中央提出的重要任务，由全国人大常委会预算工作委员会和财政部牵头组织起草，目前正在加快进行起草完善法律草案、重要问题的论证、内部征求意见等方面的工作，争取早日完成提请常委会初次审议的准备工作。2018 年 3 月 5 日，李克强总理所做的《政府工作报告》中提出：健全地方税体系，稳妥推进房地产税立法。这是 2013 年"十八届三中全会"、2014 年政府工作报告之后首次提出"稳妥推进房地产税立法"。2018 年 9 月，在第十三届全国人大常委会公布的立法规划中，房地产税法名列第一类项目，拟在本届人大常委会任期内提请审议。2019 年 3 月 5 日，李克强总理所做的《政府工作报告》中提出：健全地方税体系，稳步推进房地产税立法。

房产税的征税重心由房产的流转环节转向保有环节，不仅能够充分发挥其抑制房地产投机、调节收入分配的作用，同时随着我国城镇化的加速进展，也能够为地方政府带来充沛而稳定的收入，逐步成长为地方政府的支柱财源。在"营改增"

后，房产税或是房地产税应是未来地方税体系建设中重点培育的支柱财源。从市场经济发达国家的经验看，房产税税基广泛固定、税源稳定充沛，是地方政府尤其是基层政府税收收入的主要来源。为完善房地产税收制度，在上海、重庆房产税改革试点的基础上，下一步还应继续推进房产税改革，按照宽税基、低税率的原则对现有房地产相关税种进行有效整合，逐步将耕地占用税、城镇土地使用税等相关税种并入房产税，设置统一的房产税，并以房产的评估价值为计税依据，对拥有房产所有权和使用权的个人和法人按年计征。房产税的税率可设定为幅度税率，由各地根据本地实际情况确定具体税率水平，并根据属地原则征管。

3. 城镇土地使用税

城镇土地使用税是以开征范围的城镇土地为征税对象，以实际占用的土地面积为计税依据，对拥有土地使用权的单位和个人征收的一种税。城镇土地使用税的征收对于合理利用城镇土地，调节土地级差收入，提高土地使用效益，具有重要作用。

（1）课税对象

城镇土地使用税的课税对象为城镇土地。

（2）征税范围

城镇土地使用税的征税范围为城市、县城、建制镇、工矿区。

（3）计税依据

城镇土地使用税的计税依据为实际占用的土地面积。

（4）纳税人

在城市、县城、建制镇、工矿区范围内使用土地的单位和个人。

（5）税率

城镇土地使用税实行有差别的定额税率，即按城市的大小分别规定不同幅度的定额税率。2007年之前，城镇土地使用税只对国内单位和个人征收。2007年之后，城镇土地使用税每平方米年税额在原规定的基础上提高2倍，同时将外商投资企业和外国企业纳入城镇土地使用税的征税范围（见表7-4）。

表 7-4　　　　　　　　　　　城镇土地使用税数额表

地　区	税　额
大城市	1.5元至30元
中等城市	1.2元至24元
小城市	0.9元至18元
县城、建制镇、工矿区	0.6元至12元

（6）应纳税额

城镇土地使用税的应纳税额可以通过纳税人实际占用的应税土地面积乘以该土地所在地段的具体税额来计算得出。其计算公式为：

年应纳税额＝实际占用的应税土地面积（每平方米）×适用的单位税额

城镇土地使用税按年计算，分期缴纳，由土地所在地的税务机关负责征收。

（7）税收优惠

国家预算收支单位的自用地免税；国有重点扶植项目免税。对高校后勤实体、对个人所有的居住房屋及院落用地免征城镇土地使用税。此外，为进一步促进物流降本增效，国务院决定从 2018 年 5 月 1 日至 2019 年 12 月 31 日，对物流企业承租的大宗商品仓储设施用地减半征收城镇土地使用税。

4. 土地增值税

土地增值税是对转让国有土地使用权、地上建筑物及其附着物（简称转让房地产）并取得收入的单位和个人，就其转让房地产所取得的增值额征收的一种税。20 世纪 80 年代后期，随着房地产业的迅速发展，房地产市场初具规模并逐渐完善。但当时房地产市场机制不完善，"炒"风过盛，冲击了房地产的正常秩序。为了配合国家宏观经济政策，控制房地产的过度炒买炒卖，根据《中共中央国务院关于当前经济情况和加强宏观调控的意见》的精神，1993 年 12 月 13 日，国务院颁布了《中华人民共和国土地增值税暂行条例》，自 1994 年 1 月 1 日起施行。

（1）纳税人

土地增值税的纳税人不分内外资企业及中外籍人员，不论经济性质，不论是法人还是自然人，只要是在中华人民共和国境内转让房地产并取得收入的单位和个人，都是土地增值税的纳税人。

（2）计税依据

土地增值税的计税依据是转让房地产的增值额，即转让所得减去相关的成本、费用及税金后的余额。

（3）税率

土地增值税实行四级超率累进税率（见表 7-5）。

表 7-5　　　　　　　　　　　　　　　　土地增值税税率表

级数	级 距	税率	速算除系数
1	增值额未超过扣除项目金额 50% 的部分	30%	0
2	增值额超过扣除项目金额 50%、未超过 100% 的部分	40%	5%
3	增值额超过扣除项目金额 100%、未超过 200% 的部分	50%	15%
4	增值额超过扣除项目金额 200% 的部分	60%	35%

注：上述所列四级超率累进税率，每级"增值额未超过扣除项目金额"的比例，均包括本比例数。

（4）税收优惠

纳税人建造普通标准住宅出售，增值额未超过扣除项目金额 20%，可免征土地增值税；对居民个人拥有的普通住宅，在其转让时暂免征收土地增值税。

（5）土地增值税清算

其实，土地增值税早于 1994 年实施，但由于属地方税，以及让地方能因地制宜，故操作上给予地方政府很大弹性，地方在执行上将本来高达 3 成至 6 成的税率，大减至只有 1% 至 3%，令土地增值税本来要打击土地囤积与房产炒作的功能，几近于无。为收紧各地方政府在执行土地增值税上的弹性空间、灰色地带，规范房地产业，2007 年 1 月 16 日国税总局发布了《关于房地产开发企业土地增值税清算管理有关问题的通知》。该通知的出台意味着拖延 14 年而未贯彻到位的土地增值税征缴开始严格执行。土地增值税收入 2007 年为 403.10 亿，此后逐年上升，2016 年为 4 212.19 亿。

5. 耕地占用税

耕地占用税是对占用耕地建房或者从事其他非农业建设的单位和个人，按其占用的耕地面积一次性定额征收的一种税。

2018 年 12 月 29 日第十三届全国人民代表大会常务委员会第七次会议通过《中华人民共和国耕地占用税法》，自 2019 年 9 月 1 日起施行。2007 年 12 月 1 日国务院公布的《中华人民共和国耕地占用税暂行条例》同时废止。

开征耕地占用税是为了合理利用土地资源，加强土地管理，保护耕地。

（1）纳税人：在中华人民共和国境内占用耕地建设建筑物、构筑物或者从事非农业建设的单位和个人，为耕地占用税的纳税人，应当依照本法规定缴纳耕地占用税。占用耕地建设农田水利设施的，不缴纳耕地占用税。本法所称耕地，是指用于种植农作物的土地。

（2）计税依据与应纳税额：耕地占用税以纳税人实际占用的耕地面积为计税依据，按照规定的适用税额一次性征收，应纳税额为纳税人实际占用的耕地面积（平方米）乘以适用税额。

（3）税额：①人均耕地不超过 1 亩的地区（以县、自治县、不设区的市、市辖区为单位，下同），每平方米为 10 元至 50 元；②人均耕地超过 1 亩但不超过 2 亩的地区，每平方米为 8 元至 40 元；③人均耕地超过 2 亩但不超过 3 亩的地区，每平方米为 6 元至 30 元；④人均耕地超过 3 亩的地区，每平方米为 5 元至 25 元。

各地区耕地占用税的适用税额，由省、自治区、直辖市人民政府根据人均耕地面积和经济发展等情况，在前款规定的税额幅度内提出，报同级人民代表大会常务委员会决定，并报全国人民代表大会常务委员会和国务院备案。

（4）税收优惠：军事设施、学校、幼儿园、社会福利机构、医疗机构占用耕地，免征耕地占用税。铁路线路、公路线路、飞机场跑道、停机坪、港口、航道、水利工程占用耕地，减按每平方米 2 元的税额征收耕地占用税。农村居民在规定用地标准以内占用耕地新建自用住宅，按照当地适用税额减半征收耕地占用税；其中农村居民经批准搬迁，新建自用住宅占用耕地不超过原宅基地面积的部分，免征耕地占用税。农村烈士遗属、因公牺牲军人遗属、残疾军人以及符合农村最低生活保障条件的农村居民，在规定用地标准以内新建自用住宅，免征耕地占用税。根据国民经济和社会发展的需要，国务院可以规定免征或者减征耕地占用税的其他情形，报全国人民代表大会常务委员会备案。

（5）征收管理：耕地占用税由税务机关负责征收。耕地占用税的纳税义务发生时间为纳税人收到自然资源主管部门办理占用耕地手续的书面通知的当日。纳税人应当自纳税义务发生之日起30日内申报缴纳耕地占用税。自然资源主管部门凭耕地占用税完税凭证或者免税凭证和其他有关文件发放建设用地批准书。

税务机关应当与相关部门建立耕地占用税涉税信息共享机制和工作配合机制。县级以上地方人民政府自然资源、农业农村、水利等相关部门应当定期向税务机关提供农用地转用、临时占地等信息，协助税务机关加强耕地占用税征收管理。

6. 契税

契税，是指对契约征收的税，属于财产转移税。我国契税起源于东晋时期的"估税"，至今已有1 600多年的历史。当时规定，凡买卖田宅、奴婢、牛马，立有契据者，每一万钱交易额官府征收四百钱即税率为4%，其中卖方缴纳3%，买方缴纳1%。北宋开宝二年（公元969年），开始征收印契钱。这时不再由买卖双方分摊，而是由买方缴纳。从此，开始以保障产权为由征收契税。以后历代封建王朝对土地、房屋的买卖、典当等产权变动都征收契税。现行的契税是以所有权发生转移变动的不动产为征税对象，向产权承受人征收的一种财产税。现行的《中华人民共和国契税暂行条例》于1997年10月1日起施行。

（1）课税对象

契税的课税对象是所有权发生转移变动的不动产。

（2）征收范围

契税的征收范围包括在境内转让土地、房屋权属的各种经济行为。具体包括：

①国有土地使用权出让。国有土地使用权出让，是指土地使用者向国家交付土地使用权出让费用，国家将国有土地使用权在一定年限内让予土地使用者的行为。

②土地使用权转让。土地使用权转让，是指土地使用者以出售、赠与、交换或者其他方式将土地使用权转移给其他单位和个人的行为。土地使用权的转让，不包括农村集体土地承包经营权的转移。

③房屋买卖。房屋买卖，是指房屋所有者将其房屋出售，由承受者交付货币、实物、无形资产或者其他经济利益的行为。

④房屋赠与。房屋赠与，是指房屋所有者将其房屋无偿转让给受赠者的行为。

⑤房屋交换。房屋交换，是指房屋所有者之间相互交换房屋的行为。

⑥视同土地使用权转让、房屋买卖或者房屋赠与。

（3）纳税人

契税的纳税人是在我国境内转移土地、房屋权属，承受的单位和个人。

（4）计税依据与税率

契税的计税依据为转移的土地、房屋的价格。具体包括以下情况：

一是按成交价格计算。成交价格经双方敲定，形成合同，税务机关以此为据，直接计税。这种方式主要适用于国有土地使用权出让、土地使用权出售、房屋买卖。

二是根据市场价格计算。土地使用权赠与、房屋赠与，计税依据由征收机关参照土地使用权出售、房屋买卖的市场价格核定。

三是依据土地使用权交换、房屋交换差价定税。

契税采用幅度税率，税率为3%～5%。契税的适用税率，由省、自治区、直辖市人民政府在规定的幅度内按照本地区的实际情况确定，报财政部和国家税务总局备案。

7. 车船税

2007年之前，我国对外商投资企业、外国企业及外籍个人依据1951年颁布的《车船使用牌照税暂行条例》征收车船使用牌照税，对内资企业及个人依据1986年颁布的《中华人民共和国车船使用税暂行条例》征收车船使用税。

为了简化税制、公平税负、方便税收征管，国务院于2007年将《车船使用牌照税暂行条例》和《中华人民共和国车船使用税暂行条例》进行了合并修订，新发布了《中华人民共和国车船税暂行条例》，对各类企业、行政事业单位和个人统一征收车船税。《车船税暂行条例》及实施细则规定，微型、小型客车（乘用车）按辆征收。

2011年2月25日，第十一届全国人民代表大会常务委员会第十九次会议通过《中华人民共和国车船税法》。该法自2012年1月1日起施行。该法规定：在中华人民共和国境内属于该法所附《车船税税目税额表》规定的车辆、船舶的所有人或者管理人，为车船税的纳税人，应当依照该法缴纳车船税。车船的适用税额依照该法所附《车船税税目税额表》执行。车辆的具体适用税额由省、自治区、直辖市人民政府依照该法所附《车船税税目税额表》规定的税额幅度和国务院的规定确定。船舶的具体适用税额由国务院在该法所附《车船税税目税额表》规定的税额幅度内确定（见表7-6）。

表7-6　　　　　　　　　　　车辆车船税税目税额表

排　量	基准税额
1.0升（含）以下	60元至360元
1.0升以上至1.6升（含）	300元至540元
1.6升以上至2.0升（含）	360元至660元
2.0升以上至2.5升（含）	660元至1 200元
2.5升以上至3.0升（含）	1 200元至2 400元
3.0升以上至4.0升（含）	2 400元至3 600元
4.0升以上	3 600元至5 400元

《车船税法》改革了乘用车计税依据，将排气量作为乘用车计税依据。从理论上讲，车船税作为财产税，计税依据应当是评估价值，但由于乘用车数量庞大且分散于千家万户，难以进行价值评估。考虑到乘用车的排气量与其价值总体上存在着正相关关系，《车船税法》将排气量作为乘用车计税依据。据财政部测算，汽车排气量和价值之间有着正相关关系，相关性高达97%，也就是说，

一般排气量越大的车价值越高。因此，以排气量计征车船税也能够体现它的财产税性质。英国、德国、日本、韩国等国家也是按排气量征税。乘用车车船税年基准税额从 1.0 升以下的 60 元至 360 元，到 4.0 升以上的 3 600 元至 5 400元，最大差距将达到 90 倍。差距拉得如此之大，反映出政府希望车船税可以对汽车消费起到一定的导向作用，引导人们购买小排量、低能耗的车辆，尽可能节约能源。

下列车船免征车船税：捕捞、养殖渔船；军队、武装警察部队专用的车船；警用车船；依照法律规定应当予以免税的外国驻华使领馆、国际组织驻华代表机构及其有关人员的车船。从事机动车第三者责任强制保险业务的保险机构为机动车车船税的扣缴义务人，应当在收取保险费时依法代收车船税，并出具代收税款凭证。

五、其他地方税收

其他课税是指由前述的商品课税、所得课税和财产课税以外的，其征税对象难以准确区分的一些税种构成的税类。

（一）印花税

印花税是对经济活动和经济交往中书立、使用、领受具有法律效力的凭证的单位和个人征收的一种税。印花税是一种具有行为税性质的凭证税。

1.课税对象

印花税的征税对象即条例所列举的各种应纳税凭证，具体划分为 5 大类 13 个税目：一是合同或者具有合同性质的凭证。具体包括：购销合同；加工承揽合同；建设工程勘察设计合同；建筑安装工程承包合同；财产租赁合同；货物运输合同；仓储保管合同；借款合同；财产保险合同；技术合同。二是产权转移书据。即单位和个人产权的买卖、继承、赠与、交换、分割等所立的书据，包括财产所有权和版权、商标专用权、专利权、专有技术使用权等转移书据。其中，"财产所有权"转移书据，是指经政府管理机关登记注册的动产、不动产的所有权转移所立的书据，以及企业股权转让所立的书据。三是营业账簿。单位或者个人记载生产经营活动的财务会计核算账簿。记载资金的账簿，是指反映生产经营单位资本金数额增减变化的账簿，具体是指"实收资本"和"资本公积"。其他账簿，是指除上述账簿以外的有关其他生产经营活动内容的账簿，包括日记账簿和各明细分类账簿。四是权利、许可证照。具体包括：政府部门发给的房屋产权证、工商营业执照、商标注册证、专利证、土地使用证。五是经财政部确定征税的其他凭证。

2.纳税人

在我国境内书立、领受条例所列举凭证的单位和个人，均为印花税的纳税义务人。

3.计税依据和税率

印花税的征税对象不同，其计税办法、计税依据也各不同。一是按计税金额计税贴花，适用率式税率。具体包括：各类合同及具有合同性质的凭证、产权转移书据、营业账簿中记载资金的账簿。二是按计税件数计税贴花，适用定额税率。具体包括：权利许可证照、营业账簿中的其他账簿。

（二）环境保护税

2018 年之前，我国主要是用排污费、生态补偿费等财政工具，限制企业、个人等污染环境及其他产生负外部性的行为。1979 年颁布的《环境保护法（试行）》确立了排污费制度。2003 年国务院公布的《排污费征收使用管理条例》对排污费征收、使用的管理做了规定。2003—2015 年，全国累计征收排污费 2 115.99 亿元，缴纳排污费的企事业单位和个体工商户累计 500 多万户。排污费制度对于防治环境污染发挥了重要作用，但与税收制度相比，排污费制度存在执法刚性不足、地方政府和部门干预等问题，因此有必要进行环境保护费改税。2016 年 12 月 25 日，《中华人民共和国环境保护税法》由中华人民共和国第十二届全国人民代表大会常务委员会第二十五次会议通过，自 2018 年 1 月 1 日起施行。"费改税"后，环境保护的执行力得到提升。因为企业没有交费，不会受到法律惩罚，只是行政处罚；但如果没有交税，那就是抗税，会受到法律惩罚。通过税收手段可以更好地将环境污染和生态破坏的社会成本内部化到生产成本和市场价格中。

1. 开征环境保护税的目的

环境保护税是"费改税"的一大成果，它的"前身"是排污费制度。原来的排污费收入，是实行中央与地方 1∶9 分成；实施环境保护费改税后，国务院决定环保税全部作为地方收入。很多人关心，开征环保税，是不是就为了增加地方收入？从近几年来看，全国排污费收入大约在 200 亿元左右，"费改税"后基本上平移过渡，收入上不会有太大变化。200 多亿元的收入规模，在税收总收入中占比很小。因此，环境保护税的生态保护意义远大于收入意义。实际上，《环境保护税》第一章第一条已经明确了开征环境保护税的目的：为了保护和改善环境，减少污染物排放，推进生态文明建设，制定本法。因此，设立这个环境保护税的目的，并不是为了增加财政收入，而是要发挥税收"杠杆"调节作用，让高污染、高排放企业加速绿色转型，从而推动经济高质量发展。

2. 征税对象

环境保护税的征税对象，为大气污染物、水污染物、固体废物和噪声等 4 类。《环境保护税法》规定：大气污染物税额幅度为每污染当量 1.2 元~12 元。水污染物税额幅度为每污染当量 1.4 元~14 元。固体废物按不同种类，税额为每吨 5 元~1 000 元。噪声按超标分贝数，税额为每月 350 元~11 200 元。

3. 税额的确定

应税大气污染物和水污染物的具体适用税额的确定和调整，由省、自治区、直辖市人民政府统筹考虑本地区环境承载能力、污染物排放现状和经济社会生态发展目标要求，在本法所附《环境保护税税目税额表》规定的税额幅度内提出，报同级人民代表大会常务委员会决定，并报全国人民代表大会常务委员会和国务院备案。

截至 2018 年 1 月，除西藏自治区正在走法定程序外，各省（自治区、直辖市）均已出台了本地区应税大气污染物和水污染物的具体适用税额。其中，黑龙江、辽宁、吉林、浙江、安徽、福建、江西、陕西、甘肃、青海、宁夏、新疆等12个省（自治区），税额"就低不就高"，按税法给出的低限征收；山西、内蒙古、山东、湖北、湖南、广东、广西、海南、重庆、四川、贵州、云南等12个省（自治区、直辖市），税额处于中间水平；北京、天津、河北、上海、江苏、河南等6个省（直辖市），税额处于较高水平。

4. 税收优惠

《环境保护税法》还规定，下列5项情形可以免税：一是对农业生产排放的应税污染物免税，但规模化养殖未列入免税范围；二是对机动车、船舶和航空器等流动污染源排放的应税污染物免税；三是达标排放污染物的城乡污水、生活垃圾集中处理场所免税；四是对纳税人符合标准综合利用的固体废物免税；五是国务院批准免税的其他情形。

5. 缴纳方式

环境保护费改税后，缴纳方式由环保部门核定缴纳，改为纳税人自主申报缴纳。依照环保税法的规定，环保税按季申报缴纳，2018年4月1日至15日是环保税首个征期。

环境保护税按照污染物排放量折合的污染当量数计算缴纳，与其他税种的"查账征收"方式截然不同，专业技术要求高、计算过程比较复杂，必须依靠环保部门的专业技术力量协助税收征管。

第三节　地方财政收入规模与结构

政府各类收支都应纳入政府预算体系管理，完整的政府预算体系包括一般公共预算、政府性基金预算、国有资本经营预算、社会保险基金预算。本节所讲的地方财政收入指的是一般公共预算中的地方财政收入。

一、地方财政收入规模

（一）衡量指标

1. 绝对指标

绝对指标是指以一国货币单位表示的地方财政收入的实际数额。衡量地方财政收入规模的绝对指标有两个不同的口径：

一是地方本级收入。地方本级收入由地方税收收入和非税收入构成。其中，非税收入包括：专项收入、行政事业性收费收入、罚没收入、国有资本经营收入、国有资源（资产）有偿使用收入、捐赠收入、政府住房基金收入、其他收入。

二是地方一般公共预算收入。在地方本级收入的基础上，再加上中央对地方的税收返还与转移支付，构成地方一般公共预算收入。

需要说明的是，本节以下讨论的地方财政收入指的是地方本级收入。

2. 相对指标

衡量地方财政收入规模的相对指标通常有两类：地方本级收入占全国财政收入的比重与地方本级收入占 GDP 的比重。相对指标一方面可以全面衡量地方本级收入在全国财政收入中的重要性，另一方面反映了一定时期内地方本级收入在整个国民经济活动中的比例和份额。此外，地方财政收入的相对指标也剔除了通货膨胀因素的影响，可以与以前年度的地方财政收入规模进行纵向比较，也可以与其他国家进行横向的比较。

（二）地方财政收入的总体规模

1978—2017 年我国地方本级财政收入占全国财政收入和 GDP 比重见表 7-7。

表 7-7　　1978—2017 年我国地方本级财政收入占全国财政收入和 GDP 比重

年份	地方本级财政收入（亿元）	占 GDP 比重（%）	占全国财政收入比重（%）
1978	956.49	26.24	84.48
1980	875.48	19.26	75.48
1985	1 235.19	13.70	61.61
1990	1 944.68	10.42	66.21
1991	2 211.23	10.15	70.21
1992	2 503.86	9.30	71.88
1993	3 391.44	9.60	77.98
1994	2 311.60	4.80	44.30
1995	2 985.58	4.91	47.83
1996	3 746.92	5.26	50.58
1997	4 424.22	5.60	51.14
1998	4 983.95	5.90	50.47
1999	5 594.87	6.24	48.89
2000	6 406.06	6.46	47.82
2001	7 803.30	7.12	47.62
2002	8 515	7.08	45.04
2003	9 849.98	7.25	45.36
2004	11 893.37	7.44	45.06
2005	15 100.76	8.24	47.71
2006	18 303.58	8.64	47.22
2007	23 572.62	9.16	45.93
2008	28 649.79	9.53	46.71
2009	32 602.59	9.56	47.58
2010	40 613.04	10.12	48.87
2011	52 433.86	11.12	50.54
2012	61 078.29	11.77	52.09
2013	69 011.16	12.13	53.41
2014	75 876.58	11.92	54.05
2015	83 002.04	12.27	54.51
2016	87 239.35	11.72	54.66
2017	91 469.41	11.06	53.00

1. 绝对规模

改革开放后，随着我国经济的发展，地方财政收入的绝对规模不断增加。1978年，地方财政收入为956.49亿元，1994年升至2 311.60亿元，2017年更是达到91 469.41亿元。地方财政收入持续增加的原因主要在于：一是我国经济的持续增长带来地方财政收入的不断增加；二是通货膨胀的影响。改革开放至今，我国的物价水平也在不断上升，地方财政收入的绝对规模所反映的只是名义上的地方财政收入，没有考虑通货膨胀因素对支出总量的影响。

2. 相对规模

（1）地方财政收入占全国财政收入的比重

20世纪80年代，在财政包干体制下，为调动地方政府积极性，中央政府将大部分财政收入增量留给了地方政府。因此，1978—1994年，地方财政收入占全国财政收入的比重基本都在60%以上，高的时候达到3/4以上。

但中央财政收入占全国财政收入比重过低严重削弱了中央政府的宏观调控能力。1994年的分税制改革的重要目标之一是提高中央财政收入占全国财政收入的比重。为实现这一目标，在1994年分税制改革中，中央政府通过各种措施集中了主体税种的大部分收入。1994年以后，地方财政收入占全国财政收入的比重有所下降，基本在50%以下。

2011年预算外资金被全面取消，所有政府性收入都纳入预算管理，从而导致地方政府的非税收入增长较快，当年增长43.4%。2011年后地方财政收入占全国财政收入的比重有所上升，提高至50%以上。

（2）地方财政收入占GDP的比重

20世纪80年代，我国实施以"放权让利"为主线的改革，政府配置的资源逐步下降，地方财政收入占GDP的比重也逐年下降，由1978年26.24%下降到1993年最低点的9.60%。1994年由于调整了中央与地方的收入分配格局，地方财政本级收入大幅度下降。地方财政收入占GDP的比重在1994年下降到最低点，只有4.8%。

财政收入占GDP比重过低影响到政府职能的正常实现。分税制改革的目标之一是提高财政收入占GDP的比重。为实现这一目标，1993年我国启动了新中国成立以来规模最大、范围最广、内容最深刻、力度最强的税制改革。该轮税制改革成效明显，1994年后，税收收入高速增长，增长速度高于GDP的增速，因此，财政收入（包括地方财政收入）占GDP的比重不断上升。地方财政收入占GDP的比重自1994年后每年逐步提升，到2013年已经上升到12.13%，2017年为11.06%。

（三）地方财政收入的地区规模

2017年我国各地区财政收入总量及排序情况见表7-8。

从表7-8可以看出，各地区的财政收入总量与经济发展水平、地区经济总量有关，经济发达、经济总量大的地区财政收入总量较大。人均财政收入和财政收入总量相关，还受到人口总数等因素的影响。从总体上看，财政收入的地区差距较大，无论是收入总数还是人均收入，东部地区都要远远高于中部、西部地区。

表 7-8　　　　　　　　2017 年我国各地区财政收入总量及排序情况

地　区	财政收入总量（亿元）	按总收入排序	人均财政收入（元）	按人均财政收入排序	总人口（万）
北　京	5 430.79	6	25 015.2	2	2 171
天　津	2 310.36	15	14 838.5	3	1 557
河　北	3 233.83	10	4 300.3	24	7 520
山　西	1 867.00	20	5 043.2	18	3 702
内蒙古	1 703.21	21	6 734.7	10	2 529
辽　宁	2 392.77	14	5 476.7	16	4 369
吉　林	1 210.91	26	4 456.8	22	2 717
黑龙江	1 243.31	25	3 281.4	30	3 789
上　海	6 642.26	3	27 470.1	1	2 418
江　苏	8 171.53	2	10 177.5	5	8 029
浙　江	5 804.38	5	10 260.5	4	5 657
安　徽	2 812.45	11	4 496.3	21	6 255
福　建	2 809.03	12	7 182.4	9	3 911
江　西	2 247.06	17	4 861.7	19	4 622
山　东	6 098.63	4	6 095.0	12	10 006
河　南	3 407.22	8	3 564.4	28	9 559
湖　北	3 248.32	9	5 503.8	15	5 902
湖　南	2 757.82	13	4 020.1	26	6 860
广　东	11 320.35	1	10 135.5	6	11 169
广　西	1 615.13	22	3 306.3	29	4 885
海　南	674.11	28	7 279.8	8	926
重　庆	2 252.38	16	7 324.8	7	3 075
四　川	3 577.99	7	4 309.8	23	8 302
贵　州	1 613.84	23	4 507.9	20	3 580
云　南	1 886.17	19	3 928.7	27	4 801
西　藏	185.83	31	5 514.2	14	337
陕　西	2 006.69	18	5 232.6	17	3 835
甘　肃	815.73	27	3 106.4	31	2 626
青　海	246.20	30	4 117.1	25	598
宁　夏	417.59	29	6 123.0	11	682
新　疆	1 466.52	24	5 998.0	13	2 445

二、地方财政收入结构（见表 7-9）

表 7-9 地方财政收入形式结构

年份	税收收入（%）	非税收入（%）
2007	81.67	18.33
2009	80.23	19.77
2010	80.52	19.48
2011	78.23	21.77
2012	77.47	22.53
2013	78.09	21.91
2014	77.94	22.06
2015	75.49	24.51
2016	74.15	25.85
2017	75.08	24.92

地方一般公共预算本级收入包括：地方税收收入和非税收入。2017 年地方税收收入为 68 672.72 亿元，占比为 75.08%；非税收入为 22 796.69 亿元，占比为 24.92%。

2011 年之前，税收收入的比重在 80% 左右，2011 年后有所下降。原因在于：2011 年预算外资金被全面取消，所有政府性收入都纳入预算管理，从而导致地方政府的非税收入增长较快，当年增长 43.4%。非税收入在地方财政收入中所占的比重有所上升，2017 年为 24.92%。

☐ 本章小结

地方财政收入是指地方政府为履行其职能，保证地方财政支出的需要，在预算年度内通过一定的形式和程序，有计划筹措的归地方政府支配的财政资金。地方财政收入是各级地方政府履行职能的财力保障。

从我国的地方财政收入实际情况来看，地方政府的收入有多种来源。根据《2018 年政府收支分类科目》，地方财政收入包括六大类：税收收入、社会保险基金收入、非税收入、贷款转贷回收本金收入、债务收入、转移性收入。

税收是国家为了实现其职能、凭借政治权力，依照法律规定标准取得财政收入的一种比较固定的形式。地方税和共享税中划归地方政府的收入构成地方税收收入。

社会保险基金收入是一种强制性的专款专用的财政收入形式，其收入要专项用于政府社会保险计划的开支。按收入来源，社保基金收入目前主要包括缴费收入和财政补助。财政直接补助是保证社保基金安全性必不可少的手段。

非税收入是指各级政府及其所属部门和单位依法利用行政权力、政府信誉、国家资源、国有资产或提供特定公共服务征收、收取、提取、募集的除税收和政府债务收入以外的财政收入。具体包括：政府性基金收入、专项收入、行政事业性收费收入、罚没收入、国有资本经营收入、国有资源（资产）有偿使用收入、捐赠收入、政府住房基金收入、其他收入。

贷款转贷回收本金收入反映各类贷款转贷回收本金收入。具体包括：国内贷款回收本金收入、国外贷款回收本金收入、国内转贷回收本金收入和国外转贷回收本金收入。

地方政府债务不仅是整个政府债务体系的有机组成部分，而且是地方政府财政活动中的一个重要环节。进入21世纪后，我国地方政府债务呈现上升、积累和扩大的趋势，引起了各方的关注。为化解地方政府债务风险，自2014年起，中央政府采取了一系列的措施：构建地方政府债务管理的制度框架；对地方存量债务进行清理甄别和债务置换；进一步加强对地方政府举债融资行为的监管。

转移性收入是指政府间的转移支付以及不同性质资金之间的调拨收入。一般公共预算、政府性基金预算、国有资本经营预算和社会保险基金预算中都有转移性收入。

地方税收入是地方财政收入的重要来源。在现行商品课税体系中，属于共享税的有增值税，属于地方税的税种有城市维护建设税、烟叶税。我国的所得税主要有企业所得税和个人所得税，2002年实施所得税分享改革后，纳入分享范围的所得税为中央与地方共享税。我国现阶段的财产课税包括：资源税、房产税、城镇土地使用税、耕地占用税、土地增值税、契税、车船税等税种。

衡量地方财政收入的规模可以用绝对指标和相对指标。

绝对指标是指以一国货币单位表示的地方财政收入的实际数额。衡量地方财政收入规模的绝对指标有两个不同的口径：一是地方本级收入。地方本级收入由地方税收收入和非税收入构成。二是地方一般公共预算收入。在地方本级收入的基础上，再加上中央对地方的税收返还与转移支付，构成地方一般公共预算收入。

衡量地方财政收入规模的相对指标通常有两类：地方财政收入占GDP的比重和地方财政收入占全国财政收入的比重。

改革开放后，随着我国经济的发展，地方财政收入的绝对规模不断增加。地方财政收入占全国财政收入的比重在1994年分税制改革后有所下降；地方财政收入占GDP的比重呈"U"型变化。各地区的财政收入总量与经济发展水平、地区经济总量有关，经济发达、经济总量大的地区财政收入总量较大。人均财政收入与财政收入总量相关，还受到人口总数等因素的影响。从总体上看，财政收入的地区差距较大，无论是收入总数还是人均收入，东部地区都要远远高于中部、西部地区。

地方一般公共预算本级收入包括：地方税收收入和非税收入。2017年地方税收收入为 68 672.72 亿元，比重为 75.08%；非税收入为 22 796.69 亿元，比重为 24.92%。

☐ 关键概念

地方财政收入　税收　非税收入　政府性基金收入　专项收入　行政事业性收费　直接显性债务　直接隐性债务　或有显性债务　或有隐性债务　综合财产税　特种财产税　静态财产税　动态财产税　财产价值税　财产增值税

☐ 复习思考题

1. 简述地方财政收入的构成。

2. 简述地方税收收入的主要内容。

3. 简述非税收入的含义及主要内容。

4. 简述地方政府债务的理论分类。

5. 简述我国地方政府债务的现实状况、管理与规范。

6. 简述烟叶税的作用及改革与完善。

7. 简述财产税的类别。

8. 简述我国的财产税体系。

9. 简述改革开放后地方财政支出绝对规模的变化情况及原因。

10. 简述改革开放后地方财政支出相对规模的变化情况及原因。

11. 简述影响各地区财政支出总量和人均财政支出的相关因素。

第八章

财政转移支付制度

    我国 1994 年的分税制改革参照国际经验构建了与社会主义市场经济相适应的分级财政体制的基本框架。在实行分税制的条件下，中央与地方实行分级财政管理，政府间事权与支出责任划分趋于分散，但分税的结果又将财权集中于中央，从现象上看，出现了财权相对集中与事权相对分散的矛盾。实际上，分级财政体制的实施还要配合以中央对地方的转移支付制度。从各国的财政体制运行实践来看，中央与地方分配关系的形成要经历两个环节：第一个环节的分配——分税和第二个环节的分配——政府间转移支付。尽管在第一个分配环节中，地方政府的财权与事权并不对称，但在第二个分配环节，通过政府间转移支付机制将中央集中的部分财力转移支付给地方，最终使地方政府的财力与事权达到基本统一。从效率角度看，因为存在着大量资金的上解与下拨，这种财政体制安排的效率并不高，但通过转移支付制度的设计，可以增强中央对地方的控制力度。可以说，现代市场经济条件下，财政转移支付制度既是一种经济手段，又是一种政治手段。从现实情况看，随着我国经济发展和中央财力的增强，中央政府对地方政府的财政转移支付数额迅速增加，中央对地方的转移支付已成为地方各级政府重要而且较为稳定的收入来源。在我国现实的经济社会发展背景下，财政转移支付制度的建立与完善具有重大意义，不仅是保证各级地方政府职能正常运转和巩固基层政权的需要，而且也是缩小地区间经济社会发展差距、实现区域间基本公共服务均等化的需要。

第一节　财政转移支付制度的政策目标

    财政转移支付制度作为协调各级政府间财政分配关系的基本手段，在财政体制的运行中发挥着举足轻重的作用，而其制度设计以及成效首先取决于合理的政策目标组合。

一、弥补纵向财政缺口

纵向财政失衡是针对多级财政体制中上下级政府之间财政收支差异的状况而言的。在各级政府之间既定的支出范围和收入范围得以确定之后，当某一级政府财政面临着赤字，而其他级次政府却出现盈余时，就意味着纵向财政失衡问题的存在。

从历史和经验来看，任何一个国家，客观上都需要维护中央政府的权威，限制地方政府势力的过度扩张，以保证政令畅通、政局安定、经济协调稳定发展。中央政府集中相对较多的财力份额，以使地方政府的财力在一定程度上有赖于中央政府的支持，则是一种有效的手段。因此，在财政体制安排上，许多国家按照事权和财权划分的标准，将事关维护国家权益、税基广、增长快、潜力大和有利于实施宏观调控的税种划为中央收入，并将税源分散、与地方经济和社会发展密切相关，且易于征管的税种划为地方收入。在这样的收支划分格局下，中央政府掌握了较多的财力，而地方财政处于收不抵支的境况，从而出现了纵向的财政失衡。无论从公平还是从效率的角度看，纵向的财政失衡都需要切实解决，而主要的解决办法便是运用财政转移支付政策和手段协调上下级政府之间的资金往来关系。

1994 年前后，我国纵向的财政缺口经历了一个巨大的转折点：在此之前的财政包干体制下，地方政府自给有余而中央政府自给不足，因此财政资源大规模地自地方政府向中央政府转移。如图 8-1 所示，1980 年，地方财政自给能力系数为1.56，中央政府为 0.43，这种局面一直保持到 1993 年，当年地方政府和中央政府的自给能力系数分别为 1.02 和 0.73。而在分税制改革后，由于地方政府所承担的支出责任与其收入能力之间存在着失衡现象，出现了较大规模的纵向财政缺口。1994 年地方的财政自给能力系数急剧下降到 0.57，中央政府的财政自给能力系数迅速上升到 1.66。目前的局面大体如此，2017 年地方政府的财政自给能力为 0.53，中央政府的财政自给能力为 2.72。

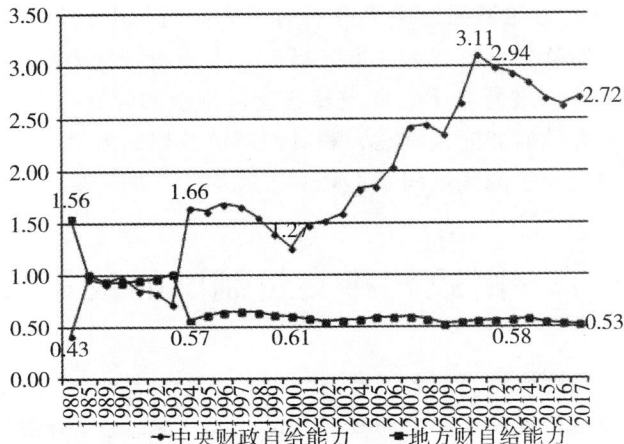

图 8-1　中央与地方财政自给能力情况

注：财政自给能力 = 本级财政收入/本级财政支出

也就是说，中央政府本级总收入大大多于本级总支出，这部分"转移支付前的财政盈余"用于对地方政府的财政转移；相比之下，地方政府的自有收入不足以满足本级支出，这部分"转移支付前的财政赤字"需要通过中央政府的转移支付予以弥补。巨大的纵向财政缺口表明，我国地方政府对中央政府财政转移支付的严重依赖是目前财政体制的一个显著特征。

就我国的情形而言，将弥补纵向财政缺口作为转移支付的首要政策目标具有以下重要理由：首先，我国的具体国情在客观上要求地方政府承担向数量庞大的人口与企业提供大量的公共服务和公共设施的责任，这个责任比世界上绝大多数国家的地方政府都要大；其次，我国建立一个与地方政府的重大支出责任相匹配的强大的、多层级的地方税体系，至少从现阶段看来既不现实，也无必要。另外，我国是个拥有多层级政府结构、各地经济文化发展水平差异较大的多民族的大国，而且有历史上形成的"强中央（上级）政府、弱（下级）地方政府"的依附型体制特征。这些因素综合起来，意味着我国较大的纵向财政缺口在今后相当长的时间内将继续存在下去。同时也意味着，与其他多数国家相比，我国的上级政府在弥补下级政府的纵向财政缺口方面承担着更大责任。

二、弥补横向财政缺口

从经济社会发展的视角来看，一个国家内各个地区之间各种要素禀赋条件的差异性是绝对的，而条件的同一性则是相对的，当国土面积较大时，更是如此。这就意味着，地区间经济发展均衡只是一个相对概念，绝对均衡是不现实的。各个地区之间的这种差异，必然导致财政收支方面的差异。从财政收入来看，由于各个地区之间经济基础、产业结构、收入水平等方面的不同，使得财源的分配情况也有很大的差异；从财政支出来看，各地区之间存在不同的发展程度、自然条件、人口规模和结构、行政管理规模等方面的区别，因而在支出需求上也是各不相同。一个国家内不同地区之间经济发展程度差异在财政上的具体体现，便是发达地区财政收入充裕，而落后地区则税源狭小，财政状况拮据。当较为富裕的地区出现财政盈余，而不太富裕的地区却面临着财政拮据状况时，就意味着横向财政失衡问题的存在。在横向财政失衡存在时，富裕地区能够为其居民提供较高水准的公共产品和服务，而贫困地区却难以提供最基本的公共产品和服务。

横向财政失衡状况的存在和加剧对各地区均衡发展和社会共同进步造成极大阻碍。地区间差异会导致人口大规模的流动，即贫困地区的人口向经济发达、社会福利条件好的地区流动，人口流动会在一定程度上导致人口流入地区的人均福利水平下降。同时，地区间的差别还会导致市场分割和封锁，各地区为了本地的利益，避免本地资源外流，便会设置各种障碍，形成地区间的市场封锁和经济割据，不利于全国统一市场的形成和发展。此外，地区封锁还会导致地区产业结构趋同化，不利于产业结构的优化和稀缺资源的合理有效配置。而与落后地区相比较，发达地区财政资金的边际效应是递减的。通过转移支付方式，可以扶持落后地区的发展，增加财政资金的边际效用。通常，在发达和落后地区之间，是无法自动形成这种财政资金转移的，因为各地方财政的收支活动都会以本地利益为出发点和归宿点。但中央政府代表着国家的整体利益，有责任运用倾斜性政策，采取转移支付的预算调剂方法，协调各个地区之间的经济发展。

从我国的财政现状来看，除纵向的财政缺口外，我国也存在着巨大的横向财政缺口。与沿海发达地区相比，中西部的贫困地区通常没有能力筹措到满足服务均等化所需要的自有财政资源。1994 年以来地区政府间的财政差距继续扩大，即使加上转移支付以后，东部地区的人均财政收入仍远高于中西部，而且年均财政收入增长速度也远高于后者。除了源于经济实力的财政收入能力差异外，造成横向财政缺口的另一个重要原因是公共服务成本／价格的差异，这种差异在诸如基础设施（如公路）、教育、卫生、办公条件（如取暖）等方面体现得较为明显。作为一个大国，我国各地区间的地理和气候条件差别甚大，这是造成公共服务成本／价格差异的关键性原因。此外，我国是一个多民族国家，民族因素也会加剧公共服务成本／价格的地区间差异。

从理论上讲，一个国家的所有公民，无论居住、工作或生活在一国内部的什么地方，都有权利获得来自政府提供的基本公共服务，政府不得因为任何原因而在"基本公共服务"方面区别对待不同地理位置的本国公民。中央政府通常会要求各地方辖区提供某些最低标准的基本公共服务，如一般行政管理、基础教育、基本卫生保健和社会保障。有些辖区依赖自有财政收入就足以完成中央规定的要求，而那些贫困辖区依赖自有收入可能无法达到中央的要求。同一层级不同政府间的这种横向财政缺口，要求上级政府加以调节，使那些贫困辖区也有能力完成中央规定的基本公共服务均等化目标。因此，通过转移支付弥补横向财政缺口，对于促进基本公共服务的地区均等化具有重大现实意义。

三、矫正地方公共产品供给中的外溢性问题

如果赋予各级地方政府自主决策的权力，在地方公共产品具有利益外溢的情况下，由于提供此类服务或设施的边际辖区利益低于边际社会利益，会导致地方政府既没有足够的动力，也可能没有足够的财力提供此类公共服务或设施，从而会引发经济上的低效率，即辖区最优供应水平低于社会最优水平。因此，从社会整体利益考虑，上级政府应通过具有特定目的的转移支付鼓励地方政府提供此类具有"为他人作嫁衣"性质的服务或设施。在这里，特定目的转移支付起到了弥补边际辖区利益与边际社会利益的差距的作用，能够保障地方政府在更充分的水平上供给相关地方公共产品（如图 8-2 所示）。

图中，MR_S 和 MR_P 分别代表某项服务或设施（例如一项水土治理工程）的边际社会利益和边际辖区利益。MR_S 在 MR_P 的上方反映这样的事实：该项服务或设施给社会带来的受益比给本辖区带来的受益多得多，两者的垂直差距代表了利益外

溢的程度。在边际成本锁定于 MC（为简便画成直线）的情况下，仅仅考虑本辖区利益的地方政府只愿意将此类服务的供应水平定位于 Q_P，这一辖区最优水平远低于该项服务的社会最优水平 Q_S。从社会的观点看，这一水平是缺乏效率的。为此，上级政府应向该级地方政府提供特定目的转移支付，其标准取决于服务利益的外溢程度（MR_S 和 MR_P 的垂直差距）。举例来说，如果某个地方辖区进行水土治理的受益有 40%（可按本辖区受益人口占全部受益人口的比例计算）外溢到其他辖区，那么，上级政府应按相当于该项服务或设施建造和维护成本总额的 40% 向地方辖区提供转移支付。在此例中，这意味着假如这项设施的成本总额是 8 000 万元，那么上级政府应补助 3 200 万元，也就是说，鼓励地方提供外溢性服务或设施需要特定目的配套性转移支付，配套比率取决于利益外溢的程度。

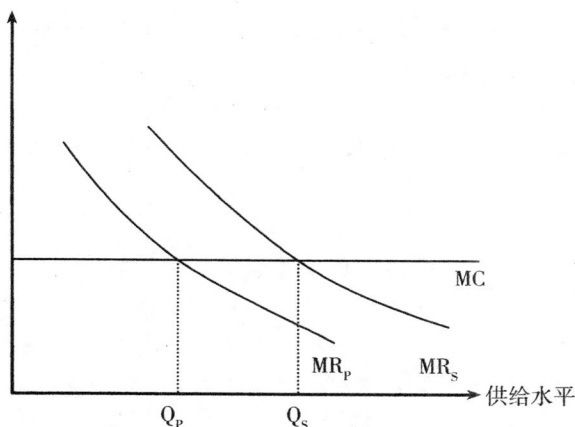

图 8-2　辖区间外溢矫正说明图

在我国，由于行政区划、地理与气候条件的复杂性以及其他原因，地方提供的某些公共服务的利益经常会溢出到那些不为此分担成本的地区。例如，两省、市、县边界间的医院、空气与水污染的控制、水利设施、环境保护等。在这种情况下，实行财政转移支付制度，由上级政府给予下级政府一定的财政补助，对具有外部性的公共产品的提供进行适当调节，便是一种较为有效的干预方式。例如，黄河上游、长江上游的水土治理，会对中下游地区产生正的外部效应，中央政府对此行为进行一定的补贴，以及中央为配合西部大开发，保护和改善生态环境，对西部地区天然林保护、退耕还林还草造成的财政减收等进行的专项转移支付都是这方面的例子。

随着我国城镇化和工业化的不断推进，资源和环境对经济发展的约束逐渐加大，加大生态建设与环境保护的任务非常迫切。"十一五"规划提出区分主体功能区的发展思路：根据资源环境承载能力、现有开发密度和发展潜力，统筹考虑未来我国人口分布、经济布局、国土利用和城镇化格局，将国土空间划分为优化开发、重点开发、限制开发和禁止开发四类主体功能区，按照主体功能定位调整完善区域政策和绩效评价，规范空间开发秩序，形成合理的空间开发结构，实施分类管理的区域政策。"十一五"规划纲要列出部分限制开发区域的功能定位和发展方向，包括大兴安岭森林生态功能区、长白山森林生态功能区等，还列出禁止开发区域，其中包括国家级自然保护区243个、世界文化自然遗产31处、国家重点风景名胜区187个、国家森林公园565个、国家地质公园138个。

　　从解决地方公共产品提供中的外溢性问题出发，禁止开发区和限制开发区应当成为国家转移支付的重点地区。原因在于：一是限制开发区和禁止开发区所提供的生态服务具有外部性，在实施禁止开发区与限制开发区政策之后，两类地区存在放弃经济效益而损失的公共服务效益的补偿需求；二是这两类地区社会公共服务水平普遍较为滞后。限制开发区和禁止开发区在基础教育、医疗卫生、公共文化、社会保障等公共服务供给方面相对其他地区明显偏低，需要加快发展。上述这些地区如果没有公共财政的投入和支持，当地居民的生活就会有很大困难，这些地区的功能定位就会受到很大冲击和扭曲，从而不利于国家的整体利益和长远利益。因此，国家应当把对禁止开发区与限制开发区的转移支付放在突出位置，根据这两类区域的标准财政收支差额、实施生态环境保护的增支减收因素等确定转移支付规模。

专栏 8-1

三江源生态保护建设取得阶段性成效

　　位于青海省南部的三江源地区是长江、黄河、澜沧江的发源地，素有"中华水塔"之称。近年来，通过不断优化和突破既有模式、体制，这一地区生态保护建设进程持续加快，植被覆盖率、水源供给量逐年提高，野生动物种群迅速恢复，社会共建共享、人与自然和谐共生的生态保护格局初具雏形。

多措筑牢生态屏障

　　三江源地区是我国重要的水源涵养地和生态安全屏障，20世纪70年代起，受自然和人为因素影响，这一地区生态加速退化。在青海省果洛、玉树藏族自治州，草原上裸露的黑土滩不断扩张，不少河湖一度干涸。因水源涵养能力下降，三江源地区每年外送1亿多吨泥沙，下游各省一度水患频仍。

　　2005年，国家启动三江源自然保护区生态保护和建设工程，在三江源地区实施限牧及生态恢复等措施。2008年起，中央政府对三江源地区所属县市政府实行国家重点生态功能区转移支付试点。中央的转移支付主要用于保障三江源地区生态环境保护和实施公共服务所需资金，减轻该地区发展经济的压力，引导地方政府增强生态环境保护意识，提高民生保障能力。截至目前累计在草原植被恢复、沙漠化治理等生态修复领域投入资金183.5亿元，初步遏制了这一地区的生态退化趋势。

　　党的十八大以来，生态先行的青海省进一步自我加压，出台一系列政策措施逐步取消对三江源地区的GDP绩效考核，将全省近1/3的面积纳入工业禁止开发区域，对发生重大生态环境破坏和重大环境污染事件的地区和单位责任人实行"一票否决""终身追责"。

2016年6月，我国首个国家公园体制试点在三江源地区启动。在一年多的时间里，这一地区将各类自然保护地和相关部门的职能、人员进行功能重组，成立"大部制"垂直统筹管理机构，彻底解决了昔日条块分割、"九龙治水"等问题，生态管护效率大幅提升。

增草、增水成效显著

"通过不断优化、突破既有模式、体制，近年来三江源地区生态保护建设进程持续加快，目前已取得阶段性成效。"青海省发改委副主任、三江源国家公园管理局局长李晓南说。

据最新监测数据显示，与生态修复工程实施前的2004年相对比，三江源地区各类草地平均覆盖度增加11.6%，牧草产草量每亩增加29.66千克，荒漠化面积减少近500平方公里，湿地增长近5成，现有面积超过800万公顷，位列全国第一。

李晓南介绍，因植被、土壤水源涵养能力提升，目前三江源地区每年可向下游多输送近60亿立方米的清洁水，年输出量超过600亿立方米，水质长期达到优良标准。

近期，记者来到昔日生态退化较为严重、位于黄河源头的青海省果洛州玛多县，看到不少一度"斑秃"的黑土滩再次披上绿衣，远处的湖泊群宛若点缀在草原上的蓝宝石，在阳光下闪耀着光芒，"千湖美景"重现眼前。

"草高了，河水大了，野生动物也都回来了。"玛多县扎陵湖乡牧民曲加说，如今在扎陵湖畔，随处可见斑头雁、赤麻鸭、藏野驴等野生动物追逐嬉戏、自由觅食、怡然自得。

人与自然和谐共生

为加速草场植被恢复进程，2005年至今，三江源地区超过70万个牧户主动减少了牲畜养殖数量，步入集约化经营的畜牧业发展新路。与此同时，一些牧民彻底放下牧鞭，在保护绿水青山的同时端起"生态碗"，吃上了"绿色饭"。

牧民才多家住果洛州久治县索呼日麻乡，前年他开起了"牧家乐"，为过路游客提供食宿，年均收入超过3万元。"春天一到，挂外省牌照的汽车就络绎不绝，游客都是冲着冰川、雪山、湖泊和野生动物来的。"才多说。

一些牧民以生态保护为主业。29岁的卓玛加是青海省玉树州曲麻莱县多秀村的牧民，去年成为三江源国家公园聘用的生态管护员后，他肩负起园区日常巡护、辅助监督执法、生态监测等职责，完成绩效考核后每月可获得1 800元收入。

"绿水青山就是金山银山。越来越多的人已慢慢明白这一道理并付诸行动。"卓玛加说。如今行车于三江源地区，国道两旁随处可见牧民背着编织袋捡拾垃圾。不少外地志愿者也利用假期投身当地生态环保，为保护三江源的绿水青山"添砖加瓦"。

资料来源：马千里，李亚光.三江源生态保护建设取得阶段性成效［N］.经济参考报，2017-10-09.

四、增强国家凝聚力，实现社会政治目标

转移支付在解决经济问题的同时还可以实现一定的政治目标，即一个均等化效果好的转移支付制度，在缩小地区差距的同时，也能增强地区间的团结，增强国家的凝聚力。中国是个多民族国家，巩固和加强国家凝聚力对于经济发展和社会稳定至关紧要。在政治层面，转移支付在中国有着特殊的重要性。边疆地区往往由于地理位置、政治等因素成为经济欠发达地区。加大对边疆地区的财政转移支付力度，体现了中央对边疆地区群众的关心，有利于保障边疆地区的安全稳定，维护国家统一和团结，增强凝聚力。特别是加大对威胁国家统一的地方政府的财政转移支付力度，政治意义更为重大。多年来，西藏的稳定和发展在很大程度上得益于中央政府持续多年的大量转移支付，这些转移长期占西藏全部公共开支的90%以上。通过大规模的转移支付补助，西藏的基础设施有了很大改善，生态环境建设有效加强，教育、科学、文化、卫生等民生工程快速推进，有力维护了边疆地区的和平与稳定。

第二节　财政转移支付的形式

1994年的分税制改革奠定了适应社会主义市场经济体制的政府间财政关系的基本框架。但在改革之初，为了不过度触及地方既得利益，中央政府没有对此前各个地区的财政支出基数进行调整，而是选择采取"存量不动，增量调整"的方针，旨在通过渐进性改革，逐步加大中央财政所控制的增量，用增量部分进行以公共服务水平均等化为目标的地区间财力再分配，以求逐步建立起科学、规范的政府间转移支付制度。随着我国经济发展和中央财力的增强，中央政府对地方政府的财政转移支付规模迅速增加，中央对地方的转移支付的形式逐渐规范，并成为地方各级政府重要而且较为稳定的收入来源。

一、1995—2008年的财政转移支付形式

（一）税收返还和体制补助与上解

税收返还和体制补助与上解是1994年分税制改革时为了保护地方既得利益格局所做的体制安排。

1.税收返还

（1）增值税、消费税返还

按1994年制定的收入划分办法，原来属于地方支柱财源的消费税全部和增值税的75%上划给中央，如果不采取适当措施给予补偿，必然侵害地方的既得利益，并增加改革阻力。为了保护地方既得利益格局，争取地方政府对改革的支持，中央采取"维持存量、调整增量"，逐步达到改革目标的方针，财政部设计了一个兼顾

中央和地方利益的"税收返还"政策。

税收返还数额的计算方法是：以 1993 年为基期，按分税后地方净上划中央的收入数额（消费税+75％的增值税－中央下划收入），作为中央对地方税收返还的基数，基数部分全部返还给地方。

税收返还计算公式：$R = C + 75\%V - S$

式中，R 为 1993 年税收返还基数；C 为消费税收入；V 为增值税收入；S 为中央对地方的下划收入。

为了进一步确保地方的既得利益，不仅税收返还基数全部返还给地方，而且决定 1994 年以后的税收返还数额还要有一定的增长。

增长办法是，将税收返还与各地区当年上缴中央金库的"两税"（消费税和增值税的 75％）的增长率挂钩，税收返还的增长率按各地区"两税"增长率的 $1:0.3$ 系数确定，即各地区的"两税"每增长 1％，税收返还增长 0.3％。

税收返还增长计算公式：$R_n = R_{n-1}(1 + 0.3rn)$

式中，R_n 为 1994 年以后的第 n 年的中央对地方的税收返还；R_{n-1} 为第 n 年的前一年的中央对地方的税收返还；rn 是第 n 年的"两税"增长率。

如果 1994 年以后，地方上划中央的"两税"收入达不到基数，相应扣减税收返还数额。

由于"两税"属于中央税，由国税局征收，所以，这种关于"增长"和"扣减"的规定的目的是将"两税"的增长和地方的利益联系起来，更有利于促进各地方关注"两税"的增长。

2016 年 11 月 29 号，国务院总理李克强主持召开国务院常务会议。会议决定，从 2016 年起，中央对地方实施增值税定额返还，对增值税增长或下降地区不再增量返还或扣减。

（2）所得税基数返还

1994 年分税制改革时，企业所得税收入是按照隶属关系在中央与地方政府间划分。随着社会主义市场经济体制的不断完善，依照隶属关系划分企业所得税收入的弊端逐步凸显。中央决定自 2002 年 1 月 1 日起，实施所得税收入分享改革，改革原来按企业的行政隶属关系划分所得税收入的办法，对企业所得税和个人所得税收入实行中央和地方按比例分享。

2002 年所实施的所得税分享改革的主要内容是：

——分享范围：除铁路运输、国家邮政、中国工商银行、中国农业银行、中国银行、中国建设银行、国家开发银行、中国农业发展银行、中国进出口银行以及海洋石油天然气企业缴纳的所得税作为中央收入外，其他企业所得税和个人所得税收入由中央与地方按比例分享。

——分享比例：2002 年中央分享 50％，地方分享 50％；2003 年中央分享 60％，地方分享 40％；2003 年以后年份的分享比例根据实际收入情况再行考虑。

——基数计算：以 2001 年为基期，按改革方案确定的分享范围和比例计算，地方分享的所得税收入，如果小于地方实际所得税收入，差额部分由中央作为基数返还地方；如果大于地方实际所得税收入，差额部分由地方作为基数上缴中央。

中央财政因所得税分享改革增加的收入全部用于对地方（主要是中西部地区）的一般性转移支付。地方所得的转移支付资金由地方政府根据本地实际，统筹安排，合理使用，首先用于保障机关事业单位职工工资发放和机构正常运转等基本需要。

2. 体制补助与上解

体制补助与上解是 20 世纪 80 年代财政包干体制的产物，在 1994 年分税制改革时，作为保持既得利益格局的一个方面，以 1994 年前的原有体制补助与上解数额作为基数继续保留下来（见表 8-1）。

表 8-1   **体制补助与上解**

1988年	1994年	1995年
定额补助地区（吉林、江西、陕西、甘肃、福建、内蒙古、广西、西藏、宁夏、贵州、新疆、云南、青海、海南等16个地区）	定额补助	定额补助
定额上解地区（上海、黑龙江、山东）	定额上解	定额上解
递增上解地区： ——收入递增包干（北京、河北、江苏、河南、宁波、哈尔滨）； ——上解额递增包干（广东、湖南）	递增上解	定额上解
总额分成地区（山西、安徽）		
分税制试点地区（大连、辽宁、天津、浙江、青岛、武汉、重庆、沈阳）		

原体制中央对地方的补助继续按原规定补助。原体制补助总规模 1998 年为 113.28 亿元，2001 年为 122.14 亿元，2008 年为 136.14 亿元，逐年略有增长。绝大多数省份补助规模固定不变，只有西藏等个别省份的补助额有所增加，这反映出中央对其的政策倾斜。

对实行递增上解的地区，按原规定继续递增上解；对实行定额上解的地区，按确定的上解额继续定额上解；对总额分成和分税制试点的地区，暂按递增上解办法，即按 1993 年实际上解数，并核定一个递增率，递增上解。自 1995 年，中央政府取消了对地方体制上解的递增率，实行定额上解办法。原体制上解总规模 1998 年至 2008 年都为 538.15 亿元。

为应对东南亚金融危机，1998 年我国开始实行积极的财政政策，多次调高出口退税率，中央出口退税负担不断加重。在此背景下，2003 年 10 月中央决定对出口退税机制进行改革。自 2004 年开始，出口退税将由中央和地方共同负担，办法是以 2003 年出口退税实退指标为基数，对超基数部分的应退税额，由中央与地方按 75%∶25% 的比例分别承担。2005 年 1 月 1 日起，各地区出口货物所退增值税中，超基数部分的退税额，中央和地方分担比例从原来的 75%∶25% 改为 92.5%∶7.5%，由此增加了"出口退税超基数地方负担部分专项上解"。

（二）财力性转移支付

财力性转移支付是中央财政为弥补欠发达地区的财力缺口、缩小地区间财力差距、实现基本公共服务均等化安排给地方财政的补助资金，以及中央出台减收增支政策对财力薄弱地区的补助。分税制改革后，财力性转移支付的规模从 1995 年的 291 亿元增加到 2008 年的 8 746.21 亿元，所占的比重由 11.48% 提高到 38.04%。2008 年的财力性转移支付包括一般性转移支付、民族地区转移支付、县乡基本财力保障机制奖补资金、调整工资转移支付、农村税费改革转移支付、义务教育转移支付、农村义务教育化债补助、资源枯竭城市财力性转移支付、定额补助、企事业单位划转补助、结算财力补助、工商部门停征两费转移支付等 12 项。

（三）专项转移支付

专项转移支付是中央财政为实现特定的宏观政策及事业发展战略目标，以及对委托地方政府代理的一些事务或中央与地方共同承担事务进行补偿而设立的补助资金，需按规定用途。专项转移支付具有特定用途，主要是用于教育、科学技术、社会保障和就业、医疗卫生、环境保护、农林水事务等。

1994 年实行分税制财政体制后，专项转移支付范围越来越广，规模越来越大。专项转移支付规模从 1995 年的 375 亿元增加到 2008 年的 9 962.39 亿元，所占的比重由 14.80% 提高到 43.33%。中央对地方专项补助主要是针对中西部地区实施，80% 以上的专项转移支付分配到中西部地区。

二、2009 年财政转移制度形式的规范

2009 年，中央进一步规范财政转移支付制度，将中央对地方的转移支付简化为：一般性转移支付、专项转移支付和税收返还（见图 8-3）。

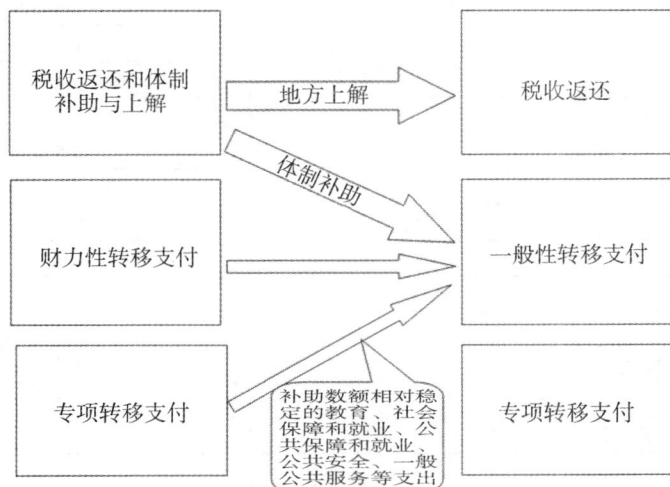

图 8-3　2009 年财政转移支付制度形式的规范

具体变化包括：

1. 将财力性转移支付改为一般性转移支付。

2. 将补助数额相对稳定、原列入专项转移支付的教育、社会保障和就业、公共安全、一般公共服务等支出纳入一般性转移支付。

3. 原体制补助列入一般性转移支付。

4. 原体制上解列入税收返还。

5. "税收返还和体制补助与上解"简化为"税收返还"。

三、现行财政转移支付形式

2017 年中央对地方税收返还和转移支付情况见表 8-2。

表 8-2　　　　　　2017 年中央对地方税收返还和转移支付情况

项　目	数额（亿元）
一、中央对地方转移支付	57 028.95
（一）一般性转移支付	35 145.59
均衡性转移支付	22 381.59
其中：均衡性转移支付（小口径）	12 409.00
重点生态功能区转移支付	627.00
产粮大县奖励资金	416.15
县级基本财力保障机制奖补资金	2 238.90
资源枯竭城市转移支付	192.90
城乡义务教育补助经费	1 426.26
农村综合改革转移支付	313.60
生猪（牛羊）调出大县奖励资金	29.94
固定数额补助	4 727.84
老少边穷地区转移支付	1 842.90
成品油税费改革转移支付	693.04
体制结算补助	1 410.41
基层公检法司转移支付	446.28
基本养老金转移支付	5 858.80
城乡居民医疗保险等转移支付	2 512.57
（二）专项转移支付	21 883.36
二、中央对地方税收返还	8 022.83
增值税返还	6 113.53
消费税返还	1 010.92
所得税基数返还	910.19
成品油税费改革税收返还	1 531.10
地方上解	−1 542.91
中央对地方税收返还和转移支付	65 051.78

资料来源：财政部预算司.2017 年中央对地方税收返还和转移支付决算表［EB/OL］.
［2018-07-12］. http://yss.mof.gov.cn/qgczjs/201807/t20180712_2959754.html.

（一）税收返还

在消费税、增值税返还和所得税基数返还的基础上，形成了"成品油税费改革税收返还"和"地方上解"两种税收返还形式。

1. 成品油税费改革税收返还

2009 年，中央进行了成品油税费改革。改革主要内容为：（1）取消公路养路费、航道养护费、公路运输管理费、公路客货运附加费、水路运输管理费、水运客货运附加费等六项收费。（2）逐步有序取消政府还贷二级公路收费。（3）提高成品油消费税单位税额。汽油消费税单位税额每升提高 0.8 元，柴油消费税单位税额每升提高 0.7 元，其他成品油单位税额相应提高。

该项改革使得中央政府收入增加，地方政府收入减少。为保障地方政府既得利益，减轻改革阻力，财政部制定了《中央对地方成品油价格和税费改革转移支付办法》（财预〔2009〕14 号）。该办法规定，转移支付资金分配采取"基数加因素"的办法，分为替代性返还和增长性补助两部分。其中，替代性返还是指中央按地方原有的公路养路费等"六费"收入基数给予的返还，用以替代地方原有的公路养路费等"六费"收入，列入中央对地方税收返还中的"成品油税费改革税收返还"。

2. 地方上解

2009 年，为了简化中央与地方财政结算关系，将出口退税超基数地方负担部分专项上解等地方上解收入也纳入税收返还，将地方上解与中央对地方税收返还作对冲处理（冲抵返还额），相应取消地方上解中央收入科目。2009 年地方上解的规模为 1 030.80 亿元，2016 年上升至 1 412.58 亿元。

（二）一般性转移支付

一般性转移支付，是指上级政府对有财力缺口的下级政府，按照规范的办法给予的补助。一般性转移支付不规定具体用途，由下级政府根据本地区实际情况统筹安排使用。

在一般性转移支付的具体构成中，均衡性转移支付是主体，主要参照各地标准财政收入和标准财政支出的差额及可用于转移支付的资金规模等客观因素，按统一公式计算分配。除均衡性转移支付外，一般性转移支付还包括老少边穷地区转移支付、成品油税费改革转移支付、体制结算补助、基层公检法司转移支付、基本养老金转移支付、城乡居民医疗保险等转移支付等多项转移支付，这些转移支付主要用于解决地方政府基本公共服务方面的问题，并且按因素分配，具有一般性转移支付特征。

一般性转移支付包括了多个转移支付项目，每个项目的诞生不仅具有特定的时代背景，而且都紧紧围绕社会经济体制改革这一主题，转移支付承担着减轻阻力，为特定改革保驾护航的重任。

1. 均衡性转移支付

均衡性转移支付是在 1995 年过渡期转移支付的基础上逐步形成的。1994 年分税制改革时，考虑我国地区的实际情况，实行规范化、公式化的转移支付制度的条件尚不成熟，因此，从 1995 年起，中央对财力薄弱地区实施过渡期转移支付，作为分税制财政管理体制改革的配套措施。其基本思路是，从中央财政每年增收的收入中拿出一部分，主要用于对少数民族地区和贫困地区的转移支付，调节这些地区的最低公共服务水平。过渡时期转移支付办法在一定程度上调节了地区间最低公共服务水平差距，更重要的意义还在于进行了实行中央与地方之间规范化转移支付制度的实验，推动了地方各级之间转移支付制度的建设。

2002 年，过渡期转移支付改称一般性转移支付。一般性转移支付额主要按照各地标准财政收入和标准财政支出差额及转移支付系数计算确定，将标准财政支出大于标准财政收入的地区纳入转移支付范围。转移支付系数参照当年一般转移支付总额、各地区标准支出大于标准收入的收支差总额以及各地区财政困难程度确定。

2009 年，中央进一步规范财政转移支付制度，将一般性转移支付改为均衡性转移支付。依据《2017 年中央对地方均衡性转移支付办法》（财预〔2017〕51号），为建立现代财政制度，提高地方财政积极性，缩小地区间财力差距，逐步实现基本公共服务均等化，中央财政根据《中华人民共和国预算法》设立中央对地方均衡性转移支付（不含列均衡性转移支付项下单独设立办法分配的项目）。中央对地方均衡性转移支付不规定具体用途，由各省、自治区、直辖市、计划单列市（以下统称省）政府根据本地区实际情况统筹安排。中央财政建立均衡性转移支付规模稳定增长机制，确保均衡性转移支付增幅高于转移支付的总体增幅。对于中央出台增支政策需要纳入均衡性转移支付测算的地方政府，中央财政相应额外增加转移支付规模。

均衡性转移支付资金分配选取影响财政收支的客观因素，按照各地标准财政收入和标准财政支出差额及转移支付系数计算确定。其中，标准财政收入根据工业增加值等客观因素及全国平均有效税率计算确定，用以反映地方收入能力；标准财政支出考虑人口规模、人口密度、海拔、温度、少数民族等成本差异计算确定，旨在衡量地方支出需求。

各地享受均衡性转移支付用公式表示为：

$$\begin{array}{l}某地区均衡\\转移支付\end{array} = \left(\begin{array}{l}该地区标准\\财政支出\end{array} - \begin{array}{l}该地区标\\准财政收入\end{array}\right) \times \begin{array}{l}该地区转移\\支付系数\end{array} + \begin{array}{l}增幅控制\\调整\end{array} + \begin{array}{l}奖励\\资金\end{array} + \begin{array}{l}农业转移人口市\\民化奖补资金\end{array}$$

均衡性转移支付具有内在的熨平机制。财政越困难的地区，补助程度越高。而且，地方经济发展后，按照工业增加值等税基计算的标准收入增加，标准收支缺口自动缩小，所享受的中央均衡性转移支付会相应减少。均衡性转移支付内在的熨平机制，有利于加大对欠发达地区的转移支付力度，促进地区协调发展。

此外，均衡性转移支付项下还包括以下单独设立办法分配的项目：重点生态功能区转移支付、产粮大县奖励资金、县级基本财力保障机制奖补资金、资源枯竭城市转移支付、城乡义务教育补助经费、农村综合改革转移支付、生猪（牛羊）调出大县奖励资金和固定数额补助。

（1）重点生态功能区转移支付

中央财政设立重点生态功能区转移支付的目的主要是为了贯彻党中央、国务院要求，落实绿色发展理念，推进生态文明建设，引导地方政府加强生态环境保护，提高国家重点生态功能区等重要地区所在地政府的基本公共服务保障能力。重点生态功能区转移支付的支持范围包括：限制开发的国家重点生态功能区所属县（县级市、市辖区、旗）和国家级禁止开发区域，以及京津冀协同发展、"两屏三带"①、海南国际旅游岛等生态功能重要区域所属重点生态县域、国家生态文明试验区、国家公园体制试点地区等试点示范和重大生态工程建设地区、选聘建档立卡人员为生态护林员的地区。中央财政根据绩效考核情况对转移支付范围进行动态调整。②

（2）产粮大县奖励资金

为进一步调动地方政府抓好粮食、油料生产的积极性，缓解产粮（油）大县财政困难，促进我国粮食、油料和制种产业发展，保障国家粮油安全，根据《中共中央、国务院关于进一步加强农村工作、提高农业综合生产能力若干政策的意见》（中发〔2005〕1号）及《财政部关于印发〈关于切实缓解县乡财政困难的意见〉的通知》（财预〔2005〕5号）有关规定，从2005年起，中央财政对产粮（油）大县进行奖励。确定粮食商品量、粮食产量、粮食播种面积作为奖励因素，三个因素所占权重分别为50％、25％和25％。

（3）县级基本财力保障机制奖补资金

县乡财政是国家财政的重要组成部分，是维护政权运转和社会稳定，向基层群众提供基本公共服务的物质基础。分税制改革后，财权上移，事权下移。尤其是进入21世纪后，由于新农合、新农保以及义务教育免学费等社保民生政策的出台，使县级财政面临运转困难、无法达到上级要求的社保标准等诸多问题。一些县级财政基本的人员工资和公用经费都无法保障，基层政府提供公共服务的能力受到威胁。

2005年，针对县乡财政困难状况，中央财政安排150亿元，建立"三奖一补"县乡财政困难激励约束机制，旨在缓解县乡财政困难。所谓"三奖"，一是指对财政困难县政府增加税收收入和省市级政府增加对财政困难县财力性转移支付给予奖励；二是对县乡政府精简机构和人员给予奖励；三是对产粮大县给予奖励。"一补"是对以前缓解县乡财政困难工作做得好的地区给予补助。通过实施"三奖一补"政策，既加快了基层发展经济的积极性，也调动了省市财政向基层加大转移支付的积极性，对提高基层公共服务能力、保证基层政权运转能力发挥了积极作用。

2010年9月，财政部印发《关于建立和完善县级基本财力保障机制的意见》，在既有转移支付制度和"三奖一补"政策基础上，全面部署建立和完善县级基本财力保障机制。县级基本财力保障机制以"保工资、保运转、保民生"为目标，保障基层政府实施公共管理、提供基本公共服务以及落实党中央、国务院各项民生政策的基本财力需要。按照"明确责任、以奖代补、动态调整"

---

① 两屏三带是我国构筑的生态安全战略，指"青藏高原生态屏障""黄土高原-川滇生态屏障"和"东北森林带""北方防沙带""南方丘陵山地带"，从而形成一个整体绿色发展生态轮廓。
② 参见《2017年中央对地方重点生态功能区转移支付办法》（财预〔2017〕126号）。

的基本原则，设立县级基本财力保障机制奖补资金，中央财政根据工作实绩对地方实施奖励。

2013 年 9 月，为实现县级财政"保工资、保运转、保民生"的总体目标，保障基层政府实施公共管理、提供基本公共服务以及落实党中央、国务院各项民生政策的基本财力需要，强化中央财政县级基本财力保障机制奖补资金管理，财政部制定了《中央财政县级基本财力保障机制奖补资金管理办法》。2017 年 9 月，财政部对该办法进行了修订。该办法所称县级基本财力保障机制奖补资金，是指中央财政设立，主要用于支持县级政府弥补减收增支财力缺口，奖励地方改善财力均衡度、加强财政管理提高管理绩效的一般性转移支付资金。

中央财政县级基本财力保障机制奖补资金分配对象是全国的县、县级市和农业人口占辖区内总人口比重超过 50% 的区（以下简称县）。财政部依据县级政府承担的人员经费、公用经费、民生支出以及其他必要支出等，核定县级政府基本财力保障范围和保障标准，并根据政策变化情况，每年适时予以调整。中央财政按照奖补结合的原则，结合各地区财政困难程度、省级财政调控努力程度，采用因素法对省级财政分配县级基本财力保障机制奖补资金；对县级财政减收增支额予以补助；对县级财力均衡度较高、县级财政管理较为规范、绩效管理水平较高的地区给予奖励。根据县级财政运行实际情况，动态调整奖补资金比重。

县级基本财力保障机制是在现行财政体制条件下，通过调动省级政府的积极性，强化其保障责任，提高基层财政保障能力的一项重要举措。在中央财政的引导和激励下，各地积极采取措施，努力提高县级基本财力保障水平，基本财力保障尚有缺口县的个数和缺口额大幅减少。

（4）资源枯竭城市转移支付

资源型城市（包括资源型地区）是以本地区矿产、森林等自然资源开采、加工为主导产业的城市类型，如阜新、盘锦、抚顺等。

长期以来，作为基础能源和重要原材料的供应地，资源型城市为我国经济社会发展做出了突出贡献。但是，由于缺乏统筹规划和资源衰减等原因，这些城市在发展过程中积累了许多矛盾和问题，主要是经济结构失衡、失业和贫困人口较多、接续替代产业发展乏力、生态环境破坏严重、维护社会稳定压力较大等。

为促进资源型城市可持续发展和区域经济协调发展，2007 年 12 月，国务院发布《关于促进资源型城市可持续发展的若干意见》（国发〔2007〕38 号）。该意见提出，中央和省级财政要进一步加大对资源枯竭城市的转移支付力度。

根据国务院的意见精神，财政部于 2007 年设立针对资源枯竭城市的财力性转移支付制度，增强其基本公共服务保障能力，重点用于完善社会保障、教育卫生、环境保护、公共基础设施建设和专项贷款贴息等方面，以支持这些地区应对金融危机的挑战、加快经济转型。

2007 年，中央确定首批 12 家资源枯竭城市名单。其中，包括：资源型城市经济转型试点城市 5 个（阜新、伊春、辽源、白山、盘锦）；西部地区典型资源枯竭城市 3 个（石嘴山、白银、个旧（县级市））；中部地区典型资源枯竭城市 3 个（焦作、萍乡、大冶（县级市））；典型资源枯竭地区 1 个（大兴安岭）。

2009 年，中央确定第二批 32 个资源枯竭城市，并明确近年暂不再审定新的资源枯竭城市。其中，包括：地级市 9 个（山东省枣庄市、湖北省黄石市、安徽省淮北市、安徽省铜陵市、黑龙江省七台河市、重庆市万盛区（当作地级市对待）、辽宁省抚顺市、陕西省铜川市、江西省景德镇市）；县级市 17 个（贵州省铜仁地区万山特区、甘肃省玉门市、湖北省潜江市、河南省灵宝市、广西壮族自治区合山市、湖南省耒阳市、湖南省冷水江市、辽宁省北票市、吉林省舒兰市、四川省华蓥市、吉林省九台市、湖南省资兴市、湖北省钟祥市、山西省孝义市、黑龙江省五大连池市（森工）、内蒙古自治区阿尔山市（森工）、吉林省敦化市（森工）；市辖区 6 个（辽宁省葫芦岛市杨家杖子开发区、河北省承德市鹰手营子矿区、辽宁省葫芦岛市南票区、云南省昆明市东川区、辽宁省辽阳市弓长岭区、河北省张家口市下花园区）。

2008 年至 2010 年，中央对上述资源枯竭城市分别安排财力性转移支付 34.8 亿元、50 亿元和 75 亿元。财力性转移支付的下达，对这些资源枯竭城市加快解决失业、环境等社会问题，有效应对金融危机冲击，实现全面、协调和可持续发展具有重要意义。

2011 年，国家发改委会同财政部、国土资源部对伊春市等 12 座首批资源枯竭城市上报的转型评估报告进行了评估。国务院根据国家发改委的评估结果批准同意对处于不同发展阶段的城市给予分类支持，建立有进有出的支持机制。对于基本步入可持续发展轨道的盘锦市，不再给予中央财力性转移资金，支持其创建转型示范城市。对于历史遗留问题尚未根本解决、可持续发展能力较弱的伊春、辽源、阜新等 11 座城市，延长中央财力性转移支付年限至 2015 年（原定为 2007 年至 2010 年）。

2012 年 6 月 14 日，财政部印发《2012 年中央对地方资源枯竭城市转移支付管理办法》（财预〔2012〕305 号）。该《办法》明确，纳入资源枯竭城市转移支付范围的市（县、区）第一轮补助期限为 4 年；4 年后，根据国务院有关部门对资源枯竭城市转型情况的评价结果，对转型没有成功的市县继续延期 5 年；转型成功的市县按照上一年补助基数分 3 年给予退坡补助，补助比例分别为 75%、50% 和 25%。

2016 年 11 月，财政部印发《中央对地方资源枯竭城市转移支付办法》（财预〔2016〕97 号）。该《办法》规定，中央对地方资源枯竭城市转移支付的补助对象包括：（1）经国务院批准的资源枯竭城市；（2）参照执行资源枯竭城市转移支付政策的城市；（3）部分转型压力较大的独立工矿区和采煤沉陷区，独立工矿区采取先行试点、逐步推开的办法，由财政部商有关部门和地方研究确定试点范围。中央对地方资源枯竭城市转移支付为一般性转移支付资金。资源枯竭城市应当将转移支付资金主要用于解决本地因资源开发产生的社保欠账、环境保护、公共基础设施建设和棚户区改造等历史遗留问题。享受转移支付补助的独立工矿区/采煤沉陷区所在县（市、区）应当将转移支付资金重点用于棚户区搬迁改造、塌陷区治理、化解民生政策欠账等方面。其中，资源枯竭城市转移支付中直接用于企业搬迁和支持企业技术改造等方面的支出不得超过总额的 10%。补助地区属于第（1）、（2）项的，第一轮补助期限为 4 年，第一轮期满后，根据国务院有关部门的评价结果，转型未成功的市县延续补助 5 年。补助政策到期后，按一定比例分年给予退坡补助。补助地区属于第（3）项的，补助期限暂定为 3 年，到期后视转型情况和资金使用绩效确定后续补助政策。

资源枯竭城市转移支付规模 2012 年为 160 亿元，2017 年增长至 192 亿元。通过上述转移支付政策的实施，阜新、抚顺、伊春、石嘴山等典型资源枯竭城市政府积累多年的基础设施欠账得以弥补，沉积多年的历史包袱得以化解，规划多年的惠民工程得以实施，增强了当地政府和企业加快经济转型的信心。

（5）城乡义务教育补助经费

2015 年 12 月，国务院印发《关于进一步完善城乡义务教育经费保障机制的通知》（国发〔2015〕67 号，以下简称《通知》），决定从 2016 年起进一步完善城乡义务教育经费保障机制。《通知》要求继续加大义务教育投入，优化整合资金，盘活存量，用好增量，重点向农村义务教育倾斜，向革命老区、民族地区、边疆地区、贫困地区倾斜，统筹解决城市义务教育相关问题，促进城乡义务教育均衡发展。根据该《通知》，进一步完善城乡义务教育经费保障机制的主要内容是：整合农村义务教育经费保障机制和城市义务教育奖补政策，建立统一的中央和地方分项目、按比例分担的城乡义务教育经费保障机制。

为贯彻落实《通知》精神，2015 年，财政部在均衡性转移支付中设立"城乡义务教育补助经费"。目标在于建立城乡统一、重在农村的义务教育经费保障机制。

2016 年 4 月 15 日，财政部和教育部下发《关于下达 2016 年城乡义务教育补助经费预算的通知》（财教〔2016〕51 号）。该《通知》明确：从 2016 年春季学期起，统一城乡义务教育学校生均公用经费基准定额。中央确定 2016 年生均公用经费基准定额为：中西部地区普通小学每生每年 600 元、普通初中每生每年 800 元；东部地区普通小学每生每年 650 元、普通初中每生每年 850 元。对城乡义务教育学校（含民办学校）按照不低于基准定额的标准补助公用经费。在此基础上，对寄宿制学校按照寄宿生年生均 200 元标准增加公用经费补助，继续落实好农村地区不足100 人的规模较小的学校按 100 人核定公用经费和北方地区取暖费等政策；特殊教育学校和随班就读残疾学生按每生每年 6 000 元标准补助公用经费。各省财政、教育部门要确保城乡义务教育学校公用经费落实到位，在安排资金时要按照"重点倾斜、集中投入"的原则，向寄宿制学校、规模较小学校、接收农民工子女较多的学校和薄弱学校倾斜，并与学校规划布局相结合，集中资金解决最突出、最急需的问题，保证各类学校正常运转。

（6）农村综合改革转移支付

2014 年，财政部印发《中央财政农村综合改革转移支付资金管理暂行办法》（财预〔2014〕90 号），在均衡性转移支付中设立"农村综合改革转移支付"。

2014—2017 年，中央财政安排农村综合改革转移支付资金分别为 331 亿元、323.20 亿元、338.13 亿元和 313.60 亿元，主要用于：一是支持一事一议财政奖补和美丽乡村建设试点统筹推进；二是支持农村综合改革示范试点工作；三是支持国有农场办社会职能改革试点；四是支持建制镇示范试点工作；五是支持传统村落保护工作稳步推进；六是支持农村公共服务标准化试点；七是加强农村土地制度改革相关配套政策研究。农村综合改革转移支付为农村综合改革顺利推进提供了财力保障。

（7）生猪（牛羊）调出大县奖励资金

2015 年 8 月 28 日，为进一步调动地方发展生猪（牛羊）产业的积极性，促进生猪（牛羊）生产、流通，引导产销有效衔接，保障市场供应，财政部制定了《生猪（牛羊）调出大县奖励资金管理办法》（财建〔2015〕778 号）。根据该《办法》，生猪（牛羊）调出大县奖励资金（以下简称奖励资金），是指中央财政安排对各省（自治区、直辖市）和生猪（牛羊）调出大县给予奖励的财政转移支付资金。奖励资金管理坚持"引导生产、多调多奖、责权对等、注重绩效"的原则。奖励资金包括生猪调出大县奖励资金、牛羊调出大县奖励资金和省级统筹奖励资金。财政部每年根据生猪和牛羊市场形势和产业发展需求，统筹确定分块资金额度。其中，生猪调出大县奖励资金按因素法分配到县。分配因素包括过去三年年均生猪调出量、出栏量和存栏量，因素权重分别为 50%、25% 和 25%。奖励资金对生猪调出大县前 500 名给予支持。牛羊调出大县奖励资金按因素法分配到县。分配因素包括过去三年年均牛羊调出量、出栏量和存栏量，因素权重分别为 50%、25% 和 25%。奖励资金对牛羊调出大县前 100 名给予支持。省级统筹奖励资金统筹考虑各省（自治区、直辖市）生猪（牛羊）生产、消费等因素，按因素法切块到省（自治区、直辖市）。

（8）固定数额补助

固定数额补助为 2014 年新设立科目，指中央财政将一般性转移支付中补助数额相对固定、进入地方财力补助基数的调整工资转移支付、农村税费改革转移支付和工商部门停征两费等 3 个项目合并为固定数额补助。

2. 老少边穷地区转移支付

为配合西部大开发战略的实施，我国从 2000 年起，对少数民族地区专门实行民族地区转移支付制度，以解决少数民族地区的特殊困难。财政部于 2010 年专门制定《中央对地方民族地区转移支付办法》（财预〔2010〕448 号）。民族地区转移支付制度的实施，有力地支持了西部大开发，防止了各地财力差距进一步扩大，促进了民族地区经济和社会事业持续稳定协调发展。

2012 年，在民族地区转移支付的基础上，又增加了革命老区和边境地区转移支付，改为"革命老区、民族和边境地区转移支付"。2015 年，改为"老少边穷地区转移支付"，包括：民族地区转移支付、革命老区转移支付和边境地区转移支付。

（1）民族地区转移支付

2010 年 9 月 28 日，为了支持少数民族地区加快发展，促进各民族共同繁荣，按照《中华人民共和国民族区域自治法》和《国务院实施〈中华人民共和国民族区域自治法〉若干规定》的有关规定，财政部制定了《中央对地方民族地区转移支付办法》（财预〔2010〕448 号）。该《办法》明确了中央对地方民族地区转移支付的目标和原则、转移支付范围、转移支付总额确定、资金分配办法、资金下达和使用等内容。根据该《办法》，民族地区转移支付的范围包括：（1）内蒙古自治区、广西壮族自治区、西藏自治区、宁夏回族自治区、新疆维吾尔自治区，以及财政体制上视同少数民族地区管理的云南省、贵州省、青海省等民族省区。（2）吉林延边朝鲜族自治州、湖北恩施土家族苗族自治州、四川阿坝藏族羌族自治州等非民族省区管辖的民族自治州。（3）重庆市酉阳土家族苗族自治县、黑龙江省杜尔伯特蒙古族自治县等非民族省区及非民族自治州管辖的民族自治县。

（2）革命老区转移支付资金

2015 年 7 月 2 日，为促进革命老区各项社会事业发展，支持革命老区改善和保障民生，进一步规范革命老区转移支付资金管理，提高资金使用效益，财政部制定了《革命老区转移支付资金管理办法》（财预〔2015〕121 号）。该《办法》明确，革命老区转移支付资金，是指中央财政设立，主要用于加强革命老区专门事务工作和改善革命老区民生的一般性转移支付资金。革命老区转移支付资金分配对象为对中国革命做出重大贡献、经济社会发展相对落后和财政较为困难的革命老区县、自治县、不设区的市、市辖区。革命老区转移支付资金主要用于：一是革命老区专门事务。主要包括：革命遗址保护、革命纪念场馆的建设和改造、烈士陵园的维护和改造、老红军及军烈属活动场所的建设和维护等。二是革命老区民生事务。主要包括：乡村道路、饮水安全等设施的建设维护，以及教育、文化、卫生等社会公益事业的改善。

（3）边境地区转移支付

2015 年 7 月 2 日，为规范边境地区转移支付资金管理，提高使用效益，促进相关地区经济和社会事业协调发展，财政部制定了《边境地区转移支付资金管理办法》（财预〔2015〕122 号）。该《办法》明确，边境地区转移支付资金，是指中央财政设立，支持边境地区用于陆地边境和海洋事务管理、改善边境地区民生、促进边境贸易发展的一般性转移支付资金。边境地区转移支付资金用途包括：一是建立边民补助机制。各省可结合实际情况，探索建立边民补助机制，对居住在边境一线以及承担守边护边任务的边民给予适当补助，并对补助范围和标准实现动态调整。二是保障口岸正常运转。用于维持边境一类口岸运转，支持改善通关条件等。三是支持边境贸易发展和边境小额贸易企业能力建设。主要用于促进边境小额贸易企业发展以及加强地方政府支持边境小额贸易企业发展能力建设等，不得用于违法违规安排与企业（及其投资者、管理者）缴纳税收、非税收入以及进出口贸易额、过货量等挂钩的财政奖励或补贴等。四是其他。与边境和海洋事务管理有关的民生等其他支出。

3. 成品油税费改革转移支付

2009 年 1 月 1 日起实施的成品油税费改革，对中央与地方收入分配格局带来一定影响，中央政府收入增加，地方政府收入减少。为保障地方政府既得利益，减轻改革阻力，2009 年 2 月 25 日，财政部根据《国务院关于实施成品油价格和税费改革的通知》（国发〔2008〕37 号）的有关规定，制定《中央对地方成品油价格和税费改革转移支付办法》（财预〔2009〕14 号）。该《办法》明确，对实施成品油税费改革形成的财政收入，除由中央本级安排的替代性等支出外，其余全部由中央财政通过规范的财政转移支付方式分配给地方，保证地方政府在原公路养路费、公路客货运附加费、公路运输管理费、航道养护费、水运客货运附加费和水路运输管理费（以下简称"六费"）等收费取消后，通过科学规范、公开透明的资金分配获得相应资金来源，保障交通基础设施养护和建设等需要，逐步推进全国交通均衡发展。

转移支付采取"基数加因素"的办法，分为替代性返还和增长性补助两部分。计算公式为：

中央对地方转移支付额=替代性返还+增长性补助

——替代性返还。替代性返还是指替代地方原有"六费"收入基数给予的返还。即以 2007 年的地方"六费"收入为基础，增加一定的增长率确定。未形成"六费"实际收入、"六费"项目以外的收费一律不作为返还基数。

——增长性补助。从 2009 年起，如果改革形成的收入能够比原来测算的收入增长超过 10%，中央财政将安排增长性补助。增长性补助指当年转移支付总额中扣除替代性返还后的增量资金的分配，60% 按照各地成品油消耗量分配，40% 按照改革基期年公路规费和水路规费的比重、影响公路养护和建设以及航道养护的客观因素分配。影响公路养护和建设的因素为当量公路里程、路网密度和路况指数，权重分别为 20%、15% 和 5%。成品油消耗量体现"多交税、多得益"的原则，主要根据各地批发环节销售量等因素计算。

4. 体制结算补助

体制补助与上解是中央政府对地方政府的体制补助和地方政府向中央政府的体制上解，是旧体制延续下来的中央政府与地方政府之间的一种双向流动的财政转移支付形式。1994 年分税制改革时，作为保持既得利益格局的一个方面，以 1994 年前的原有体制补助与上解数额作为基数继续保留下来。原体制中央对地方的补助继续按原规定补助。中央继续对吉林、江西、陕西、甘肃、福建、内蒙古、广西、西藏、宁夏、贵州、新疆、云南、青海和海南等 16 个地区实施定额补助。

结算财力补助是财政内部上下级之间，因政策变化在某个项目上进行结算出现的差额。例如，2011 年，为支持救灾和灾后恢复重建，以及为落实国家制定的区域发展规划，增加了对地方的财力补助。

此外，一般性转移支付还包括基层公检法司转移支付、基本养老金转移支付和城乡居民医疗保险转移支付。这三项转移支付在 2009 年前原属于专项转移支付，因其补助数额相对稳定，2009 年后被列入一般性转移支付。

总体而言，一般性转移支付可以分为三大类：第一类是针对财力薄弱地区，为弥补财政实力薄弱地区的财力缺口。如均衡性转移支付、老少边穷地区转移支付、体制结算补助。第二类是出于中央政府某项政策调整导致地方政府收入减少或支出规模增大，进而由中央政府补助资金缺口的转移支付。这一类转移支付资金的使用没有比较严格的使用用途指向，或者用途非常宽泛。如成品油税费改革转移支付。第三类是中央按照一定方法测算，转移给地方政府用于某一大类的支出，地方政府在使用过程中有一定的自由度，可以在这一大类中选择自己偏好的项目。后一类转移支付通常也被称为分类拨款。如基层公检法司转移支付、基本养老金转移支付和城乡居民医疗保险等转移支付。

目前，一般性转移支付存在问题种类比较多的现象，这种现象往往是财政体制转型时期频繁出台的中央政策导致的。从短期来看，种类繁杂的一般性转移支付在我国特殊转型时期有存在的客观原因。从长期来看，需要将种类复杂的一般性转移支付整合为种类有限的几种类别。

（三）专项转移支付

专项转移支付，是指上级政府为了实现特定的经济和社会发展目标，给予下级政府的资金补助，由下级政府按照上级政府规定的用途安排使用。专项转移支付主要根据党中央、国务院确定的政策，重点用于农林水、教育、医疗卫生、社会保障和就业、交通运输和节能环保等领域。

1994 年实行分税制财政体制后，专项转移支付范围越来越广，规模越来越大。中央对地方的专项补助主要是针对中西部地区实施，80%以上的专项转移支付分配到中西部地区。

2015 年 12 月，财政部重新制定了《中央对地方专项转移支付管理办法》（财预〔2015〕230 号），就中央对地方专项转移支付的设立和调整、预算编制和绩效管理等做出详细规定。

该办法按照事权和支出责任划分，将专项转移支付分为委托类、共担类、引导类、救济类和应急类。委托类专项是指按照事权和支出责任划分属于中央事权，中央委托地方实施而相应设立的专项转移支付。共担类专项是指按照事权和支出责任划分属于中央与地方共同事权，中央将应分担部分委托地方实施而设立的专项转移支付。引导类专项是指按照事权和支出责任划分属于地方事权，中央为鼓励和引导地方按照中央的政策意图办理事务而设立的专项转移支付。救济类专项是指按照事权和支出责任划分属于地方事权，中央为帮助地方应对因自然灾害等发生的增支而设立的专项转移支付。应急类专项是指按照事权和支出责任划分属于地方事权，中央为帮助地方应对和处理影响区域大、影响面广的突发事件而设立的专项转移支付。

一般性转移支付与专项转移支付具有不同的特点（见表 8-3）。

表 8-3　　　　　　　　　**一般性转移支付和专项转移支付的特点比较**

	一般性转移支付	专项转移支付
体现中央政府意图	弱	强
影响地方政府决策	弱	强
地方政府资金使用的自由度	强	弱

一般性转移支付能够发挥地方政府了解居民公共服务实际需求的优势，有利于地方因地制宜、统筹安排财政支出和落实管理责任。专项转移支付则能够更好地体现中央政府的意图，促进相关政策的落实，且便于监督检查。关键是要科学设置，保持合理的转移支付结构，发挥各自的作用。

第三节　财政转移支付规模与结构

一、财政转移支付规模

分税制改革前，中央财力薄弱，地方财力相对较多。分税制改革后，随着中央财力的增强和中央集中"两税"、所得税增量的增加，分税制改革前中央财政收入集中比例过低的局面得以改变，形成了中央财政收入占主导地位的"纵向不平衡"财力分配格局，为实施对地方的大规模转移支付创造了条件。中央对地方税收返还和转移支付规模迅速增加，从 1994 年的 2 389.09 亿元增加到 2016 年的 59 400.70 亿元。中央对地方税收返还和转移支付占地方财政支出的比重，从 1996 年以后一直稳定在 40% 左右。中央对地方税收返还和转移支付已经成为地方各级政府重要而且较为稳定的收入来源（见表 8-4）。

表 8-4　　　　　　1994 年以来中央对地方税收返还和转移支付规模

年份	中央对地方的财政转移支付（亿元）	地方财政支出（亿元）	转移性收入占地方财政支出的比重（%）
1994	2 389.1	4 038.2	59.2
1995	2 532.9	4 828.3	52.5
1996	2 672.3	5 786.3	46.2
1997	2 800.9	6 701.1	41.8
1998	3 285.3	7 672.6	42.8
1999	3 992.3	9 035.3	44.2
2000	4 747.6	10 366.7	45.8
2001	6 117.2	13 134.6	46.6
2002	7 352.7	15 281.5	48.1
2003	8 058.2	17 229.9	46.8
2004	10 222.4	20 592.8	49.6
2005	11 120.1	25 154.3	44.2
2006	13 589.4	30 431.3	44.7
2007	17 325.1	38 970.9	44.5
2008	22 990.8	49 248.5	46.7
2009	28 563.8	61 044.1	46.8
2010	32 341.1	73 884.4	43.8
2011	39 921.2	92 733.7	43.0
2012	45 361.7	107 188.3	42.3
2013	48 019.9	119 740.3	40.1
2014	51 591.0	129 215.5	39.9
2015	55 097.5	150 335.6	36.6
2016	59 400.7	160 351.4	37.0
2017	65 051.8	173 228.3	37.6

资料来源：根据 1994—2017 年全国财政决算数据整理。

二、财政转移支付结构分析

从财政转移支付的结构来看，自分税制财政体制改革以来，中央对地方转移支付结构正在逐步优化。

（1）以保持既得利益为目的的税收返还的比重在不断下降。1995 年，中央对地方的税收返还数额为 1 867 亿元，占转移支付总量的 73.68%，虽然此后税收返还的绝对数额每年都有所增加，且增长速度较为稳定，但是税收返还在转移支付中所占的比重却在逐年下降，并且在 1998 年以后，下降速度明显加快（见第四章表4-4）。

2009—2017 年中央对地方税收返还和转移支付的结构见第四章表 4-5。

从各地区的税收返还情况来看：一是税收返还额都有一定的增长，并且各省所占的相对份额也较为稳定，这说明各省的增值税和消费税都有了一定的增长，且增长幅度较为平衡；二是税收返还规模和经济发展水平存在正相关的关系，即经济较发达地区得到的税收返还规模较大，经济相对落后地区得到的税收返还规模较小，这是因为"两税"的税基与经济发展水平密切相关。此外，"两税"规模还与各地区经济结构有关，如云南省整体经济总量不高，但由于该省是烟草大省，消费税数额很大，因此税收返还规模也较大。

（2）具有明显财政均等化效果的一般性转移支付和具有明确政策导向性的专项转移支付增长较快。近年来，中央政府加大了一般性转移支付力度，清理整合专项转移支付项目将需要较长时期安排补助经费，且将数额相对固定的项目划转列入一般性转移支付，提高一般性转移支付的规模和比例，具有明显财政均等化效果的一般性转移支付增长较快。一般性转移支付的比重从 2009 年的 39.62% 上升至 2017 年的 54.03%。

□ 本章小结

现代市场经济条件下，财政转移支付制度既是一种经济手段，又是一种政治手段。在我国现实的经济社会发展背景下，财政转移支付制度不仅是保证各级地方政府职能正常运转和巩固基层政权的需要，而且也是缩小地区间经济社会发展差距、实现区域间基本公共服务均等化的需要。

财政转移支付制度的政策目标具体包括：弥补纵向财政缺口；弥补横向财政缺口；矫正地方公共产品供给中的外溢性问题；增强国家凝聚力，实现社会政治目标。

1995 年，中央对财力薄弱地区实施过渡期转移支付，作为分税制财政体制改革的配套措施。随后，财政部不断完善中央对地方的税收返还和转移支付制度。2009 年，进一步规范财政转移支付制度，将中央对地方的转移支付简化为：税收返还、一般性转移支付和专项转移支付。一般性转移支付，是指上级政府对有财力缺口的下级政府，按照规范的办法给予的补助。一般性转移支付不规定具体用途，由下级政府根据本地区实际情况统筹安排使用。专项转移支付，是指上级政府为了实现特定的经济和社会发展目标，给予下级政府的资金补助，由下级政府按照上级政府规定的用途安排使用。

随着我国经济发展和中央财力的增强，中央政府对地方政府的财政转移支付数额迅速增加，中央对地方的转移支付已成为地方各级政府重要而且较为稳定的收入来源。

自分税制财政体制改革以来，中央对地方转移支付结构逐步优化；以保持既得利益为目的的税收返还的比重在不断下降；具有明显财政均等化效果的一般性转移支付和具有明确政策导向性的专项转移支付增长较快。

□ 关键概念

纵向财政失衡　横向财政失衡　一般性转移支付　均衡性转移支付　重点生态功能区转移支付　老少边穷地区转移支付　专项转移支付

□ 复习思考题

1. 简述我国财政转移支付制度的政策目标。
2. 简述我国现行财政转移支付的形式。
3. 试分析一般性转移支付与专项转移支付的不同特点。
4. 自分税制财政体制改革以来，我国财政转移支付的规模及结构有哪些变化？

主要参考文献

［1］孙开.地方财政学［M］.2版.北京：经济科学出版社，2008.

［2］王玮.地方财政学［M］.2版.北京：北京大学出版社，2013.

［3］钟晓敏.地方财政学［M］.4版.北京：中国人民大学出版社，2017.

［4］许梦博.地方财政学［M］.北京：清华大学出版社，2015.

［5］杨全社，郑健翔.地方财政学［M］.天津：南开大学出版社，2005.

［6］陶勇.地方财政学［M］.上海：上海财经大学出版社，2006.

［7］罗森，盖亚.财政学［M］.郭庆旺，译.10版.北京：中国人民大学出版社，2015。

［8］寇铁军，张晓红.财政学教程［M］.5版.大连：东北财经大学出版社，2015.

［9］费雪.州与地方财政学［M］.吴俊培，译.2版.北京：中国人民大学出版社，2000.

［10］贝利.地方政府经济学：理论与实践［M］.左昌盛，周雪莲，常志霄，译.北京：北京大学出版社，2006.

［11］包丽萍.政府预算［M］.大连：东北财经大学出版社，2011.

［12］齐海鹏，孙文学.中国财政史［M］.4版.大连：东北财经大学出版社，2018.

［13］楼继伟.中国政府间财政关系再思考［M］.北京：中国财政经济出版社，2013.

［14］楼继伟.深化财税体制改革［M］.北京：人民出版社，2015.

［15］财政部.2018年政府收支分类科目［M］.北京：中国财政经济出版社，2017.

［16］刘明慧.外国财政制度［M］.大连：东北财经大学出版社，2015.

［17］财政部干部教育中心.现代政府间财政关系研究［M］.北京：经济科学出版社，2017.

［18］财政部干部教育中心.中国现代财政制度建设之路［M］.北京：经济科学出版社，2017.

［19］财政部干部教育中心.现代税收制度研究［M］.北京：经济科学出版社，2017.

［20］张海星.公共债务［M］.3版.大连：东北财经大学出版社，2016.

［21］踪家峰.中国地方财政的实证研究——财政竞争、政治晋升与地方政府

行为［M］. 北京：经济管理出版社，2017.

［22］彭健. 地方财政理论架构与体制优化［M］. 北京：中国社会科学出版社，2010.

［23］梅建明. 地方政府融资平台债务风险及可持续发展研究［M］. 北京：经济科学出版社，2015.

［24］王敬尧. 地方财政与治理能力［M］. 北京：商务印书馆，2010.

［25］封北麟. 城镇化、地方政府融资与财政可持续［M］. 北京：经济科学出版社，2017.

［26］田发. 基本公共服务均等化与地方财政体制变迁［M］. 北京：中国财政经济出版社，2013.